(लखनऊ विश्वविद्यालय की बी.ए. द्वितीय वर्ष
हिन्दी साहित्य की स्वीकृत पाठ्यपुस्तक)

हिन्दी कहानी-दर्पण

UNIVERSITY OF LUCKNOW

सम्पादक

प्रो. पवन अग्रवाल

प्रो. रश्मिकुमार

हिन्दी तथा आधुनिक भारतीय भाषा विभाग
लखनऊ विश्वविद्यालय, लखनऊ

वाणी प्रकाशन

वाणी प्रकाशन
4695, 21-ए, दरियागंज, नयी दिल्ली 110 002
शाखा
अशोक राजपथ, पटना 800 004
फ़ोन: +91 11 23273167 फ़ैक्स: +91 11 23275710
www.vaniprakashan.in
vaniprakashan@gmail.com
sales.vaniprakashan@gmail.com

HINDI KAHANI-DARPAN
Edited by Prof. Pawan Aggarwal
Prof. Rashmi Kumar

ISBN : 978-93-5229-599-9

प्रथम संस्करण

मूल्य : ₹60.50

हर्ष प्रिंटर्स, दिल्ली-110 093 में मुद्रित

वाणी प्रकाशन का लोगो मक़बूल फ़िदा हुसेन की कूची से

प्राक्कथन

हिन्दी साहित्य में कविता के पश्चात् सर्वाधिक चर्चित विधा
लेकर लोक तक तथा ग्राम से लेकर नगर तक, 'कहानी' अपने विभि
है। बच्चों को 'ड्राल छन्द' पसन्द हैं तो बुजुर्गों को धर्म एवं नीति कथ
बौद्धिकता एवं अपने सामयिक परिवेश के प्रति अधिक सजग, सतव
पड़ते हैं। आधुनिक युग के कथा–लेखकों ने इस तथ्य को भली-
अपनी कहानियों में समकालीन–मानस अनुसार विषय और शिल
कहानी–विधा को वर्तमान में हिन्दी साहित्य की प्रतिनिधि विधा
दिलाई। आज 'कहानी' अपनी समस्त क्षमताओं के साथ, साहित्य
विचारधारा का पोषण कर रही है। प्रतिनिधि पत्र–पत्रिकाओं का
होना, इसका प्रमाण है।

'कहानी' विधा की उपादेयता को समझते हुए लखनऊ वि
विषय के त्रिवर्षीय पाठ्यक्रम के अन्तर्गत, इसे आत्मसात् किया
द्वितीय वर्ष के पाठ्यक्रम हेतु प्रस्तुत संकलन उपलब्ध कराय
अध्ययन मण्डल के द्वारा निर्धारित सीमाओं के अन्तर्गत हिन्दी
के पत्थर' (माईल स्टोन) माने जाने वाले कहानीकारों का चयन
के चयन में भी लक्ष्मण–रेखा प्रभावी रही है।

संकलित कहानियों के क्रम के लिये कहानीकार की ज
आधार बनाया है। सभी कहानियाँ चयनित लेखकों के विपुल भ
पहचान रखती हैं। साथ ही यह वे कहानियाँ हैं जो कि ले
कहानियों के पश्चात् भी अपनी पहचान बनाये हुए हैं। वि
कहानियाँ छात्रों को नैतिकता, मूल्य, संवेदना एवं चारित्रिक

संकलन की भूमिका के रूप में हिन्दी कहानी क
डॉ० पवन अग्रवाल तथा कहानीकारों का परिचय एवं संकलि
डॉ० रश्मि कुमार द्वारा प्रस्तुत की गई है।

प्रस्तुत संकलन को गंभीरता एवं पूर्णता प्रदान करने
आलोचकों के ग्रंथों, लेखों आदि का प्रयोग किया गया है, उ
आभार प्रकट करते हैं। इस संकलन को प्रकाशित करने वा
के व्यवस्थापक श्री विवेक मालवीय को सधुवाद !

अनुक्रमणिका

□□□

भूमिका

प्राचीन भारतीय साहित्य में जिन कथाओं तथा आख्यानों का वर्णन मिलता है, उन्हें कहानी के आधुनिक स्वरूप के साथ नहीं जोड़ा जा सकता क्योंकि दोनों की प्रकृति में मूलभूत अन्तर है। डॉ. गणपतिचन्द्र गुप्त ने प्राचीन कहानी और आधुनिक कहानी के स्वरूप का अन्तर 'हिन्दी साहित्य का वैज्ञानिक इतिहास' (द्वितीय खण्ड) में रेखांकित किया है। वह लिखते हैं– "प्राचीन कहानियों का क्षेत्र इतना व्यापक होता था कि उसमें पशु–पक्षियों तक का भी पात्रों के रूप में समावेश होता था किन्तु आधुनिक कहानी सामान्यतः मानव वर्ग तक सीमित है। दूसरे, प्राचीन कहानी में उच्च वर्ग राजा–रानी, सेठ–सेठानी आदि के जीवन की काल्पनिक घटनाओं का वर्णन अधिक होता था जबकि आधुनिक युग में जनसाधारण के जीवन की यथार्थ परिस्थितियों का अंकन होता है। प्राचीन कहानियों में पात्रों के चरित्र का विश्लेषण नहीं होता था और न ही उनके चरित्र में कृत्रिम विकास प्रस्तुत किया जाता था, जबकि आधुनिक कहानियों में ऐसा होता है। उनमें देश–काल के वातावरण का भी चित्रण अपेक्षित नहीं था। वस्तुतः प्राचीन कहानी में अलौकिकता, अस्वाभाविकता, आदर्शवादिता एवं काल्पनिकता का आग्रह अधिक था जबकि आधुनिक कहानी में लौकिकता, स्वाभाविकता, यथार्थवादिता एवं विचारात्मकता पर अधिक बल दिया जाता है। प्राचीन कहानी स्वर्ग–लोक की कल्पना थी जबकि आधुनिक कहानी हमें धरती के सुख–दुख का स्मरण कराती है।"

उपर्युक्त अंतर के पश्चात् भी आधुनिक कहानी की तकनीक भारतीय लोककथाओं की तकनीक से साम्य रखती है। आधुनिक कहानी में उल्लेखनीय, कुतूहल, चरित्रांकन, संवाद, समाज का यथार्थ, आयरनी, उत्सुकता, जिज्ञासा, क्लाइमेक्स एवं कंट्रास्ट जैसे तत्त्व लोककथाओं में प्राप्त होते हैं। डॉ. अब्दुल बिस्मिल्लाह ने 'वर्तमान साहित्य' पत्रिका d **शताब्दी कथा विशेषांक** के एक लेख में उपर्युक्त तत्त्व सोदाहरण प्रस्तुत किये हैं।

परिभाषा

कहानी, गल्प, लघु–कथा अथवा आख्यायिका मूलतः एक ही हैं। आज की कहानी जिस रूप में प्राप्त है, उसकी व्याख्या कठिन एवं परिभाषा में बाँधना जटिल है। यही कारण है कि प्रत्येक आलोचक अपने दृष्टिकोण के अनुसार कहानी की व्याख्या करता है।

अमेरिका के सुप्रसिद्ध साहित्यकार 'एडगर एलिन पो' (Edgar Allen Poe) को आधुनिक कहानी के जन्मदाता होने का श्रेय प्राप्त है। उन्होंने 'Twice told tales' की परिभाषा करते हुए लिखा था–

"A short story is a narrative short enough to be read in a single sitting written to make an impression on the reader, excluding all that does not forward that impression complete and final in itself."

अर्थात् कहानी एक ऐसा आख्यान है, जो इतना छोटा है कि एक बैठक में पढ़ा जा सके और जो पाठक पर एक प्रभाव उत्पन्न करने के लिए लिखा गया हो। उसमें ऐसी बातों को त्याग दिया गया हो जो उसकी पूर्णता, निश्चितता एवं प्रभावोत्पादकता में बाधक हों। यहाँ पर पो महाशय ने मुख्यतः कहानी की संक्षिप्तता पर जोर दिया है, पर कहानी केवल अपने आकार पर ही नहीं आधारित होती है, उसमें और भी अनेक तथ्यों का समावेश होता है।

एच. जी. वेल्स ने भी पो से मिलती–जुलती बात कही है। उनका कथन है कि– "कहानी तो बस वही है जो लगभग बीस मिनट् में साहस और कल्याण के साथ पढ़ी जाए।"

हडसन ने कहानी को उपन्यास का आने वाला रूप बताया है। इस प्रकार उसने उपन्यास और कहानी के बीच रूप और शिल्प में अभेदता स्थापित की है। बाबू गुलाब राय ने हडसन के इस कथन का बड़े ही व्यंग्यात्मक ढंग से विरोध किया। वास्तव में उपन्यास तथा कहानी के बीच आकार–प्रकार के भेद के साथ ही साथ वस्तु, शिल्प और शैली में भी पर्याप्त अन्तर है। कहानी का विवेचन करते हुए डॉ. श्यामसुन्दर दास कहते हैं– "आख्यायिका एक निश्चित लक्ष्य या प्रभाव को रखकर लिखा गया नाटकीय आख्यान है।" परन्तु इस परिभाषा को स्वीकार करने में सबसे बड़ी कठिनाई यह है कि एकांकी और कहानी के बीच कोई व्यावर्तक रेखा नहीं रह जाएगी क्योंकि आधुनिक एकांकियों में भी एक निश्चित लक्ष्य या प्रभाव की ही अवतारणा की जाती है।

मुंशी प्रेमचन्द हिन्दी के सर्वश्रेष्ठ कहानीकार हैं। उन्होंने कहानी की व्याख्या करते हुए लिखा है– "कहानी (गल्प) एक ऐसी रचना है जिसमें जीवन के किसी एक अंक्र या किसी एक मनोभाव को प्रदर्शित करना ही लेखक का उद्देश्य रहता है। उसके चरित्र, उसकी शैली, उसका कथा–विन्यास सब उसी एक भाव को पुष्ट करते हैं। उपन्यास की भाँति उसमें मानव–जीवन का सम्पूर्ण तथा वृहत् रूप दिखाने का प्रयास नहीं किया जाता है, न ही उसमें उपन्यास की भाँति सभी रसों का सम्मिश्रण होता है। वह ऐसा रमणीय उद्यान नहीं है जिसमें भाँति–भाँति के फूल, बेल–बूटे, सजे हुए हों, बल्कि वह एक गमला है जिसमें एक ही पौधे का माधुर्य अपने समुन्नत रूप में दृष्टिगोचर होता है।"

एक अन्य स्थान पर प्रेमचन्द ने पुनः लिखा है कि, "हम कहानी ऐसी चाहते हैं कि वह थोड़े से थोड़े शब्दों में कही जा सके। उसमें एक वाक्य, एक शब्द भी अनावश्यक न आने पावे, उसका पहला वाक्य मन को आकर्षित कर ले और अंत तक उसको मुग्ध किये रहे और उसमें कुछ चटपटापन हो, कुछ ताजगी हो, कुछ विकास हो, उसके साथ ही कुछ तत्त्व भी हों, तत्त्वहीन क़हानी से चाहे मनोरंजन भले ही हो जाय, मानसिक तृप्ति नहीं होती। यह सच है कि हम कहानियों में उपदेश नहीं चाहते, लेकिन विचारों को उत्तेजित करने के लिए, मन के सुन्दर भावों को जागृत करने के लिए कुछ न कुछ अवश्य चाहते हैं। वही कहानी सफल होती है जिसमें इन दोनों– मनोरंजन और मानसिक तृप्ति– में से एक अवश्य उपलब्ध हो ..... सबसे उत्तम कहानी वह होती है जिसका आधार किसी मनोवैज्ञानिक सत्य पर हो।"

'अज्ञेय' की दृष्टि में– "कहानी जीवन की प्रतिच्छाया है और जीवन स्वयं एक अधूरी कहानी है, एक शिक्षा है जो उम्र भर मिलती है और समाप्त नहीं होती।"

वस्तुतः प्रेमचन्द की व्याख्या ही सारगर्भित है और उस आधार पर यह निष्कर्ष निकाला जा सकता है कि कहानी जीवन का एक खण्ड–चित्र है, जो सम्पूर्ण जीवन की व्याख्या न कर केवल उसके एक घनीभूत क्षण को अनावृत्त करता है और वह अनावरण अपने आप में पूर्ण होता है, एक विशिष्ट उद्देश्य को अपनी सर्वांगता में प्रस्तुत करता है। कहानी को जीवन के किसी संवेदनशील क्षण की पूर्णाभिव्यक्ति कह सकते हैं।

कहानी तथा अन्य साहित्यिक विधाएँ

कहानी को वस्तुतः उपन्यास का संक्षिप्त संस्करण नहीं कहा जा सकता। मूल तत्त्वों की समानता होते हुए भी उनके आकार–प्रकार, उद्देश्य, गठन आदि में पर्याप्त अन्तर होता है। उपन्यास का क्षेत्र विस्तृत होता है। श्री गुलाबराय के शब्दों में, "कहानी अपने पुराने रूप में उपन्यास की अग्रजा है और नये रूप में उसकी अनुजा। वृत्त या कथा–साहित्य की वंशजा होने के कारण कहानी और उपन्यास में कई समानताएँ हैं। दोनों ही कथात्मक एवं कलात्मक ढंग से मानव जीवन की घटनाओं को कल्पना के रंग में रंगकर व्यक्त करते हैं, फिर भी दोनों साहित्य के दो पृथक् अंग हैं।"

उपन्यास में घटना, पात्र तथा स्थान की विविधता होती है किन्तु कहानी में केवल एक घटना तथा कतिपय पात्र होते हैं। उपन्यास में जीवन की विशद व्याख्या होती है जबकि कहानी में जीवन की एक झलक मात्र प्रदर्शित की जाती है।

उपन्यास की कथावस्तु कहानी की तुलना में जटिल एवं गुम्फित होती है। उपन्यास में चरित्र–चित्रण तथा घटना वैचित्र्य का सामंजस्य होता है, किन्तु कहानी में अनुभूति की प्रबलता होती है।

कहानी और उपन्यास के अन्तर को प्रेमचन्द ने इस प्रकार स्पष्ट किया है– "कहानी एक रचना है जिसमें जीवन के किसी एक अंग या किसी एक मनोभाव को प्रदर्शित करना ही लेखक का उद्देश्य रहता है। उसके चरित्र, उसकी शैली, उसका कथा–विन्यास सब उसी एक भाव को पुष्ट करते हैं। उपन्यास की भाँति उसमें मानव जीवन का सम्पूर्ण तथा वृहत् रूप दिखाने का प्रयास नहीं किया जाता, न उसमें उपन्यास की भाँति सभी रसों का सम्मिश्रण होता है। वह ऐसा रमणीय उद्यान नहीं जिसमें भाँति–भाँति के फूल, बेल, बूटे सजे हों, बल्कि एक गमला है जिसमें एक ही पौधे का माधुर्य अपने समुन्नत रूप में दृष्टिगोचर होता है।"

कहानी में कथानक की अनिवार्यता नहीं मानी गयी है, जबकि उपन्यास में उसकी अनिवार्यता होती है। आजकल की कहानियाँ प्रायः कथानक–विरल होती हैं, किन्तु फिर भी उनका पाठकों पर प्रभाव पड़ता है। भगवतीचरण वर्मा की 'मुगलों ने सल्तनत बख्श दी', प्रेमचन्द की 'पूस की रात', अज्ञेय की 'रोज' आदि कहानियाँ इस दृष्टि से उल्लेखनीय हैं। उपन्यास में एक मुख्य कथानक के साथ–साथ अन्य आनुषंगिक कथाएँ भी चलती रहती हैं किन्तु कहानी में आनुषंगिक कथाएँ नहीं होती हैं।

कहानी को छोटा उपन्यास तथा उपन्यास को बड़ी कहानी मानना संगत नहीं है। बाबू गुलाबराय एक दृष्टान्त के द्वारा दोनों के अन्तर को इस प्रकार स्पष्ट करते हैं– "कहानी को छोटा उपन्यास और उपन्यास को बड़ी कहानी कहना वैसा ही असंगत है जैसा चौपाया होने की समानता के कारण मेढक को छोटा बैल और बैल को बड़ा मेढ़क कहना। दोनों का अन्तर केवल आकार का ही नहीं, प्रकार तथा रूप का भी है।"

वस्तुतः कहानी और उपन्यास के उद्देश्य, कथानक, रचना–कौशल, चरित्र–चित्रण प्रणाली, परिस्थिति और अभिव्यक्ति में अन्तर होता है।

कहानी और नाटक– कहानी एवं नाटक के तत्त्वों में समानता होते हुए भी दोनों में पर्याप्त अन्तर है। कहानीकार अपनी कहानी में कथोपकथन के साथ–साथ अपनी ओर से भी कुछ कह सकता है जबकि नाटककार की भावाभिव्यक्ति का साधन एकमात्र कथोपकथन है। कहानी–लेखक, नाटक–लेखक की अपेक्षा अधिक स्वच्छन्द होता है। एकांकी नाटक कहानी के कुछ अधिक निकट हैं। आकार की लघुता के कारण कहानी और एकांकी की रचना–विधि और प्रभाव–सृष्टि बहुत कुछ मिलती है किन्तु शिल्प की दृष्टि से दोनों में अन्तर है। चरमसीमा और संकलनत्रय कहानी के लिए उतने अनिवार्य नहीं हैं जितना की एकांकी के लिए।

कहानी और रेखाचित्र– रेखाचित्र कहानी से मिलता–जुलता साहित्य रूप है। इसमें कम से कम शब्दों में कलात्मक ढंग से किसी वस्तु, व्यक्ति या दृश्य का अंकन किया जाता है। कहानी से इसका अधिक साम्य है। साम्य के कारण अनेक कहानियों को रेखाचित्र तथा अनेक रेखाचित्रों को कहानी की संज्ञा दे दी जाती है। श्री रायकृष्ण

दास लिखित 'अन्तःपुर का आरम्भ' कहानी है, पर वह आदिम मनुष्य की अन्तःवृत्ति पर आधारित रेखाचित्र भी। श्री रामवृक्ष 'बेनीपुरी' रचित 'माटी की मूरतें' में संकलित बहुत से रेखाचित्र कहानियाँ भी हैं। साम्य होते हुए भी कहानी और रेखाचित्र में अन्तर है– रेखाचित्र में कहानी जैसी गहराई का अभाव रहता है। कहानी में किसी न किसी मात्रा में कथात्मकता अपेक्षित है परन्तु रेखाचित्र में नहीं। डॉ. नगेन्द्र के शब्दों में– "रेखाचित्र में तथ्य खुलते जाते हैं; संयोजित नहीं होते, कहानी के लिए घटना का होना जरूरी नहीं है पर रेखाचित्र के लिए उसका होना जरूरी है। इसी प्रकार कहानी के लिए विश्लेषण किसी प्रकार वांछनीय नहीं है परन्तु रेखाचित्र का प्रायः वह अनिवार्य साधन है।"

कहानी का वर्गीकरण

विभिन्न तत्त्वों की दृष्टि से कहानी का वर्गीकरण इस प्रकार किया गया है– (1) कथानक या घटना–प्रधान कहानी, (2) चरित्र–प्रधान कहानी, (3) वातावरण–प्रधान कहानी, (4) भावप्रधान कहानी।

कथानक या घटना प्रधान कहानी- घटना–प्रधान कहानियों में घटनाएँ ही कथा–निर्माण में मुख्य होती हैं। कहानी के प्रारंभिक युग में इस कोटि की कहानियों की प्रचुरता थी। घटना–प्रधान कहानियों में दैवयोग का विशेष सहारा लिया जाता है। कौशिक जी की 'ताई' कहानी इस प्रकार की कहानियों में सर्वश्रेष्ठ कही जा सकती है। गोपालराम गहमरी, पदुमलाल पुन्नालाल बख्शी, दुर्गाप्रसाद खत्री, ज्वालाप्रसाद शर्मा आदि की कहानियाँ इस दृष्टि से विशेष उल्लेखनीय हैं।

चरित्र-प्रधान कहानी- चरित्र–प्रधान कहानियों का मुख्य उद्देश्य मनोवैज्ञानिक धरातल पर चरित्र–चित्रण और चरित्र विश्लेषण होता है। 'प्रसाद' की 'आकाशदीप', 'मधुआ', 'गुलेरी' की 'उसने कहा था' आदि इस कोटि की श्रेष्ठ कहानियाँ हैं। प्रेमचन्द सामाजिक धरातल तथा प्रसाद ऐतिहासिक धरातल पर चरित्र–प्रधान कहानियों के लेखक हैं। इसी प्रकार आधुनिक मनोविश्लेषण के धरातल पर जैनेन्द्र–कुमार, अज्ञेय, इलाचंद जोशी और यशपाल चरित्र–प्रधान कहानी–लेखक हैं। चरित्र–प्रधान कहानियाँ स्थूलता से सूक्ष्मता की ओर विकसित हुई हैं। जैनेन्द्र की 'एक रात', 'मास्टरजी', अज्ञेय की 'रोज', इलाचंद जोशी की 'एकांकी', यशपाल की 'उत्तराधिकार', भगवतीचरण वर्मा की 'दो बाँके' आदि इस वर्ग की श्रेष्ठ कहानियाँ हैं।

वातावरण प्रधान कहानी-

भाव-प्रधान कहानी- भावप्रधान कहानी में चरित्र, घटना या कार्य–व्यापार पर बल न होकर केवल किसी भाव विशेष पर बल होता है और उसी के आधार पर कहानी निर्मित होती है। भावप्रधान कहानियाँ प्रायः प्रतीकवादी कहानियों का रूप धारण कर लेती हैं। इनमें सूक्ष्म तत्त्वों तथा भावनाओं का साकार रूप मिलता है। प्रेमचन्द की 'आत्मसंगीत', जैनेन्द्र की 'नीलम देश की राजकन्या' और अज्ञेय की 'कोठरी की बात' आदि श्रेष्ठ भावप्रधान कहानियाँ हैं।

ऐतिहासिक कहानी– ऐतिहासिक घटनाओं एवं चरित्रों के माध्यम से जातीय गौरव तथा राष्ट्रप्रेम आदि तत्त्वों की अभिव्यक्ति ऐतिहासिक कहानियों में होती है। अतीत के अंधकार में आच्छन्न, ऐतिहासिक तथ्यों का उद्घाटन करना इनका लक्ष्य होता है। प्रेमचंद, 'प्रसाद', वृन्दावनलाल वर्मा, चतुरसेन शास्त्री, आदि ऐतिहासिक कहानी लेखकों में प्रमुख हैं। 'प्रसाद' की 'ममता', वृन्दावनलाल वर्मा की 'राखी बंध भाई' तथा 'खजुराहो की दो मूर्तियां', प्रेमचंद की 'राजा हरदौल', 'मर्यादा की वेदी', 'शतरंज के खिलाड़ी', चतुरसेन शास्त्री की 'दुखवा मैं कासे कहूँ मोरी सजनी', 'सिंहगढ़ की विजय' आदि अमर ऐतिहासिक कहानियाँ हैं। कथावस्तु की स्पष्टता, बहुलता, वर्णन में भावुकता एवं कवित्त्वपूर्ण उद्भावना आदि इस कोटि की कहानियों की उल्लेखनीय विशेषताएँ हैं।

सामाजिक कहानी– हिन्दी कहानी अपने प्रारम्भिक काल से ही सामाजिक रही है। सामाजिक चेतना के आग्रह एवं तनाव ने कहानी को विकसित किया है। समाज के बदलते हुए मूल्यों एवं विचार तथा दर्शन से सामाजिक कहानियाँ प्रत्यक्षतः प्रभावित होती हैं। सम्प्रेषणीयता का सम्पूर्ण दायित्व इन कहानियों का होता है। प्रेमचन्द, जैनेन्द्रकुमार, यशपाल, अश्क, अज्ञेय, इलाचंद जोशी, भगवतीचरण वर्मा आदि सामाजिक कहानी लेखकों के नाम उल्लेख्य हैं। प्रेमचन्द की सामाजिक कहानियों में शोषण, अत्याचार, सामाजिक कुरीतियों के प्रति सुधार का आग्रह, पतन के प्रति आदर्श की प्रतिष्ठा, दुःखी, पीड़ित, शोषित मानवता के प्रति गहरी संवेदना की अभिव्यक्ति हुई है। अज्ञेय की कहानियों में सामाजिक वैषम्य और संघर्षों का चित्रण तथा अन्याय के प्रति विद्रोह का रूप मुखरित हुआ है।

मनोवैज्ञानिक कहानी– मनोवैज्ञानिक कहानियों में मनोविज्ञान कहानी के उद्देश्य के रूप में आता है। वस्तुतः अच्छी कहानी की कसौटी मनोवैज्ञानिक सत्य है। प्रेमचंद के शब्दों में, "सबसे अच्छी कहानी वह होती है, जिसका आधार किसी मनोवैज्ञानिक सत्य पर होता है।......... बुरा आदमी भी बिल्कुल बुरा नहीं होता है, उसमें कहीं न कहीं देवता अवश्य छिपा रहता है। यह मनोवैज्ञानिक सत्य है, उस देवता को खोलकर दिखा देना सफल आख्यायिका का काम है।" मनोवैज्ञानिक कहानियों का धर्म है–सूक्ष्म सत्य की पकड़। इस वर्ग की कहानियों में चरित्र के स्थान पर विशिष्ट चरित्र, अन्तर्मुखी चरित्र और संश्लिष्ट चरित्रों की प्रधानता मिलती है। 'प्रसाद' की 'गुण्डा', प्रेमचन्द की 'बड़े घर की बेटी', जैनेन्द्र की 'मित्र विद्याधर', अज्ञेय की 'छाया', साँप, नम्बर–दस', इलाचंद्र जोशी की 'दुष्कर्मी', यशपाल की 'एक राज', उपेन्द्रनाथ 'अश्क' की 'उबाल', आदि इस क्षेत्र की प्रतिनिधि कहानियाँ हैं।

कहानी के शैलीगत भेद भी किये जाते हैं। इसके अन्तर्गत ऐतिहासिक शैली, आत्मपरक शैली, पत्रात्मक शैली, डायरी शैली, नाटकीय शैली, प्रतीकात्मक शैली तथा मिश्रित शैली का प्रयोग होता है।

कहानी के तत्त्व

कहानी कला के तत्त्वों में छः तत्त्व विशेष महत्त्वपूर्ण हैं–

कथानक या कथावस्तु- कथानक का कहानियों में महत्त्वपूर्ण स्थान है। यही कहानी का आधार है। इसके अभाव में कहानी का निर्माण प्रायः असम्भव हो जाता है। यद्यपि मनोविश्लेषणात्मक कहानियों में कथानक की प्रमुखता अपेक्षाकृत कम हो गयी है। भारतीय साहित्यशास्त्रियों ने कथानक के तीन भेद किये हैं– प्रख्यात, उत्पाद्य और मिश्रित।

इतिहास–पुराण या जनश्रुति से प्राप्त कथानक प्रख्यात कहलाता है, इसमें कहानीकार घटनाओं तथा तथ्यों में परिवर्तन नहीं कर सकता। उत्पाद्य कथानक समग्रतः मौलिक होता है। कथाकार की हृदयस्थ मौलिक अनुभूतियाँ इसका मूल स्रोत हैं। आधुनिक युग की कहानियों का कथानक उत्पाद्य है। इसमें कहानीकार को काल्पनिक वातावरण के सृजन में स्वच्छन्दता होती है। मिश्रित कथानक में प्रख्यात एवं उत्पाद्य दोनों प्रकार के कथानकों का सम्मिश्रण रहता है। जब प्रख्यात कथानक में कहानीकार अपनी इच्छानुसार कलात्मक परिवर्तन कर लेता है तब मिश्रित कथावस्तु की सर्जना होती है। प्रसादजी की ऐतिहासिक कहानियों में मिश्रित कथावस्तु की सृष्टि हुई है।

कथाविन्यास की दृष्टि से कथावस्तु की पाँच अवस्थाएँ होती हैं– शीर्षक, आरम्भ, विकास, चरमसीमा और अन्त।

शीर्षक- शीर्षक की रोचकता से कहानी आकर्षक बन जाती है। शीर्षक उद्‌देश्यपूर्ण, विशिष्ट एवं लघु होना चाहिए। उसमें पाठक की जिज्ञासावृत्ति को बनाये रखने की क्षमता विद्यमान हो। प्रायः शीर्षक कहानी के मुख्य पात्र के नाम पर अथवा कहानी के प्रधान विषय, भाव, रस या प्रधान–घटना के आधार पर होता है।

आरम्भ- 'आरम्भ' पर कहानी की सफलता निर्भर है। वस्तुतः यह कहानी का प्रवेश द्वार है जिससे पाठक कहानी के क्षेत्र में पदार्पण करता है। कहानी के आरम्भ को अधिक से अधिक आकर्षक होना चाहिए। आरम्भ और कहानी के परवर्ती भाग में एक सूचना होनी चाहिए।

विकास- कहानी के आरम्भ में दिये गये परिचय की सविस्तार व्याख्या विकास में होती है। विकास का आवश्यकता से अधिक विस्तार नहीं होना चाहिए। विस्तार उतना ही अपेक्षित है, जितने से पात्र और घटनाएँ आगे बढ़ सकें। पाठकों के मन में कौतूहलवृत्ति इसी भाग से जागृत होती है।

चरम सीमा- कौतूहल से आग बढ़ने पर चरम सीमा की स्थिति आती है। यहाँ कहानी की चरम संवेदना व्यक्त होती है। प्रेमचन्द, प्रसाद, सुदर्शन आदि की कहानियों में चरम सीमा का अच्छा निर्वाह हुआ है।

अन्त- आरम्भ की भाँति अन्त का निर्वाह भी बहुत सतर्कता से करना चाहिए

क्योंकि अन्त में ही पाठकों के मन पर विशेष प्रभाव पड़ता है। प्रेमचन्द, प्रसाद, चन्द्रगुप्त विद्यालंकार आदि की कहानियाँ इस दृष्टि से श्रेष्ठ समझी जाती हैं।

पात्र या चरित्र-चित्रण- पात्रों के माध्यम से ही कथानक का आदि से अन्त तक निर्वाह होता है। कहानी में पात्रों की संख्या अधिक नहीं होनी चाहिए। पात्रों को सजीव, सक्रिय एवं जीवन्त होना चाहिए। पात्रों का चरित्र–चित्रण तीन प्रकार से होता है– **(1)** पात्रों के कार्यों द्वारा, **(2)** पात्रों की बात–चीत के द्वारा और **(3)** लेखक के कथन या व्याख्या के द्वारा। चरित्र–चित्रण की सृष्टि पर ही कहानी की सफलता निर्भर करती है। चरित्र–चित्रण ही कथा–साहित्य का मूलाधार है। कथोपकथन, देशकाल, वातावरण तथा घटनाओं का निर्माण चरित्रों में स्वाभाविकता और वास्तविकता प्रदान करने के लिए होता है। कहानी के उद्देश्य की महत्ता भी चरित्र–चित्रण में निहित होती है।

सम्वाद या कथोपकथन- कथोपकथन कहानी का महत्त्वपूर्ण अंग है। यह कहानी का नाटकीय तत्त्व है। पात्रों के चरित्र का आभास, कथोपकथन घटना के विकास तथा चरित्र के प्रकाशन का उपयोगी साधन है। कथोपकथन संक्षिप्त, स्वाभाविक, स्पष्ट, मनोरंजक तथा परिवेश एवं पात्रानुकूल होने चाहिए।

वातावरण- देशकाल एवं परिस्थितियों का अंकन करना ही वातावरण है। वातावरण के अन्तर्गत रीति–रिवाज, रहन–सहन, पात्रों की वेशभूषा, उनके आचार–विचार, व्यवहार, वार्तालाप की भाषा–शैली आदि सभी बातें आ जाती हैं। वातावरण को दो भागों में विभाजित किया जाता है। सामाजिक और भौतिक। आधुनिक कथा–साहित्य में देशकाल के रूप में सामयिक युग– जीवन को चित्रित करने का प्रयास हुआ है।

शैली- अभिव्यंजना की कलाकुशलता ही शैली है। शैली के द्वारा भाषा और उसकी लक्षणा–व्यंजना आदि शक्तियों का उपयोग होता है। कहानी को आकर्षक तथा मनोरंजक बनाने के लिए विविध शैलियों का कथा–साहित्य में बहुत महत्त्व है। कथा–साहित्य में विविध शैलियाँ व्यवहृत हो रही हैं जिनमें ऐतिहासिक, पत्रात्मक, आत्मकथात्मक, डायरी आदि मुख्य हैं।

उद्देश्य- 'उद्देश्य' कहानी का एक आवश्यक अंग है। प्रत्येक कहानी की रचना किसी न किसी उद्देश्य की पूर्ति के लिए होती है। प्राचीनकाल की कहानियों का उद्देश्य मनोरंजन होता था, किन्तु आधुनिक–कहानियों का उद्देश्य मात्र मनोरंजन न होकर जीवन और जगत की समस्याओं को अभिव्यक्त करना, मानव–मन का विश्लेषण करना तथा आदर्श जीवन मूल्य की स्थापना करना होता है। उद्देश्यहीन कहानी सुपाठ्य नहीं हो सकती है।

हिन्दी कहानी का विकास

गद्य की अनेक आधुनिक विधाओं की भाँति हिन्दी–साहित्य में भी आधुनिक कहानी का प्रारम्भ खड़ी बोली के विकास के साथ हुआ। इससे पूर्व 'किसा–किहनी कहने–सुनने' का प्रचलन था। हिन्दी भाषा से पूर्व भारत में कहानी की एक सुदृढ़ परम्परा प्राप्त होती

है। प्राचीन रूप वैदिक संहिताओं में उपलब्ध है। ऋग्वेद में अनेक 'संवाद सूक्त' उपलब्ध हैं, जिन्हें कहानी की एक विशेष तकनीक के रूप में ग्रहण करके, पर्याय रूप में देखा जा सकता है। ऋग्वेद में शुनःशेष ऋषि का आख्यान तथा 'अपाला' तथा 'आत्रेयी' का आदर्श नारी चरित्र, कहानी के चरित्र–चित्रण को रूपायित करते हैं। वेद में 'च्यवन भार्गव' तथा 'सुकन्या–मानवी की कथा' भी प्राप्त होती है।

वेदों के अतिरिक्त ब्राह्मण ग्रंथों तथा उपनिषदों में भी अनेक कथायें प्राप्त होती हैं। पुरूरवा–उर्वशी की कथा, दध्यङ् आर्थवण अर्थात् दधीचि ऋषि की कथा (शतपथ ब्राह्मण) में प्राप्त होती है। शुनः शेष का आख्यान (ऐतरेय ब्राह्मण) च्यवन भार्गव तथा सुकन्या मानवी (तांड्य ब्राह्मण) में भी दोहरायी गयी है।

उपनिषदों की परम्परा में नचिकेता (कठोपनिषद्) अग्नि एवं यक्ष की कहानी (केनोपनिषद्) में विशेष उल्लेखनीय है। रामायण, महाभारत तथा पुराणों की अनेक कथायें जनमानस के धार्मिक दैनन्दिन जीवन का हिस्सा हैं।

वैदिक संहिताओं के अतिरिक्त भी प्राचीन काल में अनेक प्रकार की कथाओं की सर्जना की गयी। इनमें सबसे प्राचीन कथा–संग्रह गुणाढ्यकृत 'बृहत्कथा' है। इसकी भाषा पैशाची बतायी जाती है। संस्कृत में इसके तीन रूप बृहत्कथा–श्लोक संग्रह, बृहत्कथा मंजरी, कथासरित्सागर के नाम से चर्चित हैं। जिनके रचनाकार के रूप में क्रमशः बुधस्वामी, क्षेमेन्द्र तथा सोमदेव का उल्लेख होता है। डॉ. अब्दुल बिस्मिल्लाह के अनुसार इस त्रयी में सर्वाधिक लोकप्रिय 'कथासरित्सागर' की कहानियाँ रही हैं। इनके अतिरिक्त संस्कृत में 'बैताल पंचविंशतिका' एवं 'सिंहासन द्वात्रिंशिका की कहानियाँ' भी लोकप्रिय रही हैं। इनका हिन्दी अनुवाद क्रमशः बैताल पचीसी और 'सिंहासन बतीसी' के नाम से हुआ। जैन–बौद्ध साहित्य तथा अवदान एवं जातक साहित्य तो कथाओं का विपुल भण्डार है। विष्णुशर्मा तथा नारायण पंडित द्वारा रचित 'पंचतंत्र' एवं 'हितोपदेश' की कहानियाँ तो सम्पूर्ण विश्व में चर्चित रहीं। इन्हें विभिन्न भाषाओं में अनूदित किया गया। छठी शताब्दी में ईरान के शाह खुसरो नौशेरवाँ ने पहलवी भाषा में 'पंचतंत्र' का अनुवाद कराया। तत्पश्चात् इसाई पादरी बुद ने सीरियन में तथा अन्य विद्वानों ने अरबी, लैटिन, ग्रीस, जर्मन, फ्रेंच, अंग्रेजी आदि में अनुदित किया। कहानी लेखन की इसी परम्परा में 'शुक सप्तति' नामक ग्रंथ भी महत्त्वपूर्ण है। ज्ञात हो कि इस ग्रंथ का फारसी भाषा में अनुवाद चौदहवीं शताब्दी में ही 'तूतीनामा' नाम से हो गया था। 'किस्सा तोता–मैना' इसी का लोकप्रिय रूप है। इनके अतिरिक्त भट्ट विद्याधर के शिष्य द्वारा लिखित 'माधवानल कथा', शिवदास कृत 'कथार्वण' तथा विद्यापति कृत्त 'पुरुष परीक्षा' भी उल्लेखनीय संग्रह हैं।

हिन्दी साहित्य के मध्यकाल में मुस्लिम शासन के स्थायित्व के पश्चात् विदेशी–संस्कृति के प्रभाव से 'लैला–मजनू', 'शीरीं–फरहाद', 'युसुफ–जुलेखा' आदि कथाएँ चर्चित हुईं। सूफी कवियों ने भी अपने प्रेमाख्यानों में कथाओं का प्रयोग किया किन्तु ये कथाएँ

कल्पना–प्रधान, चमत्कार प्रसंगों से संगुफित थीं। वैष्णव काव्य में प्रबंध और नीति के रूप में कथा का संगुफन हुआ। डॉ० सरला शुक्ल का मत है कि सत्रहवीं शताब्दी के पूर्वार्द्ध में रचित वल्लभ सम्प्रदाय के दो ग्रंथों–'चौरासी वैष्णवों की वार्ता' तथा 'दो सौ बावन वैष्णवों की वार्ता' में सर्वप्रथम कहानी के लक्षणों का आभास मिलता है। उत्तर मध्यकाल के मुक्तकों में पौराणिक तथा ऐतिहासिक कथाओं पर आधारित काव्यों की रचना हुई। इस प्रकार आदिकाल, भक्तिकाल तथा रीतिकाल में पौराणिक अति दिव्य कथा–प्रसंगों और ऐतिहासिक अतिभौतिक वृत्तों के आधार पर रचित काव्य में कथा का प्रवाह निरन्तर गतिमान रहा। इस क्रम में लोकगाथाओं को और गेयकथाओं का स्मरण भी किया जाना चाहिए।

उल्लेखनीय है कि आधुनिक कहानी का पर्याय बनी विधा–कहानी का विकास पाश्चात्य कथा–साहित्य से प्रभावित है। अतः इनका अवलोकन भी यहाँ समीचीन होगा। वस्तुतः आधुनिक कहानी का प्रारंभ यूरोप के विभिन्न समूहों द्वारा 19वीं शताब्दी में हुआ। जर्मनी के ई.टी.डब्लू.हॉफफैन के कहानी संग्रह सन् 1814 और 1821 के बीच प्रकाशित हुए। जेकब और विलहेल्म ने परियों और पुराणों की कथाओं के संग्रह 1812–1815 ई. के बीच प्रकाशित किये। इस युग में कहानी के जनक एडगर एलन पो ने सर्वोत्कृष्ट कहानियों की रचना की। ऐलेन पो ने कहानी कला के सिद्धान्तों का प्रतिपादन करते हुये कहानी कला के सुनिश्चित नियमों का निर्माण भी किया। रूस के एलेक्जेण्डर पुश्किन और निकोलाइ गोगोल तथा फ्रांस के पॉस्पर मेरमी के कहानी संग्रह भी इसी बीच प्रकाश में आये। पो के द्वारा कहानी को अत्यधिक नियमबद्ध कर देने के कारण उसमें गतिरोध आ गया। इन कठोर नियमों से कहानी को मुक्त करने का श्रेय गाइ द मोपासॉ को जाता है। उनकी कहानियों में वास्तविक जीवन का संघर्ष मिलता है। चेखब, ओ. हेनरी तथा डिकेन्स आदि ने कहानी के विकास में महत्त्वपूर्ण योग दिया।

डॉ० गणपतिचन्द्र गुप्त मानते हैं कि यूरोप में विकसित कहानी का स्वरूप अंग्रेजी और बंगला के माध्यम से 20वीं शताब्दी ई. के प्रारंभ में हिन्दी में आया। वहीं डॉ. अब्दुल बिस्मिल्लाह का मत हिन्दी भाषियों को सम्बल देता है। वह लिखते हैं– "छोटी लोक–कथाओं का मूल्यांकन करते हुए यह बात साफ हो जाती है कि कम से कम हिन्दी कहानी के उदय और विकास का सम्पूर्ण श्रेय अंग्रेजी शार्ट स्टोरी को नहीं दिया जा सकता क्योंकि हमारी देशी लोककथाओं में वही कथातत्त्व विद्यमान हैं, जो कि अंग्रेजी शॉर्ट स्टोरी में माने जाते रहे हैं।"

भारतीय कथा–साहित्य की पूर्णोल्लिखित समृद्धशाली परम्परा इसका प्रमाण है।

डॉ० रामस्वरूप चतुर्वेदी का मानना है कि हिन्दी कहानी का आविर्भाव बीसवीं शती के प्रारंभ में पत्र–पत्रिकाओं के उदय के साथ होता है। उनके इस कथन की पुष्टि आचार्य रामचन्द्र शुक्ल के मंतव्य में भी दिखाई पड़ती है। शुक्लजी ने भी हिन्दी कहानी का प्रारंभ सरस्वती के प्रकाशन से जोड़ा है। हालाँकि 'सरस्वती' के प्रकाशन से पूर्व

आधुनिक कहानी की कथात्मकता की झलक ईंशा अल्ला खां की 'रानी केतकी की कहानी' (1803), लल्लूलाल रचित–सिंहासन बत्तीसी, बैताल पच्चीसी, सदल मिश्र के 'नासिकेतोपाख्यान', जटमल रचित 'गोरा बादल की कथा', राजा शिवप्रसाद 'सितारेहिन्द' का 'राजा भोज का सपना' आदि मौलिक तथा अनुदित कथा ग्रन्थों में मिलती है। आधुनिक काल की इन कहानियों के स्रोत प्रायः संस्कृत कथा, लोककथाएँ और उर्दू–फारसी की कहानियाँ थीं। भारतेन्दु हरिश्चन्द्र ने भी 'एक अद्भुत अपूर्व स्वप्न' की रचना करके पूर्ववर्ती कहानियों में नया मोड़ उपस्थित किया, किन्तु यह रचना कहानी से अधिक कथात्मक निबंध प्रतीत होती है। भारतेन्दु युग के अन्य प्रसिद्ध लेखकों में किशोरीलाल गोस्वामी, गिरिजाकुमार घोष तथा पं. गौरीदत्त शर्मा आदि विशेष प्रसिद्ध हैं। इन लेखकों ने अनुदित कहानियाँ अधिक प्रस्तुत कीं। इस काल की कथाकथित कहानियों में उपदेशात्मकता तथा रोचकता प्रधान है।

पूर्वोल्लिखित है कि आधुनिक ढंग की कहानियों का आरंभ आचार्य रामचंद्र शुक्ल ने 'सरस्वती' पत्रिका के प्रकाशन काल (1900 ई.) से माना है। सरस्वती में प्रकाशित होने वाली प्रमुख प्रारंभिक कहानियाँ हैं। पं. किशोरीलाल गोस्वामी कृत 'इन्दुमती' (1900) तथा 'गुलबहार' (1902), मास्टर भगवानदास द्वारा रचित 'प्लैग की चुड़ैल' (1902), रामचन्द्र शुक्ल प्रणीत 'ग्यारह वर्ष का समय' (1903), पं. गिरिजादत्त बाजपेयी कृत 'पंडित और पंडितानी (1903), राजेन्द्र बाला घोष 'बंगमहिला' कृत 'दुलाई वाली' (1907)। इनमें भी क्रम निर्धारित करते हुये शुक्लजी ने 'इंदुमती' को हिन्दी की पहली मौलिक कहानी माना है फिर क्रमशः 'ग्यारह वर्ष का समय' तथा 'दुलाई वाली' को रखा है, किन्तु वर्तमान में 'इन्दुमती' प्रथम मौलिक कहानी के रूप में विवादास्पद हो गयी है। इसका कारण नये शोध परिणाम हैं। सम्प्रति, निम्नलिखित कहानियाँ पहली कहानी के आसन पर प्रतिष्ठित होने के लिए विशेष चर्चित हैं– 'एक जमींदार का दृष्टान्त' (1871)–रेवरेंड जे न्यूटन, 'प्रणयिनी– परिणय' (1887)–'इन्दुमती' (1900)–किशोरीलाल गोस्वामी, 'मन की चंचलता' (1900)–माधवप्रसाद मिश्र, 'एक टोकरी भर मिट्टी' (1901)–माधवराव सप्रे, 'ग्यारह वर्ष का समय' (1903)–रामचन्द्र शुक्ल, 'दुलाईवाली' (1907)–बंगमहिला, 'राखीबन्दभाई' (1907)–वृन्दावनलाल वर्मा, 'ग्राम' (1911)–जयशंकर प्रसाद, 'रक्षाबंधन' (1913)–विश्वम्भर नाथ शर्मा 'कौशिक', 'उसने कहा था' (1915)–चन्द्रधर शर्मा 'गुलेरी', 'भेड़िये' (1935)–भुवनेश्वर।

उपर्युक्त कहानियों को लेकर, इतने लम्बे समय से और इतने तर्कों के साथ इस विषय पर विचार विमर्श हुआ है कि उन सबकी समीक्षा यहाँ संभव नहीं है परन्तु विद्यार्थियों की सुविधा हेतु मैं कुछ सुझाव बड़ी विनम्रता से रखना चाहता हूँ। सर्वप्रथम यह कि 'प्रणयिनी परिणय' तथा 'इन्दुमती' पर विद्वानों ने क्रमशः उपन्यास और शेक्सपीयर के नाटक 'टैम्पेस्ट' का प्रभाव स्पष्ट किया है। अतः यह स्वयं प्रथम कहानी

के पद से च्युत हो जाती है। पूर्वोल्लिखित कहानियों में कालक्रमानुसार 'एक जमींदार का दृष्टान्त' प्रथम प्रतीत होती है। अतः इसे प्रथम कहानी मानना चाहिए। मेरा मंतव्य है कि सभी विद्वानों ने खड़ी बोली गद्य के भारतीय कर्णधारों में एक इंशा अल्लाह खां की कहानी 'रानी केतकी की कहानी' का भी उल्लेख किया है। मेरा मानना है कि 'रानी केतकी की कहानी' से विधा का पदार्पण, भाषा का परिष्कार होता है, अतः इसे पहली हिन्दी कहानी कालक्रमानुसार माना जाये, वहीं 'एक जमींदार का दृष्टांत' कहानी को एक विदेशी द्वारा हिन्दी में लिखी गई प्रथम कहानी कहा जाये तथा यदि कथ्य एवं शिल्प की दृष्टि से वर्तमान कहानी का मूल खोजना हो तो निःसन्देह यह पद 'उसने कहा था' को मिलना चाहिए क्योंकि कथ्य एवं शिल्प की दृष्टि से यह कहानी अपने समय से बहुत आगे की कहानी है।

सन् 1911 से 1915 की अवधि कहानी रचना के लिए अत्यंत उर्वर सिद्ध हुई। इस अवधि में इन्दु, सेवक, नवजीवन, मर्यादा, गृहलक्ष्मी, औदुम्बर, हिन्दी मनोरंजन, नवनीत, प्रभा, प्रियंवदा और 'हिन्दी साहित्य जैसी कई पत्रिकायें प्रकाशित हुईं। 'इन्दु' पत्रिका और प्रसाद के साथ हिन्दी कथा–साहित्य का द्वितीय उत्थान आरम्भ होता है। सन् 1911 में प्रसाद जी की प्रथम कहानी 'ग्राम' का प्रकाशन हुआ। इसी पत्रिका में राधिकारमण प्रसाद सिंह की भावपूर्ण कहानी 'कानों में कंगना' (1913), विश्वम्भरनाथ शर्मा 'कौशिक' की 'रक्षाबन्धन', 1914 में ज्वालादत्त शर्मा की 'विधवा' और 'तस्कर', 1915 में प्रेमचन्द की 'सौत' तथा चन्द्रधर शर्मा गुलेरी की 'उसने कहा था', प्रकाशित हुई। प्रसाद की प्रारंभिक कहानियों पर बंगला साहित्य का प्रभाव परिलक्षित है किन्तु बाद में उन्होंने अपनी स्वतंत्र शैली विकसित की। 'प्रेम और सौन्दर्य' के कवि होने के कारण प्रसाद की काव्यात्मकता का प्रभाव उनकी कहानियों पर सर्वत्र दिखाई पड़ता है। उन्होंने भावनाओं का सूक्ष्म चित्रण, वातावरण की सघनता एव शैली की गंभीरता को अपनाया। उनकी भाषा संस्कृतनिष्ठ तथा शैली अलंकृत थी। प्रसाद की कहानियों में आदर्श एवं भारतीय दर्शन का समन्वय मिलता है। अतीत के प्रति आसक्ति होने के कारण कुछ कहानियों में उनकी चेतना भी बद्ध है। छाया, प्रतिध्वनि, आकाशदीप, आंधी उनके संग्रह हैं और 'पुरुस्कार', 'आकाशदीप', 'ममता', 'मधुआ', 'गुण्डा' आदि उनकी उल्लेखनीय कहानियाँ हैं। सरस्वती के आरम्भ में छपने वाली कहानियों में शेक्सपीयर के नाटकों, संस्कृत–नाटकों का आधार तथा कुछ बंगला कहानियों को रूपान्तरित करके और लोककथाओं तथा जीवन की वास्तविक घटनाओं की दृष्टि दिखाई पड़ती है। 'उसने कहा था' कि पृष्ठभूमि इन सबसे नितान्त अलग थी। प्रथम महायुद्ध पर आधारित यह कहानी 'प्रेम और त्याग की महागाथा' तथा शिल्प की दृष्टि से बहुत आगे की कहानी थी। सन् 1911 के बीच कुछ महिला कहानीकार भी उभरीं। 'बंग महिला' और 'बावली बहू' मूलतः बंगाली थीं। नई कहानीकार आईं–सरस्वती देवी और भाग्यवतीदेवी।

सन् 1915 के पश्चात् नवाब धनपतराय के नाम से उर्दू में कहानियाँ लिखने वाले प्रेमचन्द के पदार्पण ने, हिन्दी कहानी में एक नये युग का शुभारम्भ किया। प्रेमचंद ने कहानियों को भी जीवन की नयी समस्याओं से जोड़ने का प्रयास पहली बार किया। नये स्पंदन तथा नये शिल्प से साक्षात्कार करा, नया बोध, नयी दिशा दी। प्रेमचन्द ने उपन्यास और कहानियों के विकास में समानान्तरता बनाये रखी। दोनों ही विधाओं में वे आदर्श से यथार्थ की ओर अग्रसर हुये हैं। इसे उनकी पहली चर्चित हिन्दी कहानी 'पंच परमेश्वर' (1916) से लेकर 'कफन' (1936) तक की विकासयात्रा में देखा जा सकता है। हालाँकि उनका चर्चित उर्दू कहानी संग्रह–'सोजे वतन' भी अंग्रेज सरकार द्वारा जब्त कर लेने के कारण चर्चित हुआ। 1916 से 1920 तक के समय को उनकी कहानियों का उन्मेष काल माना जा सकता है। 'पंच परमेश्वर', 'नमक का दरोगा', 'बड़े घर की बेटी', 'रानी सारन्धा' आदि कहानियाँ इसी कालावधि में लिखी गयीं। ये कहानियाँ आदर्शात्मक, इतिवृत्तात्मक और घटनाबहुल हैं। इनकी कहानियों के विकास का दूसरा चरण 1920 से 1930 तक माना जा सकता है। इस काल की कहानियाँ स्थूल इतिवृत्तात्मकता के स्थान पर संवेदन को छूते हुए नजर आती हैं। चरित्र–चित्रण में मनोवैज्ञानिक सूक्ष्मताओं, शिल्प में नाटकीयता एवं व्यंग्य के पैनेपन से जीवंतता और प्रभावान्विति की सघनता आ गयी। 'माता का हृदय', 'मैकू', 'शंखनाद', 'बूढ़ी काकी', 'आत्माराम', 'शतरंज के खिलाड़ी' आदि इसी समय की कहानियाँ हैं। इनकी कहानियों के तीसरे चरण (1930–1936) में 'नशा', 'मिस पदमा', 'पूस की रात', 'ईदगाह', 'कफन' आदि कहानियाँ उल्लेखनीय हैं। इनमें यथार्थवादिता भरपूर भरी हुई है। उनकी सभी कहानियाँ 'मानसरोवर' के आठ भागों में संग्रहित हैं।

प्रेमचन्द की कहानियों के रचना–तंत्र पर कई ऐतिहासिक स्थितियों का प्रभाव पड़ा। प्रथम विश्वयुद्ध से देश की अर्थव्यवस्था व्यापक रूप से प्रभावित हुई। तिलक का जेल जाना तथा होमरूल आन्दोलन को लेकर संघर्ष करने, जलियाँवाला बाग काण्ड तथा रवीन्द्रनाथ ठाकुर द्वारा 'सर' की उपाधि वापिस किये जाने, आदि घटनाओं ने जनमानस को आंदोलित किया। 1920 में तिलक की मृत्यु तथा 1928 में प्रथम बार 'साइमन कमीशन' का गहरा विरोध महत्त्वपूर्ण घटनाएं थीं। प्रेमचन्द इन घटनाओं के प्रत्यक्ष दृष्टा थे जिसका उनके साहित्य में प्रसंगगत वर्णन हुआ है। उन्होंने ब्रितानी सरकार के जुल्मों से त्रस्त होकर स्वाधीनता आंदोलन और भारतीय सामंतों, जमींदारों, साहूकारों के शोषण एवं अत्याचारों के विरुद्ध मुक्ति का गीत गाया एवं 'किसानों की करुण गाथा' का मूर्तमान चित्रण प्रस्तुत किया। कथा उद्देश्य एवं प्रभान्विति के कारण प्रेमचन्द 'कथा सम्राट' कहे गये।

जिस समय प्रेमचन्द आदर्शोन्मुखी कहानियाँ लिख रहे थे, उसी समय प्रसाद, जैनेन्द्र, उग्र, निराला, सियारामशरण गुप्त, हृदयेश आदि रोमांटिक कहानियाँ लिख रहे

थे। डॉ. बच्चन सिंह का मानना है कि "शेष वे लोग भी, जिन्हें प्रेमचन्द संस्थान का कहानीकार माना जाता है, वे भी रोमांटिक ही हैं। चन्द्रधर शर्मा गुलेरी, राजा राधिकारमण प्रसाद सिंह, भगवतीप्रसाद बाजपेयी, चतुरसेन शास्त्री, विनोदशंकर व्यास आदि की कहानियाँ मूलतः रोमांटिक हैं।" इनके अतिरिक्त रायकृष्णदास, पदुमलाल–पन्नालाल बख्शी, कृष्णकान्त मालवीय भी प्रेमचन्द के समकालीन थे। प्रेमचंद की पीढ़ी के कहानीकारों में विश्वम्भरनाथ शर्मा 'कौशिक' विषय, विचारधारा, भाषा–शैली की दृष्टि से प्रेमचन्द के अनुयायी हैं। पहले यह उर्दू में लिखते थे। 'रक्षाबंधन' (1913) के अतिरिक्त 'चित्रशाला' और 'गल्पमंदिर' उनके प्रसिद्ध कहानी संग्रह हैं। सुदर्शन की पहली कहानी 'हार की जीत' सन् 1920 में सरस्वती में प्रकाशित हुई। इनकी कहानियों में जीवन सत्यों एवं मानवीय भावनाओं का अत्यंत सजगता के साथ उद्घाटन हुआ। सुदर्शन सुधा, सुदर्शन सुमन, तीर्थयात्रा, पुष्पलता, गल्पमंजरी, सुप्रभात, पनघट आदि इनके कहानी संग्रह प्रकाशित हुए। हिन्दी के विद्रोही लेखक– पाण्डेय बेचेन शर्मा 'उग्र' का प्रवेश 1922 में हुआ। उन्होंने अपनी रचनाओं में राजनीतिक, सामाजिक रूढ़ियों, अंधविश्वासों, मिथ्या आडंबरों और परम्पराओं के प्रति गहरा विद्रोह व्यक्त किया। इनकी 'दोजख की आग', 'चिंगारियाँ', 'बलात्कार', 'सनकी अमीर' आदि कहानी संग्रह प्रकाशित हुये। आचार्य चतुरसेन शास्त्री जी भी इसी परम्परा के कथाकार थे, किन्तु उनकी कहानियों में 'उग्र' जैसी तीव्रता नहीं मिलती। 'दुखवा मैं कासे कहूँ मोरी सजनी', 'भिक्षुराज', 'ककड़ी की कीमत' आदि उनकी प्रसिद्ध कहानियाँ हैं। ज्वालादत्त शर्मा सुधारवादी कहानीकार के रूप में पहचाने जाते हैं। उन्होंने बहुत कम संख्या में कहानियाँ लिखी हैं। 'विधवा', 'अनाथ बालिका', 'भाग्यचक्र' आदि उनकी उल्लेखनीय कहानियाँ हैं। जनार्दन प्रसाद झा 'द्विज' की कहानियाँ मार्मिकता की दृष्टि से चर्चित हुईं। 'किसलय', 'मृदुल', 'मधुमयी' आदि उनके कथा–संग्रह प्रकाशित हुये। चण्डीप्रसाद 'हृदयेश' आदर्शवादी कथाकार थे। उनकी कहानियों में त्याग, बलिदान, आत्मशुद्धि आदि भावनाओं की अभिव्यक्ति हुई है। 'नन्दननिकुंज', 'बनमाला' आदि उनके कहानी संग्रह हैं। पं. गोविन्दवल्लभ पंत की कहानियों में यथार्थ की कटुता और कल्पना का सुन्दर समन्वय है।

ज्ञात होता है कि इस प्रकार इस युग के कहानी साहित्य में व्यावहारिक, आदर्शवादी, यथार्थवादी, ऐतिहासिक, रोमानी, हास्य–व्यंग्य प्रधान तथा प्रतीकात्मक कहानियाँ लिखी गईं। एक ओर प्रेमचंद, कौशिक, हृदयेश, सियारामशरण गुप्त ने आदर्शवादी दृष्टिकोण अपनाते हुए समस्याओं का समाधान करने का प्रयत्न किया वहीं दूसरी ओर 'उग्र', चतुरसेन शास्त्री, गोविन्दवल्लभ पंत जैसे लेखकों ने विभिन्न परिस्थितियों एवं समस्याओं को नग्न रूप में प्रस्तुत किया, उनके सुधार एवं समाधान

के लिए विशेष ध्यान नहीं दिया। शैली की दृष्टि से इस युग की कहानियाँ सुसंगठित हैं तथा भाषा पात्रानुकूल एवं परिष्कृत।

प्रेमचन्दोत्तर कहानीकारों में जैनेन्द्र, अज्ञेय, इलाचन्द जोशी, यशपाल, भगवतीचरण वर्मा, उपेन्द्रनाथ 'अश्क', चन्द्रगुप्त विद्यालंकार, अमृतलाल नागर, अमृतराय आदि प्रमुख हैं। प्रेमचन्द तथा उनके समकालीन लेखकों के पात्र 'वर्गपात्र' (टाइप केरेक्टर) थे, जबकि प्रेमचन्दोत्तर कथासाहित्य में 'व्यक्ति पात्रों' (इनडिविजुएल कैरेक्टर्स) का चित्रण हुआ। इस प्रकार मनुष्य को एक सामूहिक भावना के स्थान पर व्यक्त आन्तरिक आवेगों तथा संवेदनों के माध्यम से विश्लेषित किया गया। एक ओर फ्रायड, एडलर, युंग का प्रभाव तथा दूसरी ओर उन्नीसवीं शती में हुए औद्योगिक परिवर्तन से पूंजीवादी एवं सर्वहारा मनोवृत्ति तथा शेष सामन्ती मनोवृत्ति पर विचार करने के लिए मार्क्स लैनिन, प्लेखनोव आदि का प्रभाव लेखकों पर पड़ा।

जैनेन्द्र ने प्रेमचन्द की यथार्थवादी परम्परा को आगे न बढ़ाकर, उसे नया मोड़ दिया। जैनेन्द्र ने अपनी कहानियों की सामाजिक भूमि प्रेमचन्द से ली पर अन्तर्मन्थन की प्रतिक्रिया के लिए बंगला कथाकार शरतचन्द्र से प्रभाव ग्रहण किया। मनोविज्ञान और जीवनदर्शन जैनेन्द्र की कहानियों के मूलाधार रहे हैं। 'पत्नी', 'जाह्नवी', 'खेल', 'अपना भाग्य', 'वातायन', 'नीलम देश की राजकन्या', 'दो चिड़िया', 'पाजेब' आदि उनकी संवेदनात्मक विचारों वाली प्रसिद्ध कहानियाँ हैं। भगवतीप्रसाद बाजपेयी तथा भगवतीचरण वर्मा ने इस विचारधारा को पुष्ट किया।

मनोविश्लेषणवादी कहानीकारों में अज्ञेय और इलाचन्द्र जोशी उल्लेखनीय हैं। विषय की दृष्टि से अज्ञेय की कहानियाँ– क्राँतिकारी जीवन, प्रेम और मनोवैज्ञानिक संघर्ष पर आधारित हैं। अज्ञेय ने कहानियों में अनेक शैलियों, यथा– ऐतिहासिक, आत्मकथात्मक, नाटकीय, पत्रात्मक आदि का उपयोग किया। डॉ० बच्चन सिंह का मत है कि– "उन्होंने क्राँतिकारी जीवन, शरणार्थी की समस्याओं पर भी कहानियाँ लिखी हैं, पर मध्यवर्गीय जीवन से संबद्ध कहानियाँ अधिक मार्मिक और कलात्मक बन पड़ी हैं। "विपथगा', 'रोज', 'पठार का धीरज', 'पुलिस की बीबी', 'जयदोल' आदि अज्ञेय की प्रसिद्ध कहानियाँ हैं। इलाचंद्र जोशी ने भी अपनी कहानियों में सूक्ष्म मानसिक तथ्यों को उद्घाटित किया। 'रोमांटिक छाया', 'आहुति', 'दीवाली और होली' आदि उनके महत्त्वपूर्ण कहानी सग्रह हैं। अज्ञेय एवं जोशी जी पर फ्रॉयड के 'यौनवाद' का प्रभाव है। उन्होंने दमित वासनाओं और कुंठाओं का उन्मुक्त चित्रण किया है।

यशपाल के लेखन में मार्क्सवादी विचारधारा तथा आधुनिक मनोवैज्ञानिक विचारधाराओं का समन्वित रूप दिखाई देता है। उन्होंने अपनी कहानियों में सामाजिक विषमता का उद्घाटन साम्यवादी दृष्टिकोण से किया है। 'पिंजरे की उड़ान', 'वो दुनिया', 'तर्क का तूफान', 'फूलों का कुर्ता', तुमने क्यों कहा था कि मैं सुंदर हूँ, 'उत्तमा

की मां' आदि उनके प्रसिद्ध कहानी संग्रह हैं। उपेन्द्रनाथ 'अश्क' अपनी सामाजिक कहानियों में यशपाल के बहुत निकट हैं। 'पिंजरा', 'पाषाण मोती', 'मरुस्थल', 'खिलौने', 'चट्टान', 'जादूगरनी' आदि उनकी प्रसिद्ध कहानियाँ हैं। ख्वाजा अहमद अब्बास, अमृतराय, मन्मथनाथ गुप्त, कृष्णचंद, रांगेयराघव इसी परम्परा के थे।

चन्द्रगुप्त विद्यालंकार, रामप्रसाद घिल्डियाल 'पहाड़ी' आदि के नाम भी इस युग के यथार्थपरक सामाजिक लेखन के लिए उल्लेखनीय हैं। चन्द्रकिरण सौनरिक्सा ने सामाजिक, आर्थिक एवं मनोवैज्ञानिक कहानियाँ लिखी हैं। 'आदमखोर' उनका प्रसिद्ध कहानी संग्रह है। इस परम्परा में आने वाले अन्य कहानीकार देवीदयाल चतुर्वेदी 'मस्त', जानकीवल्लभशास्त्री, राजेश्वरप्रसाद सिंह, कृष्णानंद गुप्त, शिवपूजन सहाय, श्री रामवृक्ष बेनीपुरी, अक्षयकुमार ज़ैन्न आदि थे।

ऐतिहासिक सांस्कृतिक कहानी लेखन में वृन्दावनलाल वर्मा, राहुल सांस्कृत्यायन, भगवतशरण उपाध्याय आदि ने अतीत की घटनाओं, परिस्थितियों एवं वातावरण का सजीव उल्लेख किया।

हिन्दी के अनेक कहानीकारों ने अपनी कहानियों में काम–वासना, सौन्दर्यलिप्सा एवं प्रणय आदि का चित्रण स्वच्छन्द रूप से किया। इसमें आरसीप्रसाद सिंह (कालरात्रि), किशोर साहू (टेसू का फूल), नरेश, (गोधूलि), मधुसूदन (उजाले से पहले) आदि आते हैं।

हिन्दी कहानी में हास्य और व्यंग्य को भी मुख्य शैली बनाया गया। ऐसे कथाकारों में जी.पी. श्रीवास्तव, हरिशंकर शर्मा, कान्तानाथ पाण्डेय 'चोंच', कृष्णदेव प्रसाद गौड़ 'बेढ़व', झपटसराय बनारसी, बरसानेलाल चतुर्वेदी आदि प्रमुख थे।

इस युग के कुछ लेखकों ने युद्ध, क्रान्ति, शिकार सम्बन्धी विषयों पर कहानियाँ लिखीं। इसमें प्रभाकर माचवे ने द्वितीय विश्वयुद्ध की घटनाओं के आधार पर 'संगीनों का साया' कथा–संग्रह प्रस्तुत किया। मोहन सिंह सेंगर ने नाजीवाद, जर्मन, जापान, चीनी संघर्ष की झांकियां प्रस्तुत कीं। श्रीनाथ सिंह, गणेश पांडेय, राजबहादुर सिंह भी सक्रिय थे। श्रीराम शर्मा एवं रघुवीर सिंह ने शिकार संबंधी अनुभवों से कहानियाँ लिखीं।

हिन्दी कहानी के इस दौर को अनेक महिला कथा लेखिकाओं ने भी समृद्ध किया। कमलादेवी चौधरी, उषादेवी मित्रा, उमा नेहरू, तेजरानी पाठक, हेमवती देवी, सुभद्राकुमारी चौहान, शिवरानी देवी, सत्यवती मलिक, पुष्पा महाजन, रजनी पणिकर, तारादेवी, कौशल्या 'अश्क' आदि प्रमुख हैं।

नयी कहानी– स्वातंत्र्योत्तर कहानी को प्रकारान्तर से नयी कहानी की संज्ञा से अभिहित किया गया है। सन् 1950 ई. में हिन्दी कहानी–क्षेत्र में एक नया दौर शुरू हुआ। इसी समय पुरानी और नयी कहानी का अन्तर भी स्पष्ट हुआ। इस नयी कहानी ने बदलते हुए जीवन मूल्यों के समानान्तर नवीन प्रतिमानों तथा जीवनसंदर्भों को ग्रहण

किया। मानवीय आकांक्षाओं, विसंगतियों एवं मान्यताओं को नयी कहानी में अनुभूति के स्तर पर व्यक्त किया गया है। नयी कहानी के विकास में सन् 1954 में प्रकाशित 'कहानी' पत्रिका ने मुख्य भूमिका निभाई है। इसके अतिरिक्त 'संकेत' और 'हंस' ने भी नये कहानीकारों की कहानियाँ प्रकाशित कीं। सन् 1956 में अपने एक लेख में नामवर सिंह ने नयी कविता के वजन पर नयी कहानी का संकेत किया। 1960 में 'नयी कहानी' पत्रिका प्रकाशित हुई। इसका संपादन 1963 से कमलेश्वर ने किया। विषय वस्तु, रूपबंध, भाषा और दृष्टिकोण से ये कहानियाँ पूर्ववर्ती कहानियाँ से भिन्न हैं। ये प्रयोगधर्मा हैं, इनके प्रामाणिक अनुभूति विन्यास अपने आप में नियंत्रित हैं। धर्मवीर भारती, राजेन्द्र यादव, मोहन राकेश, कमलेश्वर, फणीश्वरनाथ रेणु, निर्मल वर्मा, शेखर जोशी, कृष्ण बलदेव वैद्य, भीष्म साहनी, मार्कण्डेय, शिवप्रसाद सिंह, रमेश बक्षी, रघुवीर सहाय आदि नयी कहानी के प्रमुख लेखक हैं। 'गुल की बन्नो', 'जहाँ लक्ष्मी कैद है', 'हंसा जाइ अकेला', 'परिन्दे', 'मलवे का मालिक' आदि प्रमुख कहानियाँ हैं।

इसी समय नगरकथा बनाम ग्रामकथा का विवाद भी प्रारम्भ हुआ तथा आंचलिकता का स्वर मुखरित हुआ। ग्रामांचल के कहानीकारों में शिवप्रसाद सिंह, मार्कण्डेय और फणीश्वरनाथ 'रेणु' मुख्य हैं। शिवप्रसाद सिंह की प्रारम्भिक कहानियाँ अतीतोन्मुख हैं। 'मुर्दासराय', 'इन्हें भी इन्तजार है' आदि उनके प्रमुख कहानी संग्रह हैं। मार्कण्डेय की कथाओं में भी आरम्भ में अतीतोन्मुखता दृष्टिगत होती है। 'गुलरा के बाबा' और 'हंसा जाइ अकेला' में अतीत के प्रति रोमानी दृष्टि अपनायी गयी है। शहरी जीवन से सम्बद्ध कहानियाँ भी उन्होंने लिखी हैं। 'महुए का पेड़', 'भूदान', 'माटी' आदि उनके प्रकाशित कहानी संग्रह हैं। फणीश्वरनाथ 'रेणु' आंचलिक कहानी साहित्य के 'माइलस्टोन' हैं। उनकी कहानियों में आंचलिकता, आधुनिकता और रोमांटिक यथार्थ का सजीव चित्रण है। गाँव के रहन–सहन, वातावरण और परिवेश, सभ्यता और संस्कृति सभी कुछ उनकी कहानियों में चित्रित हुआ है। 'लालपान की बेगम', 'तीसरी कसम', 'ठुमरी', 'रसप्रिया' आदि उनकी प्रमुख कहानियाँ हैं।

ग्रामीण विकास के साथ–साथ स्वातंत्र्योत्तर भारत में ग्रामों का शहरीकरण भी तेजी से हुआ। बिजली, पंखा, यातायात की सुविधा आदि से आधुनिकता का सूत्रपात तो हो गया किन्तु ग्रामीण संस्कारों में एकाएक परिवर्तन सम्भव नहीं था। परिणामतः इन स्थानों पर बाह्य रूप से तो शहर की सुविधाएँ दृष्टिगत होने लगीं किन्तु संस्कारों की दृष्टि से ये स्थान गाँव ही थे। इन्हीं स्थानों को 'कस्बा' की संज्ञा दी गई। इन स्थानों की स्थिति शहर और गाँव के बीच की होती है। कमलेश्वर और अमरकान्त प्रथम कहानी लेखक हैं जिनकी कहानियों में कस्बों की मनोवृत्ति का सफल चित्रण हुआ है। अमरकान्त की 'जिन्दगी और जोंक' कहानी में गांवों से शहर की ओर

स्थानान्तरित होती मनोवृत्ति का मार्मिक चित्रण हुआ है। इसी प्रकार उनकी अन्य कहानियाँ– 'दोपहर का भोजन', 'डिप्टी कलेक्टरी', 'गगन बिहारी', कमलेश्वर की 'राजा निरबंसिया', 'नीली झील', 'खोई हुई दिशाएं', शानी की 'डाली नहीं फूलती', 'एक नाव के यात्री', धर्मवीर भारती की 'गुल की बन्नो' तथा अमृतराय का 'कस्बे का एक दिन' आदि कस्बाई मनोवृत्ति का चित्रण करती हैं।

इसी प्रकार नगरों तथा महानगरों के जीवन से सम्बन्धित बहुत सी कहानियाँ लिखी गई हैं। महानगरों के अकेलेपन को निर्मल वर्मा तथा मोहन राकेश ने सबसे पहले अपनी कहानियों में चित्रित किया। 'लन्दन की एक रात', 'डेढ़ इंच ऊपर', 'पहाड़' आदि निर्मल वर्मा की इसी मनोवृत्ति की कहानियाँ हैं। मोहन राकेश की 'मिसपाल', 'आर्द्रा', 'अपरिचित', 'फौलाद की आकाश', 'मलवे का मालिक' तथा 'एक और जिन्दगी' आदि कहानियों में महानगरों के अकेलेपन का अंकन हुआ है। राजेन्द्र यादव की 'टूटना', 'प्रतीक्षा', मन्नू भण्डारी की 'क्षय', 'मैं हार गई', उषा प्रियंवदा की 'मछलियां' एवं 'वापसी', कृष्णा सोबती की 'बादलों के घेरे', 'यारों के यार', भीष्म साहनी की 'चीफ की दावत', 'इन्द्रजाल' आदि कहानियों में इस प्रकार की मनोवृत्ति का स्वाभाविक चित्रण हुआ है।

नयी कहानी आंदोलन की प्रतिक्रिया के रूप में 'अकहानी' और 'सचेतन कहानी' आंदोलन का जन्म हुआ क्योंकि यह महसूस किया गया कि नयी कहानी अपने आग्रहों और विश्वासों को नकार कर अपनी ही बनाई हुई रूढ़ियों और परिपाटी का शिकार होती जा रही थी।

अकहानी के संदर्भ में डॉ. गंगाप्रसाद विमल का कथन है– "अकहानी, कहानी की धारणागत प्रतीति से अलग एक अस्थापित कथाधारा है जो कहानी के सभी वर्गीकरणों, कहानी के मूल्याँकन के आधारों और कहानी की पूर्व समीक्षाओं को अस्वीकार करती है, इसीलिए अनेक समर्थ कथाकार इस सच्चे नवलेखन को अस्वीकार कर देते हैं। 'मूल्याँकन' का विरोध यहाँ नहीं अपितु मूल्याँकन की अनिवार्यता के मूल बिन्दु के प्रति अस्वीकार है तथा इसका प्रमुख कारण यह है कि 'अकहानी' किसी तरह के मूल्यों की रक्षा करती हुई या आग्रह रखती हुयी नहीं चलती है। उसके लिए पुराने मूल्यों का टूटना भी कोई महत्त्वपूर्ण बात नहीं है। समकालीन रचना इस अर्थ में भी आधुनिकता के निकट है।" कुल मिलाकर अकहानी 'अस्तित्ववाद' और 'एब्सर्ड विचारधारा' से प्रभावित, कहानी के सभी रूढ़ मानदण्डों से मुक्त, अकथित तथ्यों और अनुभूति प्रवण कथ्यों पर दृष्टि, आत्मपीड़न और संत्रास द्वारा वृहत्तर सत्य के साक्ष्य का प्रयास, विसंगतियों, असामंजस्य अनर्गलता आदि पर बल देकर रुग्ण संवेदना व्यक्त करती है। यह 'टाइप' चरित्रों से मुक्त है। शिल्प के स्तर पर 'अकहानी' मोनोलॉग, फैंटेसी, संस्मरण, असम्बद्ध आत्मप्रलाप, निबंध, डायरी आदि के समीप है। राजकमल चौधरी, प्रयागदत्त शुक्ल,

ज्ञानरंजन, दूधनाथ सिंह, रवीन्द्र कालिया, रमेश बक्षी, विजय चौहान, श्रीकांत वर्मा, ममता कालिया, सुरेश सिन्हा आदि 19 लेखक अकहानी संकलन से संबद्ध थे।

अकहानी के अतिरिक्त सन् 1964 में 'सचेतन कहानी' आंदोलन भी चलाया गया। इसके प्रतिनिधि लेखक डॉ. महीप सिंह ने 'सचेतन कहानी विशेषांक' द्वारा 'नई कहानी' के कर्णधारों को आड़े हाथ लिया गया। डॉ. महीप सिंह ने आंदोलन के पक्ष को स्पष्ट करते हुये लिखा–"संचेतना एक दृष्टि है जिसमें जीवन जिया भी जाता है और जाना भी जाता है।" उनका दावा है कि सचेतन कहानी जीवन के टूटते मूल्यों के साथ चिरन्तन आस्थाओं को वाणी प्रदान करती है, उसमें जीवन के यथार्थ, परिवेश और जीवन सत्य के प्रति चेतनता और जीवन से जूझने की इच्छा रहती है। यह मनुष्य को पूर्ण रूप से उसकी Totality में देखना चाहती है। किन्तु यह आंदोलन भी एक नारा बनकर रह गया। इस आंदोलन से जुड़े अन्य कहानीकारों में हिमांशु जोशी, मनहर चौहान, योगेश गुप्त, सुदर्शन चोपड़ा, बलराज पंडित, मेहरूनिसां परवेज आदि उल्लेखनीय हैं।

जब सचेतन कहानीकारों ने 'नयी कहानी' का खेमा उखाड़ दिया तो इसके पक्षधरों ने पुनः एकजुट होकर नए नारे 'आम आदमी की तलाश' के साथ 'समांतर कहानी' आंदोलन की उद्घोषणा की। इसके अग्रेतर बने–कमलेश्वर। इस आंदोलन का प्रचार प्रसार सन् 74–75 में 'सारिका' के दस अंकों में क्रमशः विभिन्न समानांतर कहानीकारों की रचनायें प्रकाशित करके किया गया। हालाँकि कमलेश्वर ने अकहानीकारों की उच्छृंखल भोगवादी प्रवृत्तियों का विरोध करते हुए– 'धर्मयुग में 'अय्याश प्रेतों का विद्रोह'–शीर्षक से एक लेख माला प्रकाशित करके आलोचना की थी। इस आंदोलन से जुड़े कहानीकारों का मानना था कि उनका लक्ष्य– जीवन सत्य और रचना के बीच सामंजस्य, आम आदमी के संघर्ष और उसकी लड़ाई का संदर्भ, आम आदमी की संपूर्ण लड़ाई का दिशा निर्देश, राजनीति में सक्रिय भाग और क्राँति का समर्थन, समय का समांतर कहानी लेखन, 'फार्म' को बाधा नहीं मानकर चलता है। इनका आशय था– जीवन की उत्कृष्ट आकांक्षाओं की तरजीह को स्वीकार करता हुआ, प्रतिरोध के विरुद्ध आत्मिक और भौतिक संघर्ष करता हुआ जो द्वन्द्व होता है और जिस समय जन्मता है, वही 'समांतर समय' है। इससे जुड़े कहानीकार थे– कमलेश्वर (जोखिम), कामतानाथ (छुट्टियां), मृदुला गर्ग (हरी बिन्दी), सतीश जमाली (प्रथम पुरुष); आशीष सिन्हा, जितेन्द्र भाटिया, से.रा.यात्री आदि।

1980 के पश्चात् 'सक्रिय कहानी' का नारा सुनाई दिया जो पश्चिम की 'एक्टिव स्टोरी' की तर्ज पर था। इसके सूत्रधार राकेश वत्स ने 'मंच 78' पत्रिका के अंक में यह नाम प्रचलित किया। सक्रिय कहानी में 'आदमी की चेतनात्मक उर्जा और जीवन्तता' पर विशेष बल दिया गया। इनका दावा था कि यह कहानी संकल्प और प्रयत्न के बीच की दरार पाटकर विचार और व्यवहार का पुल बना; जनता को सचेत

एवं सक्रिय करने की भूमिका है। इस आंदोलन में सुरेन्द्र मनन, चित्रा मुदगल, रमेश बतरा, स्वदेश भारती सक्रिय हुये।

इनके अतिरिक्त अमृतराय का 'सहज कहानी' और गंगाप्रसाद 'विमल' का 'समकालीन कहानी' रंगनाथ मिश्र सत्य का संतुलित कहानी आंदोलन भी चर्चित हुये।

आठवें दशक के बाद से कहानी की पहचान शिविरों या आंदोलनों के नाम पर न होकर समकालीन कहानी के नाम से की जा रही है। इसके लिए आजादी के बाद विकसित सामाजिक ढाँचा उत्तरदायी है। युद्ध, आंदोलन, आपातकाल, सम्पूर्ण क्रान्ति, सरकारों का बनना–बिगड़ना इसके कुछ संदर्भ हैं। परिवारों का टूटना, सांप्रदायिक दंगे, आतंकवादी गतिविधियाँ, पृथकतावादी आंदोलन, जाति–वर्ण संघर्ष ने इतिहास को झकझोर दिया। दूसरी ओर रचना और कला के अनेक आंदोलन धराशायी हो गये। यह संभव नहीं था कि हिन्दी का रचनाकार इन स्थितियों से असम्पृक्त रहता। वस्तुतः तेलंगाना का किसान संघर्ष, केरल में वामपंथी सरकार का गठन, नक्सलबाड़ी आंदोलन तथा कांग्रेस विरोधी सरकारों के गठन के प्रति जागरूकता आदि वर्तमान कहानी की पृष्ठभूमि को अवश्य प्रभावित करते हैं। सामाजिक परिस्थितियों और अन्तर्विरोधों को पहचानने का प्रयास आठवें दशक के उत्तरार्द्ध में अधिक तीव्र हुआ। ज्ञानरंजन की 'घंटा' और 'बर्हिगमन' जैसी कहानियाँ इस सच का सामना करती हैं।

वीरेन्द्र मोहन का मानना है कि नौवें दशक में लेखक सामाजिक–आर्थिक, राजनीतिक यथार्थ और अन्तर्विरोधों के प्रति अधिक जागरूक और रचनात्मक हुआ है। काशीनाथ सिंह की 'नई तारीख' और 'मंगलगाथा', रामनारायण शुक्ल और स्वयंप्रकाश की कहानियाँ एक नए उत्थान की सूचक हैं।

आज की कहानी संकीर्ण नारों के स्थान पर गहन मानवीय और सामाजिक संवेदना के प्रति अधिक जागरूक है। कहानी के लिए जीवन को जानना और रचनात्मक बनाना महत्त्वपूर्ण है। इस दृष्टि से स्वयंप्रकाश, पंकज बिष्ट और असगर वजाहत ने अच्छा प्रारंभ किया। इसी परंपरा में अखिलेश, राजेन्द्र दानी, संजीव, उदय प्रकाश, शिवमूर्ति, शशांक, हरिभटनागर आदि की कहानियों का स्मरण किया जा सकता है।

वर्तमान कहानी के सामने संश्लिष्ट यथार्थ को रचना की शक्ल देना कठिन चुनौती है। बलराम, संजीव, अखिलेश, पुन्नी सिंह, महेश कटारे, अब्दुल बिस्मिल्लाह और गंभीर सिंह पालनी की कहानियाँ गहरे तक प्रभावित करती हैं। समकालीन कहानी के लेखकों में मजदूर–किसान या शोषित वर्ग के जीवन पर लिखकर प्रगतिशील कहलाने का फैशन समाप्त हो गया, अपने समय की संघर्षशील जातीयता की खोज महत्त्वपूर्ण हुई। एक नए किस्म का औद्योगिक पूंजीवाद फैला। बहुराष्ट्रीय कंपनियों के खिलवाड़, मीडिया की गतिशीलता ने भी चुनौतियाँ उत्पन्न कीं। समकालीन कहानी में बदलते और उजड़ते गांव, बढ़ते हुए शहर, कोठियां, फैक्टरी और झोपड़ियाँ हैं। श्रमिक

सम्पन्न वर्ग की कालोनियाँ हैं। लूट, अपहरण, आतंक, राजनीति, बाढ़, सूखा है। विस्थापन एवं शरणार्थी समस्या है। यहाँ अमीरी–गरीबी का संघर्ष द्वंद्व पूर्व की कहानी से भिन्न है। अपराधी–राजनीति–अर्थवाद के समीकरण से घोटाला, कालाबाजारी, माफिया और ठेकेदारी की नयी संस्कृति विकसित हुई। नैतिकता टूट गई, हिंसा, सेक्स और नशा राजनीति में नियन्ता हो गए। अखिलेश की कहानी 'ऊसर' आपातकाल और उसके बाद से भारतीय राजनीति में पनपने वाली विसंगतियों का सामना करती है।

श्री वीरेन्द्र मोहन का मानना है कि समकालीन कहानी में मानव के परिवर्तित होते जीवन को अभिव्यक्त करने का प्रयास अधिक विस्तृत फलक पर हुआ। इन्द्रमणि उपाध्याय की 'जीन्स', राजेन्द्र दानी की 'दरार', उदयप्रकाश की 'छप्पन तोले की करधन' और 'वारेन हेस्टिंग्स का सांड', हरिभटनागर की 'मेज कुरसी तख्त टाट' आदि इस दृष्टि से महत्त्वपूर्ण कहानियाँ हैं। असगर वजाहत की 'सारी तालीमात' और 'केक' कहानियाँ इन तथ्यों का अलग प्रकार से संकेत करती हैं।

नौवें दशक में कहानी के विकास को परखने का प्रयास हुआ। कहानी को एक नयी स्वीकृति मिली। पत्रिकाओं के कहानी केन्द्रित अंक निकाले गये। सत्येन कुमार ने 'नई कहानियाँ' नाम की पत्रिका को कहानी पत्रिका बना दिया। राजेन्द्र यादव ने 'हंस' और सतीश जमाली ने 'कथा दसक' संभाला। कहानी पर केन्द्रित 'पहल' का अंक निकला, 'वर्तमान साहित्य' ने शताब्दी कथा विशेषांक प्रकाशित करके सक्रियता दिखाई। शैलेन्द्र सागर ने 'कथाक्रम' नामक कहानी पत्रिका का प्रकाशन किया।

आज की कहानी अपने परिवेश की उपज है। आज साम्प्रदायिकता, आतंकवाद, नारी उत्पीड़न, दलितों और हरिजनों पर अत्याचार की समस्या अधिक जटिल हुई है। आदिवासी विमर्श नयी संवेदना के साथ प्रकट हुआ है। लूट का कारोबार बढ़ा है, राष्ट्रीयता प्रभावित हुई है। वर्तमान कहानी इन समस्याओं पर अपनी दृष्टि रखे हुए है। समकालीन कहानी में संबंधों के बदलाव को जाना जा सकता है। संबंधों में रोमांस के स्थान पर यथार्थ संश्लिष्टता आ गयी है। सुमति अय्यर की 'एक असमाप्त कथा' या मंजूर एहतेशाम की 'तसबीह' जैसी कहानियाँ संबंधों की संश्लिष्टता की कहानियाँ हैं। इसके विपरीत 'चलताऊ संबंधों' की प्रकृति भी देखी जा सकती है। देवेन्द्र की 'शहर कोतवाल की कविता', संजय की 'तख्तो–ताब', दिबेन की 'वो एक दिन' जैसी कहानियाँ संबंधों पर नये ढंग से विचार करने के लिए प्रेरित करती हैं। इस संदर्भ में सुरेश कांटक, कैलाश वनवासी भी उल्लेखनीय हैं। इसके अतिरिक्त यौन उत्पीड़न, समलैंगिक सम्बंध, पर– स्त्री–पुरुष संबंध, बालमनोविज्ञान आदि भी इक्कीसवीं सदी की कहानी के विषय बने हैं।

आज की कहानी में शिल्प के प्रति सजग होकर एक मूलभूत बदलाव दिखाई पड़ता है। साम्प्रदायिकता, धर्म और वर्ण–जाति के संघर्ष का जीवन में खतरा बढ़ा है।

सम्प्रदायवाद तथा आतंकवाद का विरोध आज की कहानी की प्रमुख चिन्ता है। स्वयंप्रकाश की 'क्या तुमने कोई सरदार भिखारी देखा है', कामतानाथ की 'जय भगवान', आदि इसी प्रकार की कहानी हैं। नारी जीवन की विडम्बनात्मक स्थितियों को समकालीन कहानी में एक नई जगह मिली है। नारी जीवन से संबंधित कहानियों में एक नया विवेक परिलक्षित होता है। मृणाल पाण्डेय, मृदुला गर्ग, नासिरा शर्मा, सुधा अरोड़ा, नमिता सिंह, चित्रा मृदुगल, कमल कुमार, ममता कालिया, राजी सेठ, ज्योत्सना मिलन, मैत्रेयी पुष्पा आदि ने आगे बढ़कर कमान संभाली है।। ज्ञान प्रकाश ने 'युद्धरत', सोमा वीरा ने 'दो आंखों वाले चेहरे', सुषमा बेदी की 'लौटना', असगर वजाहत की 'हौजवाज पापा', आदि के द्वारा प्रवासी भारतीयों के जीवन की त्रासदी को वैश्वीकरण (ग्लोबलाइजेशन) के दौर में पहचाना जा सकता है।

दलित विमर्श वर्तमान साहित्य में प्रमुख प्रवृत्ति बनकर उभरा है। हिन्दी कहानी भी इससे अछूती नहीं है। मोहनदास नैमिश राय की 'अपना गांव', ओमप्रकाश बाल्मीक की 'पच्चीस चौका डेढ़ सौ', दयानन्द बटरोही की 'सुरंग', कुसुम वियोगी की 'अन्तिम बयान', रत्नकुमार सांभरिया की 'शर्त', सूरजपाल चौहान की 'परिवर्तन की बात' उल्लेखनीय है।

कुल मिलाकर वर्तमान हिन्दी कहानी पूर्ण सजगता के साथ अपने समय का प्रतिनिधित्व कर रही है किन्तु शिल्प के प्रति अति सजगता, चामत्कारिक प्रयोग और बौद्धिकता के दबाव के कारण आम पाठक के लिए दुरूह हो गई है।

■

कहानीकार एवं संकलित कहानी : एक परिचय

प्रेमचन्द

मुंशी प्रेमचन्द का जन्म सन् 1880 में काशी के समीप लमही नामक गाँव में हुआ था। उनका वास्तविक नाम धनपतराय था परन्तु साहित्य जगत् में वे प्रेमचन्द के नाम से ही विख्यात हैं। अपने संघर्षपूर्ण जीवन में अनेक उतार–चढ़ावों का सामना करने वाले प्रेमचन्द जी ने अपना जीवन साहित्य की साधना के लिए समर्पित कर दिया।

रचना–क्षेत्र के विस्तार और परिमाण की दृष्टि से प्रेमचन्द हिन्दी साहित्य के सर्वश्रेष्ठ कहानीकार हैं। सुधारवाद उनकी कहानियों का मूल स्वर है। उनकी कहानियों में सन् 1907 ई. से लेकर 1936 ई. तक के हिन्दी प्रदेशीय जन–जीवन की प्रगति का संवेदनशील इतिहास परिलक्षित होता है। प्रेमचन्द के अनुसार जिस देश की 80 फीसदी जनसंख्या गाँवों में वास करती हो उस देश के साहित्य में ग्राम्य जीवन की प्रधानता होना स्वाभाविक है। उन्हीं का सुख–राष्ट्र का सुख, उनका दुःख–राष्ट्र का दुःख और उन्हीं की समस्याएँ–राष्ट्र की समस्याएं हैं। प्रेमचन्द के समस्त कथा–साहित्य का यही मूल मंत्र है।

प्रेमचन्द की रचनाओं का क्षेत्र बहुत विस्तृत है। उनकी कहानियों में समाज के हर वर्ग के पात्र अपने यथार्थ रूप में मिलते हैं। प्रेमचन्द की रचनाओं में भारतीय ग्रामीण जीवन की सजीव झाँकी मिलती है। 'बड़े घर की बेटी', 'पूस की रात', आदि कहानियाँ इसका सुंदर उदाहरण हैं। प्रेमचन्द राष्ट्रीय आंदोलन तथा गांधीवादी विचारधारा से प्रभावित थे इसलिए उनकी रचनाओं में राष्ट्रीय आंदोलन का वर्णन यत्र–तत्र मिल जाता है। 'समर यात्रा की कहानियाँ' इसका सुंदर उदाहरण हैं। इनकी कहानियों में सत्य, न्याय, त्याग, स्नेह, सौहार्द का आदर्श मिलता है परन्तु उनका यह आदर्श यथार्थोन्मुख आदर्श है। प्रेमचन्द की कहानियों में मनुष्य के सहज मनोविज्ञान का चित्रण भी मिलता है। इनका मनोविज्ञान मानवतावादी दृष्टिकोण को प्रस्तुत करता है। 'पंच–परमेश्वर' तथा 'पूस की रात' इनकी मनोवैज्ञानिक कहानियाँ हैं जो निराशा में आशा का संचार करती हैं। मनुष्य के मनोविज्ञान के कई रूपों का उन्होंने यथार्थ चित्रण किया है। 'सुजान भगत', 'मुक्तिमार्ग', 'शतरंज के खिलाड़ी' उनकी ऐसी कहानियाँ हैं जो मनुष्य के विभिन्न मनोवैज्ञानिक सत्य से साक्षात्कार कराती हैं। इसके अतिरिक्त प्रेमचन्द ने कहानियों में नारी–जीवन, आदर्श तथा यथार्थ दोनों का चित्रण किया है। 'शान्ति' नामक कहानी में नारी का मानसिक द्वन्द्व भलीभाँति प्रकट हुआ है। प्रेमचन्द ने चूँकि सुधारवादी दृष्टिकोण को लेकर रचनाएं कीं, इसलिए कहानियों में सामाजिक कुरीतियों, अंधविश्वास, बेमेल विवाह, स्त्री समस्या, साम्प्रदायिकता पर उन्होंने खुलकर प्रहार किया। साथ ही साथ सुधार का मार्ग भी दिखाया। 'कफ़न' प्रेमचन्द की यथार्थोन्मुखी कहानी है जो अनुभूति की तीव्रता तथा संवेदनाओं के प्रति उदासीनता,

दोनों को प्रस्तुत करती है। उनकी हर कहानी मानो मानव जीवन की आत्माभिव्यक्ति का उदाहरण बनकर सामने आती है।

प्रेमचन्द ने अपनी रचनाओं में मानव–जीवन के आंतरिक रहस्यों का उद्‌घाटन किया। उन्होंने घटना, वातावरण एवं चरित्र–प्रधान कहानियाँ लिखीं, साहित्य को सामाजिक जीवन की व्याख्या के रूप में स्वीकार किया। उनकी कहानियाँ समाज के हर वर्ग से संबद्ध हैं।

प्रेमचन्द की भाषा में उर्दू एवं फारसी मिश्रित हिन्दी का प्रयोग मिलता है। गंभीर विषयों को भी उन्होंने सरल, प्रवाहपूर्ण भाषा में प्रकट किया है। वर्णनात्मक शैली में लिखी गई उनकी कहानियाँ संवाद–शैली का भी सुंदर उदाहरण प्रस्तुत करती हैं। उनकी कुछ रचनाएँ आत्मकथात्मक शैली में भी हैं। उनकी भाषा में उपमा, रूपक तथा उत्प्रेक्षा अलंकारों का प्रयोग मिलता है। उनकी भाषा अलंकारिक होने के साथ–साथ मुहावरेदार भी हैं। उन्होंने अपने अनुभवों को सूक्त रूप में प्रकट किया। इसके अलावे कहीं–कहीं उन्होंने व्यंग्यपूर्ण शैली का प्रयोग भी किया है। उनकी रचनाओं की भाषा व्यावहारिक, प्रवाहपूर्ण, प्रभावपूर्ण, शब्द–विन्यास व्यंजनापूर्ण और सारगर्भित, वर्णन विशद एवं हृदयग्राही, वाक्य छोटे तथा अर्थपूर्ण, शैली सरस एवं सजीव है।

प्रेमचंद ने दो सौ से अधिक कहानियाँ लिखीं। 'सप्तसरोज', 'नवनिधि', 'प्रेमपूर्णिमा', 'बड़े घर की बेटी', 'नमक का दारोगा', 'लाल–फीता', 'प्रेम–पचीसी', 'प्रेम–प्रसून', 'प्रेम द्वादशी', 'प्रेम प्रतिमा', 'प्रेम–प्रमोद', 'प्रेमतीर्थ', 'पांच फूल', 'प्रेम चतुर्थी', 'प्रेम–प्रतिज्ञा', 'सप्त सुमन', 'प्रेरणा', 'समरयात्रा', 'पंचप्रसून', 'नवजीवन', 'बैंक का दीवाला', 'शान्ति', 'अग्नि–समाधि', 'कफन और शेष रचनाएं', नारी जीवन की कहानियाँ प्रेम–पीयूष, गल्परत्न प्रेमचन्द की सर्वश्रेष्ठ कहानियाँ, गल्प समुच्चय तथा 'ग्राम्य जीवन की कहानियाँ आदि प्रेमचन्द के कहानी–संग्रह हैं। ये सभी कहानियाँ आठ खण्डों में 'मानसरोवर' शीर्षक से भी प्रकाशित हुई हैं। कहानियों के अतिरिक्त उन्होंने कई उपन्यास भी लिखे। उनके प्रमुख उपन्यास हैं– 'निर्मला', 'सेवा–सदन', 'रंगभूमि', 'कर्मभूमि', 'गबन', 'गोदान' आदि।

हिन्दी कथा–साहित्य के पुरोधा एवं उपन्यास–सम्राट के नाम से प्रसिद्ध प्रेमचन्द की मृत्यु सन् 1936 में हुई।

दो बैलों की कथा

हिन्दी कथाकारों में प्रेमचंद आज भी सबसे लोकप्रिय तथा प्रासंगिक कथाकार हैं। पं० हजारीप्रसाद द्विवेदी ने लिखा है। "अगर आप उत्तर भारत की समस्त जनता के आचार–विचार, भाषा–भाव, रहन–सहन, आशा–आकांक्षा, दुःख–सुख और सूझ–बूझ को जानना चाहते हैं तो प्रेमचन्द से उत्तम परिचायक आपको नहीं मिल सकता।" प्रेमचंद के संदर्भ में आचार्य हजारीप्रसाद द्विवेदी का यह कथन एकदम सटीक है। आज भी हम मानते हैं कि भारत की लगभग अस्सी प्रतिशत जनसंख्या गांवों में निवास करती

है। प्रेमचंद की लेखनी में भारतीय गाँव, साहित्य की, समाज की, आत्मा के रूप में उभर कर आते हैं। मनुष्य की वास्तविक जिंदगी उनकी लेखनी में समायी हुई है। उनकी कहानियों में छोटे–छोटे चरित्र और छोटी–छोटी घटनाएँ भी बड़े चरित्र और बड़ी घटनाएं बन जाती हैं।

प्रेमचंद की लेखनी का विशेष गुण है उनकी संवेदनशीलता, इसी कारण न सिर्फ मानव चरित्रों को अपितु पशु–पक्षियों के चरित्र को भी उन्होंने सहानुभूति दी है तथा मार्मिकता के साथ, उनके जीवन को अंकित ही नहीं, जीवंत भी किया है। मानव तथा मानव समाज की ही तरह पशु–पक्षियों का जगत भी प्रेमचन्द की सोद्देश्य कला का माध्यम बना है। बैल, गाय, बकरी, गधा, घोड़ा, कुत्ता, साँड, तोता, मृगशावक आदि मनुष्य के आत्मीय, उसके विश्वसनीय संगी–साथी, उसके निस्वार्थ संबंधी बनकर उनकी कहानियों में प्रकट हुए हैं। प्रेमचन्द ने इनका उपयोग अस्वाभाविक तथा उपदेशक ढंग से न करके, इनकी सामाजिक उपयोगित्ता और मानव जीवन के लिए इनकी अनिवार्यता को महत्त्व देते हुए, इनकी संवेदना को प्रस्तुत किया है। इसी गुण की वजह से 'दो बैलों की कथा' प्रेमचन्द की एक अप्रतिम तथा उत्तम कहानी के रूप में आज भी पढ़ी जाती है। इस कहानी के बैल मनुष्य के साथी की तरह आचरण करते हैं। अपने मालिक के सुख में सुखी तथा उनके दुःख में दुःखी। यह कहानी विशेष रूप से इसलिए उल्लेखनीय है क्योंकि इसे पढ़ने के बाद मानवतेर प्राणी जगत के जीवों के प्रति श्रद्धा उत्पन्न होती है। मनुष्य के कोमल तथा कठोर दोनों रूपों को पशु, मानव से अधिक न सिर्फ जानते–पहचानते हैं अपितु उनके दुर्व्यवहार से उनके प्रति वितृष्णा तथा उनके सद्व्यवहार से उनके प्रति प्रेम तथा ममता भी उनमें सहज ही उत्पन्न हो जाती है।

"दो बैलों की कथा" के मुख्य पात्र दो बैल हैं जिनके नाम हीरा और मोती हैं। झूरी काछी इनका मालिक है तथा उसके साथ वे खुशी से रहते हैं। एक बार झूरी दोनों बैलों को अपनी ससुराल भेज देता है। परन्तु उसी रात दोनों भाग कर वापस आ जाते हैं। दूसरे दिन फिर उन्हें वहीं जाना पड़ता है। खाने में सूखा भूसा मिलने पर दोनों स्वयं को अपमानित महसूस करते हैं। हीरा, मोती से ज्यादा सहनशील था, दोनों में पहले आपस में मूक समझौता हो जाता है। फिर वे अपनी परिस्थिति से भी समझौता कर लेते हैं। अपने नये आश्रय के परिवार की एक कन्या द्वारा रोटियाँ मिलने पर दोनों अपना दुःख भूल जाते हैं और एक दिन उसी की मदद से भाग जाते हैं। परन्तु वे रास्ता भटक जाते हैं तथा रास्ते में साँड से भी मुकाबला करना पड़ता है। उसके बाद किसी के खेत में घुस जाने के कारण रखवालों द्वारा दोनों को पकड़ लिया जाता है। हीरा पहले तो निकलने में सफल हो जाता है पर जब वह मोती को कीचड़ में फँसा देखता है तो लौट जाता है। रखवालों द्वारा दोनों को काँजी हाउस में बंद कर दिया जाता है।

काँजी हाउस में दोनो की दशा शोचनीय हो जाती है और उन्हें अपने भागने पर

अफसोस होने लगता है। फिर भी वे हिम्मत नहीं हारते और एक दिन सीगों की मार से पहले हीरा आधी दीवार तोड़ देता है, फिर मोटे रस्से से बांध दिये जाने पर मोती बाकी दीवार तोड़कर वहाँ बन्द अन्य जानवरों को भगा देता है। जिनमें घोड़ियाँ, बकरियाँ, भैसें एवं गधे शामिल थे। पर अंत में हीरा के गले की मोटी रस्सी वह तोड़ नहीं पाता और मित्रता के वशीभूत होकर हीरा को छोड़कर वह भाग भी नहीं पाता। सुबह उसे भी मोटी रस्सी से बाँध दिया जाता है। एक सप्ताह तक भूखे–प्यासे रखने के बाद काँजी हाउस के कर्मचारी उनकी नीलामी करके उन्हें एक कसाई के हाथ बेच देते हैं। अपने आपको ईश्वर के हवाले कर मानो वे बधिक के पीछे–पीछे चल पड़ते हैं। सहसा रास्ता उन्हें परिचित जान पड़ता हैं। उनकी सारी दुर्बलता जाती रहती है और वे अपनी पूरी ताकत लगा कर दौड़ पड़ते हैं और अपने स्थान यानि कि झूरी के पास आकर ही दम लेते हैं। झूरी उन्हें खुशी से गले लगा लेता है, पथिक को लौट जाना पड़ता है। और पूरे गांव में मानो उत्साह तथा उछाह छा जाता है।

मनुष्य के साथ–साथ पशुओं का मनोवैज्ञानिक शैली में चरित्र–चित्रण इस कहानी की विशेषता है। यह कहानी व्यक्ति के साथ–साथ पशुओं के अंतर्मन में भी झाँकती है। उनकी दुनिया से हमारा परिचय कराती हैं; उनके सुख–दुःख का हमें अनुभव कराती हैं। यह कहानी परिस्थितिजन्य पशु–मन की वेदना का अंकन करती है। दासता तथा शोषण की विभीषिका से सिर्फ मनुष्य ही नहीं, अपितु पशु भी प्रभावित होते हैं। मृत्यु बोध होने पर भी बैलों के द्वारा जीने की आशा न छोड़ना तथा अपनी जिजीविषा द्वारा अपनी मंजिल को पा लेने का वर्णन पाठक के मन में भी अद्‌भुत रूप से आशा का संचार करता है।

पूरी कहानी में सहज एवं सरल भाषा का प्रयोग किया गया है। प्रेमचंद की यह कहानी मानवेतर प्राणियों में भी संवाद योजना का अनन्य उदाहरण हैं। पूरी कथा में दोनों बैलों के लिए जिस प्रकार के संवादों का नियोजन किया गया है। वह पंचतंत्र की पद्धति से मिलता, जुलता है। उनके संवाद विश्वसनीय तथा स्वाभाविक प्रतीत होते हैं। परिवेश तथा संवाद के कुशल संयोजन के कारण बैल जैसा मूक प्राणी भी मानो मुखर हो उठता है। उनका चरित्र उभर कर सामने आता है। उसके मन की व्यथा को पाठक महसूस करता है तथा अनायास ही उनसे जुड़ जाता है।

जयशंकर प्रसाद

जयशंकर प्रसाद जी का जन्म 31 जनवरी 1890 को काशी स्थित गोवर्धनसराय नामक स्थान पर हुआ था। इनके पिता का नाम श्री देवीप्रसाद सुंघनी साहू और माता का नाम श्रीमती मुन्नी देवी था। उनके परिवार में सुगन्धित द्रव्य का व्यवसाय होता था। 1894 में उनका अक्षराम्भ बाबा शैवध्वज गिरि द्वारा कराया गया। श्री मोहनलाल की पाठशाला से उन्होंने अध्ययन कार्य आरंभ किया। 1897 में मात्र सात वर्ष की आयु

में उन्होंने पाणिनि की 'अष्टाध्यायी' कंठस्थ कर ली थी। अपने प्रथम छंद की रचना उन्होंने उसी समय की। सन् 1899 में काशी के क्वीन्स कालेज में उन्होंने कक्षा–4 में प्रवेश लिया परन्तु पिता की मृत्यु के पश्चात् सन् 1901 में, परिवार के विग्रह के कारण उन्हें पढ़ाई छोड़नी पड़ी। उसके बाद सन् 1905 में उनकी माता श्रीमती मुन्नी देवी का तिरोधान हो गया। सन् 1908 में विन्ध्यवासिनी देवी से उनका विवाह हुआ। सन् 1909 में 'इन्दू' का प्रकाशन हुआ। सन् 1916 में उनकी पत्नी का निधन हो गया। इसके बाद सन् 1917 में उनका दूसरा विवाह सरस्वती देवी से हुआ। परन्तु विवाह के मात्र एक वर्ष पश्चात उनकी दूसरी पत्नी का निधन हो गया। उसके बाद सन् 1919 में उनका तीसरा विवाह हुआ। उनकी तीसरी पत्नी का नाम श्रीमती कमला देवी था। सन् 1922 में उनके पुत्र श्री रत्नशंकर प्रसाद का जन्म हुआ। अपने जीवनकाल में उन्होंने सन् 1925 में प्रसाद मन्दिर का निर्माण किया। सन् 1937 में कार्तिक शुक्ल 11 को प्रातः साढ़े चार बजे इस कालजयी कृतिकार का तिरोधान हो गया। जयशंकर प्रसाद मात्र एक कवि, कहानीकार या नाटककार नहीं थे, अपितु वे एक सांस्कृतिक चेतना थे। वे मात्र जातीय स्मृति को जगाने वाले रचनाकार नहीं थे, अपितु वे स्मृति और भविष्यजन के बीच में वर्तमान का सेतु रचने वाले भी थे। प्रसाद का साहित्य किसी समाज विशेष या देश–विदेश का साहित्य नहीं, यह कालजयी और विश्वजयी साहित्य है। उनका साहित्य मानवीय अस्तित्व की बहुलता का वह अनुष्ठान है, जिसमें मानव समाज के कल्याण की भावना समायी हुई है।

'प्रसाद' की कहानियों में काव्य तत्त्व की प्रधानता है। उनकी रचनाओं के ऐतिहासिक परिवेश में स्वछन्दतावादी जीवन की झलक दिखाई देती है। उनके चरित्रों में भाव संघर्ष, अन्तर्द्वन्द्व तथा मनोवैज्ञानिक उतार–चढ़ाव देखा जा सकता है। उनकी रचनाओं में प्रेम और करुणा, इन दो मानवीय मूल्यों तथा वृत्तियों का चित्रण अधिक मिलता है। इन वृत्तियों के साथ ही नियतिवादी तथा दार्शनिक प्रवृत्तियाँ भी उनकी रचनाओं में परिलक्षित होती हैं। उनकी रचनाओं में कथात्मकता, रूप–चित्रण, प्रकृति–चित्रण और भाव–चित्रण का अद्भुत संयोजन मिलता है। उनकी रचनायें उनके बौद्धिक, मनोवैज्ञानिक तथा यथार्थवादी दृष्टिकोण से प्रभावित हैं। उनकी भाषा का स्वरूप प्रायः गद्यकाव्य जैसा है। कहानी के जितने भी तत्त्व तथा अंग हैं, उन सबका पूर्ण परिष्कार 'प्रसाद' की कहानियों में दिखाई पड़ता है।

शैली की दृष्टि से 'प्रसाद' ने वर्णनात्मक, संलाप, आत्मकथा तथा पत्र शैली का प्रयोग किया है। उनकी कहानी 'देवदासी' पद्यशैली का सुन्दर उदाहरण है। संलाप शैली का उदाहरण उनकी कहानी 'आकाशदीप' में देखा जा सकता है। अपनी कई रचनाओं में उन्होंने वर्णनात्मक शैली का प्रयोग अधिक किया है। अपनी अल्प आयु में ही प्रसाद ने अनेक कालजयी कृतियों की रचना की। उनके काव्य संग्रह हैं, प्रेम पथिक

(1910), कानन कुसुम (1912), चित्राधार (1918), झरना (1918), आंसू (1926), लहर (1935) तथा अविस्मरणीय कृति--कामायनी (1936)।

जयशंकर प्रसाद कृत नाटक हैं– करुणालय (1912), राजश्री (1915), उर्वशी चम्पू (1909), सज्जन (1910, 1918), प्रायश्चित (1915), विशाख (1921), अजातशत्रु (1922), जन्मेजय का नागयज्ञ (1926), कामना (1927), स्कन्दगुप्त (1928), एक घूँट (1930), चन्द्रगुप्त (1931), ध्रुवस्वामिनी (1933)।

जयशंकर प्रसाद रचित कहानी संग्रह हैं– छाया (1912), प्रतिध्वनि (1926), आकाशदीप (1929), आंधी (1931), इन्द्रजाल (1936)।

कवि, कहानीकार, नाटककार होने के साथ–साथ वे उपन्यासकार भी थे। उनके प्रसिद्ध उपन्यास हैं-- कंकाल (1929), तितली (1934), तथा इरावती (1938)। इन रचनाओं के अलावा उन्होंने कुछ निबन्धों की भी रचनाएँ कीं। उनके निबन्ध काव्य–कला तथा अन्य निबन्ध नामक ग्रन्थ में संग्रहित हैं जो 1938 में प्रकाशित हुआ।

जयशंकर प्रसाद जी ने अपने जीवन की अल्पावधि में ही अनेक कालजयी रचनायें कीं जो अतीत, वर्तमान तथा भविष्य की सेतु बन गईं।

गुण्डा

"गुंडा" जयशंकर प्रसाद की उन श्रेष्ठ कहानियों में से एक है जिसमें इतिहास का परिचय मिलता तो ही है, साथ ही सुसंस्कृत तथा मर्यादित प्रेम की झलक भी मिलती है। एक तरह से हम इसे "ऐतिहासिक प्रेमकथा" का नाम भी दे सकते हैं। काशी के ऐतिहासिक परिवेश में प्रसाद ने मुख्य चरित्र के रूप में काशी के जिस गुंडे का चयन किया है, वह दर्शनीय ही नहीं बेहद प्रभावशाली भी है। जयशंकर प्रसाद कहानीकार होने के साथ–साथ छायावादी कवि भी हैं। छायावाद के विशेष गुण–स्वच्छन्दतावाद का प्रभाव, उनकी कहानियों में भी दिखाई देता है। गुंडा कहानी का नायक नन्हकूसिंह स्वच्छन्द व्यक्तित्व का स्वामी है परन्तु उसकी स्वच्छन्दता कहीं भी उसके व्यक्तित्व के हल्केपन को नहीं दर्शाती, न ही पाठको को मात्र मनोरंजन प्रदान करती है। अपितु पाठक उसके व्यक्तित्व की विशालता को देखकर अविभूत हो जाता है।

प्रसाद जी के कथा–साहित्य में प्रणय का क्षेत्र बहुत विस्तृत हैं परन्तु उनकी कहानियों में प्रणय कहीं भी सस्ते ढंग से अभिव्यंजित नहीं होता है। उनके नायक या नायिका का प्रेम सदैव उदात्त भावभूमि पर आरोहित होता है। 'गुंडा' कहानी के नायक का 'गुंडा' होने के बावजूद उसके व्यक्तित्व का आभिजात्य एवं प्रेम का मर्यादित तथा समर्पित आचरण देख कर पाठक के मन में उसके प्रति आदर का भाव जाग जाता है। एक तरह से लघु मानव के हृदय में यह प्रणय औदात्य एवं अभिजात्य सहित वास करता प्रतीत होता है। यह कहानी साधारण मनुष्य (मानव अथवा लघु मानव) के जीवन में भी निडरता, कर्मठता, दिव्यता, भव्यता, पायी जा सकती है इसको प्रमाणित करती

है। प्रसाद की यह कहानी प्रसाद के दार्शनिक चिन्तन की उनके स्वभाव की मूल प्रवृत्ति को तथा स्वच्छंद व्यक्तित्व को दर्शाने के साथ–साथ कथा–साहित्य में स्वच्छंदतावाद और आदर्श यथार्थवाद का आपसी रिश्ता भी व्यक्त करती है।

'गुंडा' कहानी के मुख्य पात्र हैं नन्कूसिंह, दुलारी, राजमाता पन्ना तथा चेतसिंह। मन्नू तमोली, कुबरा मौलवी, गेंदा दासी, मनियार सिंह आदि इस कहानी के गौण पात्र है। यह कहानी परिस्थितिवश एक भले आदमी के गुंडा बन जाने की कहानी अवश्य है पर यह कहानी 'गुंडा' शब्द के अर्थ को बदल देती है। मानसिक रूप से घायल होकर नन्हकूसिंह गुंडा अवश्य बन जाता है परन्तु अपनी मूल प्रवृत्ति को त्याग नहीं पाता, जिसमें प्रेम है, दानवीरता है, त्याग है और आन पर जान देने का जीवट भी है। स्त्री समाज का समाज में तथाकथित रूप में मलिन कहा जाने वाला वर्ग उसे धर्मात्मा मानता है। यह वर्ग यह बात निडर होकर कहता है कि कितनी ही विधवाएं उनकी दी हुई धोती से अपना तन ढँकती हैं। कितनी ही लड़कियों की शादी होती है और कितने सताए हुए लोगों की, उनके द्वारा रक्षा होती है।

जब काशी के राजपरिवार पर संकट आता है तो वह उनकी रक्षा करने के लिए अपने प्राणों का उत्सर्ग कर देता है। कहानी में राजमाता पन्ना के प्रति उसके प्रेम की झलक मिलती है किन्तु यह प्रेम, त्याग एवं समर्पण का अद्भुत उदाहरण बन जाता है। राजमाता पन्ना तथा नन्हकूसिंह के बीच में कोई संवाद इस कहानी में नहीं है। गायिका दुलारी के माध्यम से अनायास ही राजमाता पन्ना को नन्हकूसिंह के बारे में कुछ जानकारी मिल जाती है जिससे वह अन्यमनस्क हो जाती है और अतीत की एक सम्भावना, उनके मन में कौंध जाती है। परन्तु कहीं भी राजमाता पन्ना अपनी गरिमा या मर्यादा से तिल भर नहीं हिलती हैं। दूसरी ओर दुलारी द्वारा राजमाता पन्ना तथा राजा चेत सिंह की फिरंगियों द्वारा गिरफतारी की खबर सुनकर, नन्हकूसिंह अपनी आखों की तरलता को मानों पीकर उठ खड़ा होता है। अपनी बहादुरी और बुद्धिमानी द्वारा वह राजमाता पन्ना तथा राजा चेतसिंह को अंग्रेजो के पहरे तथा देश के गद्दारों से सुरक्षित निकाल देता है। इस पूरे घटनाक्रम में वह बहादुरी तथा निष्ठा से अपने प्राणों की आहुती दे देता है। इस पूरी प्रक्रिया में केवल एक क्षण के लिए राजमाता पन्ना तथा नन्हकूसिंह की आँखें मिलती हैं जिसमें जन्म–जन्म के विश्वास की ज्योति जलती हुई दिखाई देती है। पूरी कहानी में दोनों मुख्य पात्रों–राजमाता पन्ना तथा नन्हकूसिंह का आभिजात्य उनका प्रेम, उनका त्याग, विश्वास तथा समर्पण पाठकों के मन में श्रद्धा उत्पन्न करता है। इस कहानी का कथानक तथा संवाद–योजना, प्रसाद की अन्य कहानियों की तरह ही सुन्दर एवं प्रभावशाली बन पड़े है। सामान्य लोक बोली के शब्दों के साथ–साथ प्रसाद ने लोकगीतों का सटीक एवं अवसरानुकूल प्रयोग किया है। इस कहानी में वर्णनात्मक शैली में ईशा की अठारहवीं शताब्दी के अंतिम भाग में

काशी के परिवेश का वर्णन किया गया है। नाटकीय संवादों के माध्यम से पात्रों के चरित्र का मनोवैज्ञानिक वर्णन किया गया है। प्रसाद ने संस्कृतनिष्ठ हिन्दी के शब्दों के साथ--साथ उर्दू एवं अंग्रेजी के शब्दों का भी प्रयोग किया है। इससे भाषा प्रभावशाली बन गई है। प्रसाद ने इस ऐतिहासिक प्रेमकथा के निर्माण के लिए जिस विषय–वस्तु का चयन किया है उसके मूल में भारतीय संस्कृति के उज्ज्वल स्वरूप की झाँकी मिलती है। कहानी की संरचना मूलतः प्रेम एवं इतिहास को लेकर की गई है। इतिहास और प्रेम इन दोनों फलकों द्वारा प्रेम एवं संस्कृति, वीरता एवं उदारता को मिलाकर एक अद्‌भुत भाव–संसार की सृष्टि प्रसाद की इस कहानी में दिखाई देती है। नन्हकूसिंह का आंतरिक द्वन्द्व तथा राजमाता पन्ना का चारित्रिक वैशिष्ट्य, उनका आभिजात्य, उनका विश्वास इस कहानी में स्पष्ट रूप से सामने आता है। यह कहानी यह संदेश देती है कि प्रेम, विश्वास, त्याग एवं समर्पण का पर्याय होता है।

यशपाल

नयी कहानी के प्रसिद्ध कहानीकार एवं उपन्यासकार यशपाल का जन्म सन् 1903 ई० में फिरोजपुर छावनी में हुआ। इनका बचपन निर्धनता तथा संघर्ष में बीता। उनके संघर्षमय जीवन की झलक उनकी कहानियों एवं उपन्यासों में मिलती है। उनके लेखन की शुरुआत कहानी से हुई। जब वे पाँचवीं कक्षा में थे तभी उन्होंने अपनी प्रथम कहानी 'अंगूठी' लिखी थी।

छात्र–जीवन में उनका परिचय दो प्रमुख क्रांतिकारियों से हुआ। वे क्रांतिकारी थे– सरदार भगतसिंह एवं श्री सुखदेव। इनके संपर्क में आने से वे स्वयं क्रांतिकारी हो गए। बाद में इनका परिचय मार्क्सवाद से हुआ। अतः इनकी रचनाओं में मार्क्सवादी सिद्धान्तों का प्रभाव परिलक्षित होता है। यशपाल को विचारों से मार्क्सवादी कहा जाता है। साहित्य उनके लिए साधन था, साध्य नहीं। उनकी रचनाएँ मार्क्स तथा फ्रायड के विचारों से प्रभावित रहीं। यशपाल की कहानियाँ वर्ग–संघर्ष, मनोविश्लेषण और तीखे व्यंग्य का अनुपम उदाहरण हैं। उन्होंने अपनी रचनाओं के माध्यम से रूढ़िवादिता का खुल कर विरोध किया। कुरीतियों एवं आडम्बरों को छिन्न–भिन्न करने के लिए उन्होंने अपनी रचनाओं में एक तरह के 'शॉक–ट्रीटमेंट' की पद्धति का प्रयोग किया। उनकी सभी रचनाओं में जीवन का यथार्थ एवं वास्तविक चित्रण मिलता है। उन्होंने आर्थिक वैषम्य को समस्याओं का मूल कारण माना। उनकी नज़र में सामाजिक प्रतिष्ठा के लिए आर्थिक समानता का होना आवश्यक है। उनकी रचनाओं के पात्र, घटनाएँ और भाषा उनके विचारों के अनुकूल प्रतीत होती हैं। उन्होंने कला और जीवन दोनों में स्वाभाविकता पर बल दिया। मानव–जीवन को उन्होंने अत्यधिक समग्रता से देखा,

परखा एवं विश्लेषित किया। उनकी रचनाएँ एक गहरी अन्तर्दृष्टि, व्यापक सूझ–बूझ, प्रखर मानवीय संवेदना एवं अद्भुत निरीक्षणक्षमता का सुंदर उदाहरण हैं। उनकी रचनाएँ युगवोध का प्रतीक हैं। जीवन की विसंगतियों, वर्ग–भेद एवं वर्ण–भेद को मिटाना उनका ध्येय था। यशपाल प्रेमचंद की परम्परा के कहानीकार एवं उपन्यासकार हैं। उनकी रचनाओं में प्रेमचंद की भाँति ही समष्टि–हित की भावना निहित है परन्तु रचनाओं में निहित उनका चिंतन मौलिक है। उनकी कहानियों में उनकी प्रगतिवादी सोच का व्यावहारिक रूप मिलता है। शोषितवर्ग के प्रति सहानुभूति एवं शोषक वर्ग का विरोध उनकी रचनाओं में मुखर है। आधुनिकता में विश्वास रखने वाले यशपाल जी का कथन है– ''इन कहानियों के प्रेरणा–स्रोत नयी परिस्थितियों में हैं। समय के अनुकूल इनमें संवेदन है, यदि आज भी सौंदर्य की सृष्टि की जा सकती है तो वह सौंदर्य आधुनिक परिस्थितियों से उत्पन्न विचारों के और रुचि के अनुकूल ही होगा।''

'पराया सुख', 'तुमने क्यों कहा कि मैं सुंदर हूँ, 'फूलो का कुर्ता', 'ज्ञानदान', 'चित का शीर्षक', 'तर्क का तूफान', 'पिंजड़े की उड़ान', 'अभिशप्त', 'वो दुनिया', 'धर्मयुद्ध', उत्तराधिकारी' आदि इनके कहानी–संग्रह हैं। यशपाल ने कहानी के अतिरिक्त निबंध एवं उपन्यासों की रचना भी की। यशपाल के निबंध संग्रह हैं– 'चक्कर क्लब, 'बात' और 'न्याय का संघर्ष'। यशपाल द्वारा लिखित उपन्यास हैं– 'देशद्रोही', पार्टी कामरेड', 'दादा कामरेड', 'दिव्या' तथा 'अमिता'। सन् 1940 से सन् 1976 तक यशपाल के सोलह कहानीसंग्रह प्रकाशित हुए, एक कहानी–संग्रह उनकी मृत्यु के उपरान्त प्रकाशित हुआ। इस प्रकार उनके सत्रह कहानीसंग्रहों में उनकी 206 कहानियाँ संग्रहीत हैं।

स्वातंत्र्योत्तर काल के इस लब्धप्रतिष्ठ सशक्त कहानीकार, निबन्धकार एवं उपन्यासकार यशपाल जी का दिसंबर 1976 में देहावसान हो गया।

फूलो का कुर्ता

'फूलो का कुर्ता' यशपाल की एक बहुत ही सहज एवं मर्मस्पर्शी कहानी है। कहानी जीवन की किसी बड़ी घटना से ही संबंधित हो यह आवश्यक नहीं है, सामान्य तथा सहज घटनाएँ भी जीवन को महत्त्वपूर्ण संदेश दे जाती हैं। बेहद सामान्य घटना को लेकर लिखी गई इस कहानी में भारतीय संस्कृति की अद्भुत झलक मिलती है। अति आधुनिकता ने हमारे जीवन को बहुत हद तक प्रभावित किया है। बावजूद इसके हमारे गाँवों में जहाँ इस अति आधुनिक मशीनी युग का प्रवेश पूरी तरह से नहीं हुआ है, आज भी हमारी संस्कृति, हमारे नैतिक मूल्य, हमारी समाजिकता, सभ्यता निवास करती है। मनुष्य जहाँ रूढ़ परम्परा में विश्वास करता है वहीं अच्छी परम्पराओं के माध्यम से अपनी संस्कृति का निर्वाह भी करता है। जहाँ अंधविश्वास है वहाँ विश्वास का भी वजूद है, जहाँ अज्ञानं है वहाँ बिना पढ़े–लिखे, बच्चे–बूढ़े हमें ज्ञान भी दे जाते हैं। जहाँ कुण्ठा

है वहीं खुले मन का आचरण भी यत्र–तत्र दिखाई देता है। 'फूलो का कुर्ता' कहानी इन सबका बहुत अच्छा उदाहरण है। जहाँ गाँव में बाल विवाह की कुरीति है वहीं महानगरीय सभ्यता के टूटते हुए संबंधों की विभीषिका से वह दूर है। जहाँ गाँव के बच्चे भी संबंध की गरिमा को समझते हैं इसलिए आज भी हमारा सामाजिक ढाँचा कमजोर होने और चरमरा जाने के बावजूद टिका हुआ है।

'फूलो का कुर्ता' कहानी में गाँव के अभावग्रस्त परन्तु निश्छल जीवन की मनोरम झाँकी मिलती है। ''फूलो'' कहानी की मुख्य पात्र है जो सिर्फ अपनी एक बालसुलभ हरकत से कहानी में प्रमुख पात्र बन जाती है। यह कहानी बहुत कम पात्रों को लेकर लिखी गई है। ये पात्र हैं सन्तू, फूलो, हरिया तथा काका रामसिंह। यह गाँव में खेलते हुए बच्चों की कहानी है। गाँव में बनिए की दूकान के बाहर गाँव के बच्चे खेल रहे हैं। पांच वर्ष की लड़की फूलो, छ : वर्ष का सुनार का लड़का हरिया। जिनकी मंडली में गाँव से फर्लांग भर दूर चूला गाँव का सात वर्ष का लड़का सन्तू जो ढोर चरा रहा था आकर शामिल हो जाता है। सन्तू की सगाई, फूलो से हो चुकी थी और गाँव के रिवाज के अनुसार दोनों अपने अपने गाँव में माता–पिता, संगी–साथी तथा अन्य परिजन के साथ अपना बचपन गुजार रहे थे। सन्तू को अचानक आया देखकर हरिया खुशी से बोल उठता है ''अहा, फूलो का दुल्हा आया।'' उसे देख दूसरे बच्चे भी चिल्लाने लगते हैं। यह देखकर फूलो इसलिए लजा जाती है क्योंकि उसने अपने गाँव की स्त्रियों तथा माँ को अपने दुल्हे से लज्जा करते तथा घूंघट और परदा करते देखा था। उसके संस्कारों ने उसे समझा दिया था कि दूल्हे के सामने लज्जा से मुँह ढँक लेना ही उचित है। लेकिन बाल–विवाह होने के कारण उसे यह बोध नहीं है कि पहने हुए कुर्ते से वह मुँह ढक लेगी किन्तु उस कुर्ते का उठाने का परिणाम क्या होगा।

गाँव में प्रचलित रहन–सहन के अनुसार पाँच वर्ष की बच्ची के शरीर पर एक कुर्ता ही पर्याप्त था, फूलो ने वही पहन रखा थ। जब अपना मुँह ढकने की आवश्यकता महसूस हुई तो उसने अपना कुर्ता उठा कर अपना मुख छिपा लिया। सामने बैठे प्रौढ़ पुरुषों की मंडली यह देखकर हँस पड़ती है तथा काका रामसिंह फूलो को अपना कुर्ता नीचे करने के लिए समझाते हैं। फूलो की सरलता लेखक के मन को छू लेती है और अपना काम भूलकर वे अपने घर लौट जाते हैं। पूरी कहानी में भारतीय संस्कृति का एक सहज रूप दिखाई पड़ता है और लेखक ने बाल विवाह जैसी विडम्बना को बहुत कुशलता से अभिव्यक्त कर दिया है। पात्र और परिस्थितियाँ बड़ी ही जानी पहचानी तथा आस–पास घटती हुई महसूस होती हैं। इस परिवर्तनशील समाज में, विशेष कर नैतिक और मानवीय मूल्यों के संदर्भ में आज भी हमारे कुछ सांस्कृतिक मूल्य बचे हुए हैं जिसे आने वाली पीढ़ी को समझाना नहीं पड़ता अपितु वे खुद अपने आस–पास के

परिवेश तथा परिवार के लोगों का आचरण देखकर समझ जाते हैं। यह भी एक बार फिर साबित हो जाता है कि परिवार ही मनुष्य की प्रथम पाठशाला होती है। कहानी विवरणात्मक शैली में लिखी गई है। कथानक तथा संवाद सहज होते हुए भी प्रभावशाली है। सहज बोलचाल की भाषा के साथ–साथ आंचलिक शब्दों का भी प्रयोग किया गया है। जैसे– छीना झपटी, मारोमार, कीड़ा–कीड़ी आदि। भारतीय गाँव के परिवेश को लेकर लिखी गई इस कहानी में बच्चों के भोलेपन में वास करती हमारी संस्कृति का अनोखा परिचय मिलता है।

भीष्म साहनी

आधुनिक युग के प्रसिद्ध उपन्यासकार एवं कहानीकार श्री भीष्म साहनी का जन्म 08 अगस्त, सन् 1915 ई. में रावलपिंडी में हुआ, जो आज पश्चिम पाकिस्तान में स्थित है। उनके पिता का नाम श्री हरवंश लाल था। उनकी हिन्दी तथा संस्कृत की प्रारम्भिक शिक्षा घर में हुई। स्कूल में उन्होंने उर्दू तथा अंग्रेजी की शिक्षा ग्रहण की। उन्होंने गवर्नमेंट कालेज, लाहौर से अंग्रेजी साहित्य में एम.ए. किया। उसके बाद पंजाब विश्वविद्यालय से पी–एच.डी. की उपाधि ग्रहण की।

हिन्दुस्तान–पाकिस्तान के बंटवारे से पूर्व उन्होंने व्यापार करने के साथ–साथ मानद अध्यापन का कार्य किया। सन् 1947 ई. में देश के विभाजन के बाद वे मुम्बई आ गये। कुछ समय तक उन्होंने पत्रकारिता की तथा इप्टा नाटक मण्डली में कार्य किया। तत्पश्चात अम्बाला के एक कालेज में तथा खालसा कालेज, अमृतसर में अध्यापन का कार्य किया। इसके बाद स्थायी रूप से दिल्ली विश्वविद्यालय के दिल्ली कालेज में अध्यापन कार्य किया। इस बीच सन् 1957 में यह रूस गये और सन् 1963 ई. तक वहाँ मास्को के विदेशी भाषा प्रकाशन–गृह में अनुवादक के पद पर कार्य करते रहे। वहाँ रहते हुए उन्होंने टॉलस्टॉय, अस्मास्की आदि की रचनाओं का अनुवाद किया। उसके बाद करीब ढाई साल 'नयी कहानियाँ' का उन्होंने सम्पादन किया। यह प्रगतिशील लेखक संघ तथा अफ्रो–ऐशियाई लेखक संघ से सम्बद्ध रहे।

भीष्म साहनी प्रगतिवादी विचारधारा के लेखक हैं, परन्तु उनकी प्रगतिशीलता संवेदनाओं से भलीभाँति परिपूर्ण है। उनकी कहानियों में निम्न वर्गीय परिवारों का जीवन, नागरिक जीवन की समस्याओं का जीवन्त एवं वास्तविक चित्रण दिखाई देता है। देश–विभाजन की घटना का उनके व्यक्तित्व एवं कृतित्व पर बहुत प्रभाव पड़ा। राष्ट्रीय आन्दोलन से भी वे प्रभावित थे, इसलिये उनकी रचनाओं में राष्ट्रीयता एवं सामाजिकता की झलक हमें मिल जाती है। उनकी कहानियों में सामाजिक जीवन की

विडम्बनाओं की अभिव्यक्ति के साथ करुणा का समावेश है। व्यंग्य भी उनकी कहानियों में यत्र–तत्र मौजूद है। मानवीय मूल्यों का वर्णन इनकी कहानियों में सरलता एवं सहजता के साथ मिलता है। सामाजिक समस्याओं के साथ–साथ इन्होंने पारिवारिक समस्याओं की भी महत्त्वपूर्ण अभिव्यक्ति की है।

भीष्म साहनी ने अपनी कहानियों एवं उपन्यासों में विश्वसनीय पात्रों की रचना की है। उनका हर पात्र जीवन के धरातल पर खड़ा रहता है। पीड़ित होते हुए भी उनके पात्र अपने अस्तित्व का एहसास करा जाते हैं। आज के भौतिकवादी समाज का चित्रण करते हुए उनकी कहानियाँ युगबोध का प्रतीक बन गयी हैं। 'चीफ की दावत', 'खून का रिश्ता' उनकी ऐसी ही कहानियाँ हैं।

भीष्म साहनी ने अपनी कहानियों में छोटे–छोटे तथा सहज सुन्दर संवादों का प्रयोग किया है। उनके संवादों में मनुष्य के मन की सहजता तथा असहजता दोनों की झलक मिल जाती है। भावुकता, व्यंगात्मकता, क्षोभ, दोष, घृणा, ईर्ष्या, आलोचना, अपमान, सहानुभूति, करुणा, दया, पश्चाताप आदि भावनाओं का जीवन्त चित्रण भीष्म साहनी की कहानियों एवं उपन्यासों की विशेषता है। सामाजिक विषमता की सजीव अभिव्यक्ति अपने पात्रों के माध्यम से उन्होंने अपनी रचनाओं में की है।

साहनी जी की रचनाओं में समाज के मध्यमवर्ग एवं निम्न वर्ग के वातावरण एवं परिवेश का स्वाभाविक चित्रण मिलता है। उनकी कहानियाँ प्रगतिशील विचारधारा से प्रभावित होने के साथ–साथ यथार्थोन्मुख हैं। सामाजिक विषमता, सामाजिक विघटन, तथा प्रतिक्रियावादी तत्त्वों को स्पष्ट करने के साथ–साथ उन्होंने कहानियों एवं उपन्यासों में जीवन के प्रति आशावादी दृष्टिकोण को भी उभारा है।

भीष्म साहनी की भाषा–शैली में सजीवता एवं सरलता है। व्यावहारिकता उनकी भाषा की विशेषता है, कहीं–कहीं उन्होंने व्यंग्यात्मक शैली का प्रयोग किया है। पात्रानुकूल भाषा का प्रयोग करते हुए उन्होंने भाषा शैली को प्रभावशाली बनाने के लिए अंग्रेजी, उर्दू तथा फारसी के शब्दों का भी उचित प्रयोग किया है। रिपोतार्ज शैली में की गई उनकी रचनाएँ, अपना अलग प्रभाव डालती हैं। अभिव्यक्ति की विविधता उनकी भाषा–शैली में भी मिलती है।

उद्देश्यपूर्ण कहानियों की रचना करने वाले भीष्म साहनी ने अपनी रचनाओं में विषमता के विरूद्ध आवाज उठाई है। सामाजिक, पारिवारिक, वर्गीय, रूढ़िवादी तथा आर्थिक विषमता को उभारना तथा उसका समुचित समाधान प्रस्तुत करना, भीष्म साहनी की रचनाओं का प्रमुख उद्देश्य है। प्रतिकूल परिस्थिति में भी जीवन के प्रति आस्था बनाए रखने का संदेश उनकी कहानियाँ देती हैं। उनके प्रकाशित कहानी संग्रह हैं– भाग्यरेखा, पहला पाठ, भटकती राख, पटरियां, वाड़चू, शोभा यात्रा, निशाचर, 'गुलेल का खेल' (बाल कहानी संग्रह) उनके द्वारा रचित उपन्यास हैं– झरोखे, कड़ियां,

तमस, बसन्ती, कुन्ती, भय्यादास की गाड़ी, नीलू नीलिमा निलोफर। भीष्म साहनी कृत नाटक हैं– हानूश, कबिरा खड़ा बाजार में, माधवी, मुआवजे, औरंगजेब, रंग दे बसन्ती चोला। उन्होंने अपनी आत्मकथा 'आज के अतीत' शीर्षक से लिखी। विभिन्न रूसी पुस्तकों के अनुवाद के साथ–साथ उन्होंने यशपाल के उपन्यास 'दिव्या' का अंग्रेजी अनुवाद भी किया। इसके अलावा उन्होंने बीस हिन्दी कहानियों का अंग्रेजी अनुवाद किया। उन्होंने रूसी भाषा साहित्य का भी अंग्रेजी अनुवाद किया।

अपने जीवन–काल में वह कई पुरस्कारों एवं सम्मानों से नवाजे गए। पंजाब सरकार के भाषा विभाग का 'शिरोमणि लेखक पुरस्कार (1976) 'तमस' उपन्यास के लिए 'साहित्य अकादमी पुरस्कार (1975) एफ्रो–एशियाई राइटर्स एसोसिएशन का 'लोटस' पुरस्कार (1980), 'बसन्ती' उपन्यास के लिए उ.प्र. हिन्दी संस्थान लखनऊ का 'प्रेमचन्द पुरस्कार' तथा 'सोवियत लैंड नेहरू पुरस्कार', (1983) 'भय्यादास की गाड़ी' उपन्यास के लिए हिन्दी अकादमी, दिल्ली का सर्वश्रेष्ठ 'कथा पुरस्कार', अंग्रेजी एवं विदेशी भाषा संस्थान (हैदराबाद) द्वारा 'मानद डाक्टरेट' की उपाधि (1989) राष्ट्रपति द्वारा 'पद्म भूषण' अलंकरण (1998), मध्य प्रदेश सरकार का 'मैथिलीशरण पुरस्कार' आदि। जुलाई 2002 में दिल्ली में उन्हें 'साहित्य अकादमी' की महत्तर सदस्यता प्रदान की गई। हिन्दी साहित्य के इस महान रचनाकार का निधन 11 जुलाई सन् 2003 को हो गया।

चीफ की दावत

भीष्म साहनी द्वारा रचित कहानी 'चीफ की दावत' हिन्दी कथा–साहित्य के इतिहास में 'नयी कहानी' के अन्तर्गत आती है जो अपने युग–सत्य से सीधे जुड़ी हुई है। स्वतंत्रता प्राप्ति के समय हो रहे परिवर्तन का सीधा असर सहज रूप से साहित्य पर पड़ा। बदलते हुए 'परिवेश की विश्वसनीयता', 'अनुभूति की प्रामाणिकता', और 'अभिव्यक्ति की ईमानदारी' का प्रश्न साहित्यकारों द्वारा उठाया गया जिसका मूल उद्देश्य था– पाठक को साहित्य के माध्यम से उसके समकालीन यथार्थ से स्पष्ट रूप में परिचित कराना। भीष्म साहनी द्वारा रचित कहानी 'चीफ की दावत' पूरी तरह से 'नयी कहानी' की इस कसौटी पर खरी उतरती है। इस कहानी में युगीन यथार्थ की मार्मिक एवं वास्तविक अभिव्यक्ति हुई है।

'चीफ की दावत' शीर्षक कहानी में जीवन्तता है। शुरू से अन्त तक कहानी में परिवेश की विश्वसनीयता बनी रहती है। कहानी का शीर्ष कौतूहल उत्पन्न करने के साथ–साथ व्यंग्य का आभास भी देता है। यह व्यंग्य आज के भौतिकतावादी अवसरवादी युग के युगीन यथार्थ को व्यक्त करता है। शीर्षक व्यंजक, नाटकीय, सांकेतिक तथा यथार्थबोध कराने वाला है। कहानी के पात्र शामनाथ के घर 'चीफ की दावत' है जो

विदेशी है। दावत का उद्देश्य अतिथि सत्कार नहीं अपितु तरक्की पाना है। दावत के इंतजाम की प्रक्रिया में बूढ़ी माँ की उपस्थिति एक समस्या बनकर उठ खड़ी होती है क्योंकि शामनाथ एवं उनकी पत्नी के अनुसार माँ इस आधुनिक परिवेश में एकदम बेमेल है। वे माँ को चीफ के सामने नहीं लाना चाहते परन्तु ऐसा हो नहीं पाता। कहानी में नाटकीय मोड़ तब आता है जब आशा के प्रतिकूल चीफ माँ से मिलकर प्रसन्न होते हैं, उन्हें आदर देते हैं, उनके गीत की तारीफ करते हैं तथा उनकी दस्तकारी से प्रभावित होकर फुलकारी की फरमाइश कर बैठते हैं। चीफ की भावनाओं में अपनापन है, शामनाथ की तरह बनावटीपन नहीं। चीफ के व्यवहार से शामनाथ को आश्चर्यमिश्रित प्रसन्नता होती है, साथ ही बूढ़ी मां की उपयोगिता का अहसास भी होता है। यहाँ भी शामनाथ पर अवसरवादिता हावी है। माँ शामनाथ के व्यवहार से व्यथित होती है, हरिद्वार जाने का निश्चय करती है, परन्तु फिर पुत्र की तरक्की की बात सुनकर ममतावश रुक जाती है तथा असमर्थ होते हुए भी फुलकारी बनाना स्वीकार कर लेती है।

भीष्म साहनी की कहानी चीफ की दावत के सभी पात्र स्वाभाविक एवं जीते जागते प्रतीत होते हैं। वे समाज के सभी वर्गों का प्रतिनिधित्व करते हैं। उनके पात्र आधुनिक हों या पीड़ित, सफल हों या निराश, सभी का अपना व्यक्तित्व तथा अपना अस्तित्व होता है। चीफ की दावत शीर्षक कहानी आज के भौतिकवादी युग की समस्याओं, उलझनों का परिचय देने के साथ–साथ बिखरते दो पीढ़ियों के अन्तराल तथा मानव मूल्यों की ओर भी ध्यान आकृष्ट करके संवेदना जगाती है।

'चीफ की दावत' की भाषा पात्रानुकूल तथा संवाद छोटे–छोटे हैं। व्यंग्यात्मक सम्वादों का प्रयोग भी साहनी जी की कहानियों में मिलता है। भावनात्मक संवादों का प्रयोग प्रभावशाली है।

'चीफ की दावत' कहानी आधुनिक युग की अति आधुनिकता के दुष्प्रभाव को स्पष्ट रूप से व्यक्त करती है। साथ ही चीफ के माध्यम से यथार्थोन्मुख आदर्श का संदेश देती है। चीफ विदेशी तथा आधुनिक होने के साथ–साथ संवेदनशील भी है तथा शामनाथ की माँ का आदर करके वह मानवता का परिचय देता है। इस कहानी में भीष्म साहनी ने उर्दू–फारसी मिश्रित हिन्दी तथा अंग्रेजी मिश्रित हिन्दी का प्रभावपूर्ण प्रयोग किया है। तत्सम तथा तद्भव शब्दों का प्रयोग, भाषा को उत्कृष्टता प्रदान करता है। विभिन्न भाषा के शब्दों का प्रयोग दर्शनीय है। गृहिणी, संचालिका, चिरायु, उज्जवल (तत्सम), दावत, फ़ुर्सत, सुखी, मुकम्मल जिन्दगानी (अरबी–फारसी) चीफ, मिस्टर, डिनर, डिजाइन, पूअर (अंग्रेजी) आदि। इसके अतिरिक्त कहीं–कहीं देशज शब्दों का प्रयोग प्रभावशाली है, उदाहरणार्थ 'टप्पे दो पत्तर आनारा दें टिकटिकी।' लोकगीतों का प्रयोग वातावरण की विश्वसनीयता को दर्शाता है यथा हरियानी माय, हरिगानी भैने, हरियाते भागी, भरिया है। इस कहानी में लोकोक्तियों तथा मुहावरों का सटीक प्रयोग भीष्म साहनी जी ने किया है। जैसे हाथ झटकना, टांग अड़ाना, नशा हिरण होना। 'चीफ की दावत' शीर्षक कहानी की शैली वर्णनात्मक है। इसके साथ इसमें भावात्मकता,

व्यंग्यात्मकता, सांकेतिकता तथा नाटकीयता भी विद्यमान है।

जीवन के कटु यथार्थ को मार्मिकता से व्यक्त करती यह कहानी युग सत्य से जुड़ी हुई होने के साथ–साथ युगबोध भी कराती है। बदलते हुए जीवन मूल्यों–अति–आधुनिकता की वजह से लुप्त होती जा रही मानवीय संवेदना की ओर ध्यान आकृष्ट करती हुई यह कहानी 'नयी कहानी' का उचित प्रतिनिधित्व करती है।

फणीश्वरनाथ रेणु

फणीश्वरनाथ रेणु का जन्म 4 मई, 1921 को ग्राम–औराही हिंगना, जिला पूर्णिया (बिहार) में हुआ था। हिन्दी कथा–साहित्य के ये अत्यधिक महत्त्वपूर्ण रचनाकार थे। उन्होंने 1942 में 'भारत छोड़ो' आन्दोलन में सक्रिय भाग लिया था। नेपाल के राणाशाही विरोधी आन्दोलन में भी भाग लिया। वे प्रगतिशील विचारधारा के समर्थक थे। उन्होंने अपने ग्राम–अंचल की विशेषताओं पर सशक्त साहित्य लिखा। आंचलिक साहित्य की रचनाओं में उनका विशिष्ट स्थान है। क्षेत्र–विशेष के वातावरण पर आधारित रचना को 'आंचलिक' कहते हैं। कोई ऐसा भू–भाग जिसकी अपनी संस्कृति हो, बोली हो, भाषा हो तथा अपने रूप–रंग में विशिष्ट आभास हो, उसे 'अंचल' कहा जाता है। फणीश्वर नाथ रेणु हिन्दी के प्रथम आंचलिक कथाकार थे। इनकी रचनाओं में अंचल एक विशिष्ट इकाई के रूप में जीवन्त है, जिसका समग्र जीवन उनके अपने रहन–सहन में बंधकर जीवन के उल्लास और वेदना के गीत, संगीत, नृत्य, उत्सव तथा त्यौहार में व्यक्त होता है। रेणु ने अपनी रचनाओं में पर्वत श्रेणियाँ, तलहटी, नदियों की घाटियाँ, सागर–तट, जंगल के बीच या पठार पर आबाद, प्रायः नगरों के कोलाहल से दूर ग्राम या ग्राम समुदायों के अंचल की आंचलिकता का बोध कराया है।

'रेणु' जी कथाकार एवं उपन्यासकार के रूप में प्रसिद्ध हैं। 'मैला आंचल' उनका सबसे अधिक प्रसिद्ध उपन्यास है। उनके अन्य उपन्यास हैं 'परती–परिकथा', 'दीर्घतपा' तथा 'कितने चौराहे'। उपन्यास के अतिरिक्त हिन्दी कहानी के क्षेत्र में भी उन्हें लोकप्रियता प्राप्त हुई। 'ठुमरी', 'आदिम शक्ति की महक', 'अग्निखोर' उनके कहानी संग्रह हैं। रेणुजी ने निबन्ध, संस्मरण और रिपोर्ताज भी लिखे हैं जो 'श्रुत–अश्रुतपूर्व' में संकलित है। 'ऋणजल–धनजल' उनका संस्मरण तथा 'नेपाली क्रान्ति कथा' उनके द्वारा लिखा गया रिपोर्ताज है।

रेणुजी ने अपने ग्रामीण अंचल को वाणी प्रदान की। उनके साहित्य में गहरी मानवीय संवेदना है। अभावग्रस्त, गरीब, अनपढ़ जनता की बेकारी और पीड़ा को उन्होंने अनुभव किया तथा कोमलता के साथ अभिव्यक्त किया। वे अनपढ़ गरीब जनता के प्रति उपहास, निंदा या तिरस्कार का भाव नहीं रखते। उन्होंने ग्रामीणों की श्रद्धा, उमंग और उत्साह को आस्था के साथ प्रस्तुत किया। जन्मभूमि के प्रति उनकी आस्था

उनकी रचनाओं में सर्वत्र परिलक्षित होती है। अंचल विशेष की बुराइयों में अच्छाई ढूंढने का प्रयास उन्होंने सफलतापूर्वक किया। रेणुजी ने अपनी रचनाओं के माध्यम से जन–जीवन से नितान्त आत्मीयता एवं तादात्म्य स्थापित कर लिया था। दरअसल वे मात्र उन विसंगतियों के दर्शक ही न रहकर भोक्ता भी थे, अतः अनुभूति की स्वाभाविक सच्चाई उनकी रचनाओं में सहज ही प्राप्त हो जाती है। उन्होंने बिना किसी बनावटीपन के ठेठ ग्रामीण शब्दों का प्रयोग किया है। उदाहरणार्थ–सभाचट्टी, भगतिया, घुरखेल, पंचलैट, मिरदंगिया, जोधन आदि। उनके पात्र जिन शब्दों को जिस रूप तथा टोन में प्रयोग करते हैं, उसी रूप तथा व्यावहारिक लहजे को उन्होंने यथावत् प्रस्तुत किया है इससे उनकी भाषा जीवंत और मुखर हो उठी है। जैसे भारत–माता, गान्ही बाबा, पंचलैट, बेकाट, इसपिरिट, रमपतिया आदि। उन्होंने मुहावरों तथा लोकोक्तियों का सुंदर प्रयोग किया है। उनकी भाषा में यथावश्यक कथोपकथनों का संयोजन हुआ है। ये सजीव तथा कहीं–कहीं व्यंग्यपूर्ण हैं इससे भाषा में प्रवाहपूर्णता आ गई है। गहरी संवेदनशीलता, ध्वनि–चित्रात्सुकता तथा सघन संगीतात्मकता उनकी कथा शैली की उल्लेखनीय विशेषताएँ हैं।

रेणु जी की कहानियों में ग्रामीण जीवन का स्वर प्रतिध्वनित हो उठा है। रसप्रिया, ठेस, लाल पान की बेगम, तीसरी कसम, रेणु की ऐसी कहानियाँ हैं जिनमें गाँव की मिट्टी की गंध तथा मानवीय चेतना स्पष्टतः उजागर हुई है। अपनी रचनाओं में उन्होंने रूढ़िवादिता का विरोध कर प्रगतिशीलता का परिचय दिया है। नारी के प्रति सहानुभूति, धार्मिक अंधविश्वास का विरोध उन्होंने आत्मीयता और संवेदना के साथ किया है। उन्होंने जनजीवन में व्याप्त भ्रष्टाचार की ओर भी ध्यान आकृष्ट किया है। प्रभाव–बिम्बों की योजना द्वारा कहानी के सभी तत्त्व वास्तविक और चित्रोमय हो उठे हैं। उनकी रचनाओं का प्रभाव सघन, मार्मिक और स्थायी है।

अपने जीवन–काल में उन्होंने अलोकतांत्रिक सरकार द्वारा प्रदान की गयी आर्थिक सहायता तथा 'पद्मश्री' की उपाधि वापस कर दी थी। हिन्दी साहित्य के इस कुशल शिल्पी एवं कहानीकार तथा उपन्यासकार का 11 अप्रैल, सन् 1977 को देहावसान हो गया।

तीसरी कसम, अर्थात् मारे गए गुलफाम

रेणु हिन्दी के श्रेष्ठ आंचलिक कथाकार हैं। आंचलिकता एक शब्द 'अंचल' शब्द से बना है जिसका शाब्दिक अर्थ है किनारा अथवा सीमा का समीपवर्ती भाग। आंचलिकता अर्थात् विशिष्ट भौगोलिक परिवेश, अंचल विशेष के विशिष्ट जीवन, आंचलिक संस्कृतिक, आंचलिक बोली–वानी, यदि किसी कहानी में स्पष्ट रूप से दृष्टिगोचर हो, तो उसे हम 'आंचलिक कहानी' कह सकते हैं। हिन्दी में हजारों आंचलिक कहानियाँ लिखी गई हैं। 'तीसरी कसम अर्थात् मारे गए गुलफाम' का अपना

एक विशिष्ट स्थान है। आंचलिकता ने **'तीसरी कसम अर्थात् मारे गए गुलफाम'** को विशिष्टता प्रदान की लेकिन यह कहानी हिन्दी की श्रेष्ठ कहानियों में से एक है। इसे श्रेष्ठता प्रदान करने वाली चीज है उसकी वस्तु और उस वस्तु का सक्षम, सफल और कलात्मक प्रस्तुतीकरण। कथ्य और शिल्प का अद्भुत सामंजस्य और संतुलन इस कहानी में दिखाई देता है।

'तीसरी कसम' की विषय–वस्तु प्रेम है। इस कहानी को **'प्रेम कहानी'** भी कहा जा सकता है। इस कहानी के दो प्रमुख पात्र हैं– चालीस साल की आयु का हिरामन जिसकी दुलहिन गौने से पहले ही मर गई सो एक तरह से अकेला ही है और मथुरामोहन नौटंकी कम्पनी की हीराबाई। हिरामन गाड़ी हांकता है तथा हीराबाई अभिनेत्री है। हिरामन हीराबाई को अपनी गाड़ी में फारबिसगंज के मेले तक पहुँचाता है। कुछ रात उसकी नौटंकी देखने जाता है। चम्पानग से फारबिसगंज लगभग तीस कोस का रास्ता साथ काटने तथा दो चार दिन नौटंकी देखने के दौरान इसी साहचर्य से दोनों के बीच प्रेग की भावना उत्पन्न होकर विकसित होती है। और फिर दोनों हमेशा के लिए बिछुड जाते हैं। इतने कम समय में दोनों के बीच जो भाव उत्पन्न हुआ उसे प्रेम ही कहा जा सकता है और कुछ नहीं। यद्यपि दोनों में से कोई भी पात्र यह बात अपने मुख से नहीं कहता परन्तु प्रेम का जो मार्मिक रूप इनके आपसी संकेतों में व्यक्त होता है वह दुर्लभ है। उनका प्रेम संकेतों में व्यंजित होता है। 'तीसरी कसम' में हिरामन और हीराबाई का प्रेम कथित नहीं व्यंजित हुआ है। हिरामन हीराबाई से प्रेम करता है यह बात कहानी में बार–बार दृष्टिगोचर होती है। 'महुआ घटवारिन' की कथा सुनाते वक्त उसके मनोभावों में कुहासा छटते ही चादर से टप्पर के ऊपर परदा कर देना, रास्ते में मिले अन्य गाड़ीवानों को सही पता नहीं बताना, बार–बार झूठ बोलना, बात बदलना, दूसरों की नजरों से हीराबाई को बचाकर रखने के ये प्रयत्न प्रेम प्रेरित तो हैं ही, साथ ही हिरामन के इस व्यवहार में सम्मान की भावना भी झलकती है जो उसके प्रेम को उच्च कोटि की श्रेष्ठता प्रदान करती है। हीराबाई के सम्मान पर आँच न आने देने के लिए ही वह नौटंकी देखते वक्त हीराबाई के बारे में हल्की बात करने वालों से उलझ जाता है। उसकी इस भावना को चोट लगती है जब उसे गाड़ी के किराये के साथ इनाम के भी पच्चीस रुपये हीराबाई देती है। वह मानों आसमान से जमीन पर आ गिरता है। हिरामन से विदा लेते वक्त रेलवे स्टेशन पर उसकी थैली लौटाने के साथ जब वह गरम चादर खरीदने के लिए पैसे देना चाहती है तो उसे फिर चोट लगती है और वह पैसे लेने से भरे मन से मना कर देता है।

सिर्फ हिरामन ही हीराबाई की तरफ आकर्षित नहीं है। हीराबाई भी उसकी सरलता और निश्च्छलता के प्रति आकर्षित होती है। इसलिए रेणु लिखते हैं ''हीराबाई ने परख लिया, हिरामन सचमुच हीरा है।'' दोनों का यह सहज–सा आकर्षण, प्रेम की

भावना में बदलता है। उनका परस्पर आकर्षण एक–दूसरे से हास–परिहास करते हुए व्यक्त होता है। उदाहरणार्थ कानपुर, नागपुर की बात पर हिरामन का दिल खोलकर हँसना, लाटनी की बोली की नकल उतारते हुए हिरामन के डैम, फैट, लैट करने पर हिरामन से यह जानकर कि कुंवारे आदमी को चाय नहीं पीनी चाहिए, हीराबाई का हँसते–हँसते लोट–पोट हो जाना और आग्रह करना 'पीजिए गुरुजी', तब हिरामन के पास 'इस्स' कहनें और चाय पी लेने के अलावा और कोई विकल्प नहीं बचना, इंन प्रसंगों से दोनों के बीच लगाव दृष्टिगोचर होता है। अंत में रेलवे स्टेशन पर हिरामन से विदा लेते हुए जब हीराबाई कहती है 'तुम्हारा जी बहुत छोटा हो गया। क्यो मीता ?..... महुआ घटवारिन को सौदागर ने खरीद जो लिया है गुरुजी।" यह कहते हुए उसका गला भर आता है। यहाँ आकर अभूतपूर्व रूप से प्रेम की मार्मिक अभिव्यक्ति देखने को मिलती है, जो अंत में दोनों की लाचारी बन जाती है और वे एक--दूरारे से बिछुड़ जाते हैं।

मनुष्य को संसार का अनुभव अपनी इंद्रियों के द्वारा होता है। साहित्य में भी इंद्रिय बोधों का विशेष महत्त्व है। रेणु ने अपनी इस कहानी में इंद्रियदोधों को बेहद सुन्दर ढंग से भाषाबद्ध किया है। उदाहरणार्थ "पीठ में गुदगुदी होना, बातचीत करते हुए देह का 'सिरसिराने लगना, उतराई पर गाड़ी नीचे उतरते वक्त हीराबाई का हिरामन के कंधे पर हाथ रख देने पर बहुत दिनों तक हिरामन द्वारा उस स्पर्श को महसूस करना, हीराबाई द्वारा हिरामन को उसकी थैली सौंपने पर उसकी गर्माहट को महसूस करना। स्पर्श के साथ ही रेणु ने गंध के इन्द्रियबोध का भी चित्रण किया है। जैसे– गाड़ी में चंपा का फूल महक उठना, देह से अतर गुलाब की खुशबू निकलना, आदि। तीसरी कसम का तीसरा इंद्रियबोध है– शब्द। जैसे– मधुर गंध आकर्षित करती है वैसे ही मधुर ध्वनि तथा मधुर शब्द भी आकर्षित करता है। उदाहरण के लिए बैलों को दुआली मारने पर हीराबाई का बोल उठना 'अहा ! मारो मत।' हिरामन की दृष्टि में "फेनूगिलासी बोली है। स्पर्श, गंध, शब्द के बाद दृश्य यानि रूप इस कहानी का चौथा इंद्रियबोध है। परी जैसी रूपवती हीराबाई को सामने देख हिरामन अविभूत हो जाता है। उसके चले जाने पर वह सोचता है, महसूस करता है। "दुनिया ही खाली हो गई मानो।" कहानी के अंत में पहली और दूसरी दो कसमों की तरह, पहली कसम–'चोरी का माल नहीं लादने का, दूसरी कसम–बाँस नहीं लादने का, वह तीसरी कसम–बिना किसी हिचकिचाहट के नहीं खा पाता, यह उसके प्रेम की स्वीकृति की अभिव्यक्ति है।

'तीसरी कसम' पूरी तरह से भावनात्मक प्रेमकहानी है। इस कहानी में फणीश्वर नाथ रेणु ने देहात के निष्छल जीवन का भावनात्मक वर्णन किया है। ग्रामीण अंचल में बसने वाले लोगों के क्षणिक आवेश का, अबोधता का, अपनी ही दुनिया में मगन रहने का यथार्थ चित्रण किया है। भावनात्मक प्रेम, इस कहानी की आत्मा बन गयी है। 'तीसरी

कसम' की भाषा सरल, सरस, मुहावरेदार तथा लोक बोली के शब्दों से ओतप्रोत है। उदाहरणार्थ भचर भचर बोलना, फेनुगिलासी आवाज, डैम, लैट, फैट, मिरतुभुवन, उपलेन, चाह, अजगुत अजगुत, बलाय आदि। इस प्रकार के शब्दों के प्रयोग से भाषा में आंचलिकता का बोध होता है। कहानी का तथ्य यानि कि प्रेम जीवन का अभिन्न अंग है इसलिए यह कहानी पाठको पर एक अमिट छाप छोड़ती है।

उषा प्रियम्वदा

उषा प्रियम्वदा का जन्म 24 दिसम्बर 1930 कानपुर के एक संभ्रान्त परिवार में हुआ था। उनके पिता एक मशहूर वकील थे। उनकी तीन संतानों में उषा प्रियम्वदा सबसे छोटी थी। पिता की असामयिक मृत्यु के पश्चात् इनकी बुआ के लड़के श्री शिब्बन लाल सक्सेना के संरक्षण में इन्होंने शिक्षा प्राप्त की। श्री शिब्बन लाल सक्सेना अपने समय के प्रसिद्ध राजनीतिकर्मी एवं सांसद थे।

1952 में इन्होंने इलाहाबाद विश्वविद्यालय से एम. ए. की उपाधि प्राप्त की। इलाहाबाद विश्वविद्यालय से इन्होंने 1955 में प्रेमचंद के उपन्यासों पर डी० फिल्० की उपाधि प्राप्त की। 1956–59 तक दिल्ली के लेडी श्रीराम कालेज में इन्होंने अंग्रेजी साहित्य का अध्यापन कार्य किया। इसके बाद 1959 से 1961 तक इलाहाबाद विश्वविद्यालय में सेवारत रहीं, तत्पश्चात् 1961 में फेलोशिप पर अमेरिका में इंडियाना विश्वद्यिालय में शोधकार्य किया। अमेरिका में सन् 1963 से 1972 तक विस्कासिन विश्वद्यिालय में असिस्टेंट प्रोफेसर के रूप में साउथ एशियन स्ट्डीज विभाग में कार्यरत रहीं तथा हिन्दी भाषा और साहित्य का अध्यापन कार्य किया। वर्तमान समय में उषा प्रियम्वदा जी अमेरिका में सेवारत रहकर हिन्दी साहित्य को अपना अमूल्य योगदान दे रही हैं।

प्रियम्वदा जी का साहित्य में पदार्पण सन् 1950 के बाद हुआ। उनकी पहली कहानी 'लाल चुनर' नाम से सरिता में प्रकाशित हुई थी। पहले वे उषा सक्सेना के नाम से लिखा करती थीं बाद में उन्होंने अपनी माँ का नाम 'प्रियम्वदा' जोड़कर 'उषा प्रियम्वदा' के नाम से निरंतर लेखन कार्य किया।

उषा प्रियम्वदा की कहानियों का नयी कहानियों में महत्त्वपूर्ण स्थान है। मानव जीवन से सम्बन्धित समस्याओं, मानवीय रिश्तों, विशेषतः स्त्री–पुरुष के सम्बन्ध में, आधुनिक जीवन की विडम्बनाएँ, घुटन, संगत, उबन और सबसे प्रमुख समस्या अकेलापन या अजनबीपन के बीच अपने अस्तित्व की खोज आदि विषय को अपनाकर, उन्होंने अपने कथा–साहित्य को एक नया मोड़ प्रदान किया।

उषा प्रियम्वदा के मुख्य कहानी संग्रह हैं 'जिन्दगी और गुलाब के फूल' (1961)

काशी, भारतीय ज्ञानपीठ, 'फिर बंसत आया' (1961) 'एक कोई दूसरा' (1966) राजकमल प्रकाशन–दिल्ली, 'कितना बड़ा झूठ' (1972) राजकमल प्रकाशन–दिल्ली, 'मेरी प्रिय कहानियाँ' (1974), राजपाल एण्ड संस प्रकाशन, दिल्ली।

कहानियों के अतिरिक्त उन्होंने उपन्यास भी लिखे। उनके उपन्यासों में आधुनिक जीवन की त्रासदी, छटपटाहट व अस्तित्वबोध की प्रमुखता दिखाई देती है। उनका प्रथम उपन्यास 'पचपन खंभे लाल दीवारें' (1961) में प्रकाशित हुआ। 1967 में इनका दूसरा उपन्यास 'रुकोगी नहीं राधिका' प्रकाशित हुआ। उनका तीसरा उपन्यास 'शेष यात्रा' (1984) में प्रकाशित हुआ।

उषा प्रियम्वदा जी के उपन्यासों में मध्यमवर्गीय परिवार तथा उच्च मध्यवर्गीय परिवार की स्त्रियों की कथा है। उनके उपन्यासों के माध्यम से यह बात स्पष्ट हो जाती है कि नारी निम्न वर्ग की हो या मध्यम वर्ग की या उच्च वर्ग की, हर परिरिथतियों में अपनी जिम्मेदारियों को उठाती हुई अपने अस्तित्व की तलाश में भटकती रहती है। चाहे वह 'पचपन खंभे लाल दीवारें की 'सुषमा' हो या 'रुकोगी नहीं राधिका' की 'राधिका' या फिर 'शेष यात्रा' की नायिका 'अनु'। उनके प्रथम उपन्यास 'पचपन खंभे लाल दीवारें' की नायिका सुषमा अपनी पारिवारिक जिम्मेदारियों की पूर्ति में अपनी कोमल भावनाओं को तिलांजलि दे देती है और खोखले जीवन के एक आदर्श के रूप को प्रस्तुत करती है।

'रुकोगी नहीं राधिका' की नायिका राधिका अपनी माँ के चल बसने के पश्चात् अट्ठारह वर्ष की उम्र तक अपने पिता से अत्यधिक मोहग्रस्त रहती है, किसी 'तीसरे' की उपस्थिति नहीं सहन कर पाती। विद्या से पिता के विवाह कर लेने के बाद प्रतिक्रियावश वह पत्रकार डेन के साथ अमेरिका चली जाती है। एक वर्ष बाद वह भारत लौटती है, मनीष और अक्षय नाम के पुरुष पात्र उसकी जिन्दगी में आते हैं परंतु उसकी जिंदगी में ठहराव नहीं आ पाता और 'विद्या' की मौत के पश्चात वह वापस अकेली अमेरिका चली जाती हैं। उनके उपन्यास शेष–यात्रा की नायिका 'अनु' भी 'प्रणव' से विवाह करती है, अमेरिका जाती है परंतु अंततः अकेली रह जाती है। उपन्यास एक आधुनिक जीवन की त्रासदी को प्रकट करता हुआ समाप्त हो जाता है।

उषा प्रियम्वदा जी ने अपनी कहानियों एवं उपन्यासों के माध्यम से हमारे वर्तमान समय के आधुनिकतम और सम्मोहक समझे जाने वाले समाज के खोखले आदर्शों को प्रस्तुत किया है। अपनी रचनाओं में नारी जीवन के विविध आयाम को उभारा है। इनके उपन्यास एवं कहानियाँ नारी जीवन के विविध आयाम को प्रस्तुत करती हैं। इनकी रचनाओं को पढ़ने से यह सत्य उजागर होता है कि नारी मात्र पुरुष की सहायिका नहीं बल्कि स्वयं अपना व्यक्तित्व बनाने में समर्थ है।

वापसी

'उषा प्रियम्वदा' नयी कहानी की महत्त्वपूर्ण कहानीकार मानी जाती हैं। नयी कहानी में बेरोजगारी का दंश, आधुनिकता की त्रासदी, अकेलेपन का बोध, उदासीनता, भ्रष्टाचार आदि अनेक प्रकार की विसंगतियों और विद्रूपताओं से भरा हुआ संसार ही मुख्य कथ्य है। नयी कहानी अपने भीतर जीवन की वास्तविकताओं को समेटे हुए है। नयी कहानी केवल कुछ 'सत्य', 'विचार' और 'आइडियल' को लेकर परंपरागत तरीके से नहीं चलती है। उपेक्षित पड़े पात्रों को कहानी का केन्द्र मानकर आसपास के सामाजिक यथार्थ का चित्रण करना इन कहानियों का मुख्य उद्‌देश्य है। एक तरह से देखा जाय तो 'नयी कहानी' हिन्दी कहानी का विस्तार है। 'वापसी' कहानी में परिवार में उपेक्षित पड़े बुजुर्ग के माध्यम से उषा प्रियम्वदा ने उनकी उपस्थिति, उनकी स्थिति तथा उनके अकेलेपन का सजीव चित्रण किया है। 'वापसी' कहानी में दो पीढ़ियों का संघर्ष उभर कर आया है।

उषा प्रियम्वदा की कहानी 'वापसी' में व्यस्त जिन्दगी का अजनबीपन पूर्ण रूप से प्रकट हुआ है। इस कहानी के माध्यम से उन्होंने महानगरीय व्यस्तता का उद्‌घाटन किया है जिसमें सारी संवेदनाएँ भौतिकतावादी जिन्दगी के सामने समाप्त हो जाती हैं। रिटायर्ड गजाधर बाबू जब घर लौट कर आते हैं तो उन्हें अपने पूरे परिवार से उपेक्षा ही मिलती है। भरा–पूरा परिवार होते हुए भी वे स्वयं को अकेला और उपेक्षित महसूस करते हैं। परिवार में रिटायर्ड गजाधर बाबू की उपेक्षा उनके बेटे–बहू, बेटी तथा पत्नी के द्वारा भी होती है। व्यवस्थित घर में उनकी उपस्थिति का एहसास सबको बहुत ही असहज एवं कष्टप्रद लगता है। अपनी तरफ से वे परिवार से सामंजस्य बिठाने का प्रयास करते हैं परन्तु सफल नहीं हो पाते हैं। अति आधुनिकता से अपने परिवार की संस्कृति को बचाने के प्रयास में वे हास्यास्पद बनकर रह जाते हैं। उन्हें महसूस होता है कि परिवार के लिये उनका महत्त्व सिर्फ उनकी अपेक्षायें पूरी करने तक सीमित है इससे अधिक और कोई उनकी आवश्यकता को महसूस नहीं करता। उनके लिये घर में रहने के लिए उचित स्थान तक का अभाव है इसीलिये उनकी चारपाई बैठक से उठाकर स्टोर में डाल दी जाती है। अंततः वे कोई अन्य कार्य स्वीकार कर, घर से बाहर किसी अन्य जगह रहने का निर्णय ले लेते हैं। पूरा परिवार इसे सहज रूप से ही नहीं लेता है अपितु उनके इस कदम से उन्हें एक तरह से खुशी ही होती है। उनकी मनःस्थिति से अन्जान पूरा परिवार फिर से अपने ढर्रे पर चलने लगता है। उनके पुनः नौकरी पर जाते ही सभी मानो राहत की साँस लेते हैं। गजाधर बाबू के लिये पुनः नौकरी पर वापस चले जाना, परिवार में रहने पर भी अकेलेपन से भागने का एक माध्यम बन जाता है।

जिस अकेलेपन से बचने के लिए वे रिटायर होने के बाद खुशी–खुशी उस परिवार में वापस आते हैं, दुबारा उसी अकेलेपन में वापस जाने के लिए लाचार हो जाते हैं।

कुछ आलोचकों ने 'वापसी' पर विदेशी थीम होने का ठप्पा भी लगाया जिसे उषा प्रियम्बदा भारतीय परिवेश के साथ तालमेल बिठाने का प्रयास करती हैं। लेकिन यह कहानी मात्र 'विदेशी थीम' पर आधारित नहीं बल्कि यह भारतीय परिवेश की त्रासदी को भी उजागर करती है। यह कहानी परम्परागत भारतीय हिन्दी कहानी से हटकर है इसलिये इसे नयी कहानी का दर्जा दिया गया है। उषा प्रियम्बदा की कहानियों में 'नयी कहानी' की सभी प्रवृत्तियाँ पायी जाती हैं। 'वापसी' में नयी कहानी का कथ्य मौजूद है। परिवार के बुजुर्गों के अकेलेपन की समस्या, जिससे समाज का एक महत्त्वपूर्ण वर्ग ग्रसित है। सामाजिक एवं पारिवारिक दो विसंगतियाँ जिन्हें बुजुर्गों का एक वर्ग झेलने को मजबूर है, अकेलेपन की निःसंगतता, उसकी पीड़ा और अंत में उसका परिणाम इस कहानी में खुलकर उजागर हो उठा है। इस प्रकार 'वापसी' कथ्य की दृष्टि से उषा प्रियम्बदा की श्रेष्ठ कहानियों में से एक होने के साथ–साथ कहानी शिल्प की भी श्रेष्ठ अभिव्यक्ति है। कहानीकार के अन्तस में बैठा वर्ग–संघर्ष जीवन के यथार्थ परिवेश में प्रस्तुत किया गया है। अवकाशप्राप्त पीढ़ी की मूक व्यथा को मुखर करना इस कहानी का मुख्य विशेष प्रतिपाद्य रहा है। वृद्ध पीढ़ी की समस्या को प्रस्तुत करने वाली यह कहानी प्रत्येक सहृदय की हृत्तंत्री को झंकृत कर देती है। हर वृद्ध इसको पढ़कर प्रकंपित हो उठता है। इसके अलावा इस कहानी में भावाभिव्यक्ति एवं चरित्र चित्राँकन की पूरी–पूरी क्षमता है। सर्वत्र बोधगम्यता है। भाषा मुहावरेदार, सरल एवं सहज है। तत्सम् तद्भव उर्दू, अंग्रेजी आदि भाषाओं के शब्दों का सहजता से प्रयोग किया गया है। भाषा प्रवाहपूर्ण है। उषा प्रियम्वदा की यह कहानी हिन्दी साहित्य को नया विस्तार देने में पूरी तरह सक्षम है।

कमलेश्वर

हिन्दी साहित्य के उच्चकोटि के रचनाकार कमलेश्वर का जन्म 6 फरवरी सन् 1932 में हुआ। कहानीकार होने के साथ ही कमलेश्वर जी एक उच्चकोटि के उपन्यासकार, सशक्त नाटककार, कुशल संस्मरण लेखक एवं विवेकशील सम्पादक भी हैं।

कमलेश्वर का जन्म एक मध्यमवर्गीय परिवार में हुआ। अपनी स्कूली पढ़ाई समाप्त कर के, इन्होंने इलाहाबाद से इण्टर, बी.ए. और फिर हिन्दी में एम.ए. की पढ़ाई

पूरी की। जीविका की तलाश के साथ लेखन उनके लिए वरेण्य रहा। सन् 1948 में उनकी कहानी 'कामरेड' प्रकाशित हुई थी। सन् 1953 में मात्र इक्कीस वर्ष की अल्पायु में उनका उपन्यास 'एक सड़क, सत्तावन गलियां' प्रकाशित हुआ। कमलेश्वर ने अपनी कहानियों में सामान्य मनुष्य के दुःख–दर्द को, उसकी आकांक्षा और वंचना को, उसके अभाव और संघर्ष को, उसकी विवशता के साथ उसकी अदम्य जिजीविषा को भी बड़ी सफलता से अंकित किया है।

'राजा निरबसिया' उनकी महत्त्वपूर्ण कहानी है। उनके द्वारा लिखी गयी करीब तीन सौ कहानियों में कहीं कोई दोहराव नजर नहीं आता। 'मांस का दरिया' कमलेश्वर की दूसरी महत्त्वपूर्ण कहानी है जहाँ सम्बन्धों की टकराहट, संवेदना की सुगबुगाहट को उजागर किया गया है। इसी तरह 'तलाश' भी उनकी उल्लेखनीय कहानी है जिसमें माँ और युवा बेटी की संवेदनाओं की सहज अभिव्यक्ति है। 'बदनाम बस्ती' भारत के उन असंख्य गाँवों की त्रासदी को रूपायित करती है जो आत्मीय अंतरंग और सहज सम्बन्धों को तबाह कर देने वाली ताकतों के शिकार हो चुके हैं। 'बयान' कहानी स्वतंत्र भारत के न्यायतंत्र के खोखलेपन को उजागर करती है जिसमें एक हिन्दी सेवक की दुखांत परिणति हो जाती है। उनकी कहानियाँ आर्थिक विषमता, आजाद भारत में सत्ता, संस्था, साधनों और संसाधनों की लूट–खसोट, प्रतिष्ठा या व्यवस्था की दखलंदाजी, तंत्र के आतंक और न्यायहीन समाज में बद्तर और कमतर जिदंगी जी रहे आम आदमी से जुड़े बेहद संवेदनशील और प्रतिश्रुत लेखक की सोच, सरोकार और यथार्थबोध की साक्षी, अविस्मरणीय रचनाएँ हैं। उनकी कहानियाँ हंस, साप्ताहिक जयभारत, कल्पना, संगम, ज्ञानोदय, वसुधा, सुप्रभात, समाज कल्याण, आजकल, लहर, नयी कहानियाँ आदि पत्रिकाओं में प्रकाशित होती रही हैं। कहानियों के अलावा उन्होंने कई उपन्यासों का भी सृजन किया जिनमें 'एक सड़क सत्तावन गलियाँ', 'बदनाम गली', 'डाक बंगला', 'काली आँधी', 'समुद्र में खोया आदमी', 'तीसरा आदमी' आदि मुख्य हैं। इन सभी उपन्यासों में मध्यमवर्गीय पारिवारिक–सामाजिक विसंगतियों, जड़ता, कुंठाओं का वर्णन किया गया है। कस्बों और महानगरों की जिदंगी के यथार्थ चित्र संबंधों की जटिलता, मूल्यों के बिखराव का चित्रण किया गया है।

कमलेश्वर हिन्दी फिल्मों से भी संबद्ध रहे हैं। उनकी कई कहानियों पर श्रेष्ठ फिल्में बनीं। 'सारा आकाश', 'आंधी', 'अमानुष' और 'मौसम' उनकी कहानियों पर बनी हुई कलात्मक फिल्में हैं। इसके अतिरिक्त उन्होंने करीब 66 व्यावसायिक फिल्मों के लिए भी लेखन कार्य किया। फिल्मों के साथ–साथ वे आकाशवाणी तथा दूरदर्शन से भी जुड़े रहे। दूरदर्शन के लिए उन्होंने आलेखक के पद पर कार्य किया। उन्होंने साहित्यिक कार्यक्रम 'पत्रिका' की शुरुआत की। धाराविवरणी (रनिंग कमेंट्री) तथा पहली टेलीफिल्म 'पन्द्रह अगस्त' का निर्माण किया। अछूते विषयों तथा सवालों को लेकर

बनाया गया उनका कार्यक्रम 'परिक्रमा' को यूनेस्को ने दुनियाँ के दस सर्वश्रेष्ठ कार्यक्रमों में से एक माना।

कमलेश्वर जी ने सन 1954 में 'विहान' जैसी पत्रिका का सम्पादन प्रारंभ किया। इसके अलावा नयी कहानियाँ, 'सारिका', 'कथा–यात्रा', 'गंगा' आदि पत्रिकाओं का उन्होंने सफलतापूर्वक संपादन किया। उन्होंने दूरदर्शन के अतिरिक्त महानिदेशक के रूप में सन् 1980 से 1982 तक कार्य किया।

अपनी अभूतपूर्व प्रतिभा के फलस्वरूप वे कई तरह के सम्मानों एवं पुरस्कारों से नवाजे गए जिनमें 'भारतीय ज्ञानपीठ' तथा 'भारतभारती सम्मान' प्रमुख हैं। उनका उपन्यास 'कितने पाकिस्तान' बीसवीं शताब्दी की एक महत्त्वपूर्ण उपलब्धि है। कितने पाकिस्तान राष्ट्रीय–अन्तर्राष्ट्रीय समस्याओं की गंभीर पड़ताल करता हुआ प्रतीत होता है। इस उपन्यास में गहरा बौद्धिक विमर्श है। इतिहास और भूगोल की सीमाओं को तोड़कर यह उपन्यास मनुष्य की वास्तविक समस्याओं और चिन्ताओं को लाकर सामने रखता है। यह उपन्यास देश और काल की सीमा से परे जा कर विश्व स्तर पर प्रतिष्ठित होने की क्षमता रखता है। कमलेश्वर आधुनिक हिन्दी साहित्य के एक सशक्त हस्ताक्षर के रूप में जाने जाते हैं। अपनी कहानियों, उपन्यासों, नाटक, संस्मरण, लेखन तथा कुशल संपादन की बदौलत हिन्दी साहित्य में उनका महत्त्व सदा अक्षुण्य बना रहेगा।

राजा निरंबसिया

कमलेश्वर द्वारा रचित 'राजा निरंबसिया' कहानी, कहानी के शिल्प में नवीनता उत्पन्न करती है। लोककथा की पृष्ठभूमि पर आधुनिक युग की निम्न मध्यवर्गीय परिवार की कहानी लिखी गई है। इस कहानी में दो कथाएँ एक साथ चलती हैं। दोनों कहानियों के पात्र, उनका परिवेश सभी एक–दूसरे से भिन्न है। दोनों दो अलग–अलग युग की कथाएँ हैं। पर कहानी में एक साथ चलती है। यह लेखक के द्वारा किया गया एक नए प्रकार का प्रयोग अवश्य है पर इससे कहानी की गति तथा उसके प्रवाह में कही भी बाधा नहीं उत्पन्न होती है। अपितु यह शैली मूलकथा की संवेदनशीलता को अधिक प्रभावशाली ढंग से व्यक्त करती है। जैसे दो समान धाराएँ एक–दूसरे को सहज रूप से ही मजबूती प्रदान कर रही हों। मूल कथा में जैसे ही भावनाओं का ज्वार उत्पन्न होता है सहधर्मी लोककथा मानों प्रकट होकर उनमें संतुलन पैदा कर देती है। भावनाएं और अधिक मुखर होकर पाठकों के मन को छू जाती है तथा लोककथा का छूटा हुआ सूत्र भी अनायास पाठक की पकड़ में आ जाता है। कहानी की शैली में जिस अतीत की लोककथा का वर्णन इस कहानी में किया गया है। वह अपने अतीत के प्रति हमारे

दृष्टिकोण को बदलने में सक्षम है। साथ ही साथ वर्तमान में अपने आपको आधुनिक कहे जाने वाले सभ्य समाज के अंदर की सकीर्णता भी खुल कर हमारे सामने आ जाती है। आज का निम्न मध्यवर्गीय या मध्यवर्गीय युवक सारा सच जानने के बावजूद समाज के डर, स्वयं अपनी कमजोरी तथा मजबूरी की वजह से अपनी पत्नी को स्वीकार नहीं कर पाता, परन्तु सैकड़ों वर्ष पहले एक राजा ने लोक की तथा समाज की परवाह न करते हुए अपनी रानी को ससम्मान स्वीकार किया था। आज का यह प्रगतिशील तथा आधुनिक समाज न नारी को वह स्थान देता है जिससे स्त्री अपनी सच्चाई और पवित्रता साबित कर सके न ही स्त्री अपनी शक्ति का सही उपयोग कर पाती है जबकि शताब्दियों पहले का समाज स्त्री की पवित्रता तथा उसकी सच्चाई को मानता था तथा स्त्री अपने तेज तथा अपने चरित्र की उज्ज्वलता से अपनी रक्षा करने में सक्षम थी।

प्रस्तुत कहानी में 'जगपति', जो कि एक निम्नमध्यवर्गीय परिवार का युवक है तथा 'राजा' की कहानी एक साथ चलती है। राजा और रानी दोनों में आपसी प्रेम है वे सुख और एश्वर्य से भरपूर जीवन जीते हैं परन्तु औलाद के सुख से वंचित हैं। एक दिन सड़क पर झाड़ू लगाने वाली महिला ने स्वयं के ''निरबंसिया'' होने की वजह से ताने सुनकर राजा आहत होकर महल को छोड़ कर चला जाता है। अंतरात्मा की आवाज से प्रेरित होकर रानी भी वेश बदलकर उसी संशय में जाकर राजा के साथ रहती है। रानी के महल में लौट आने के बाद राजा भी दूसरे देश की ओर चला जाता है। कई बरस बाद राजा जब परदेश से बहुत–सा धन कमाकर अपने देश लौटता है तो अपने दोनों बच्चों से उनका साक्षात्कार होता है परन्तु पहले उन्हें यकीन नहीं हो पाता, वह रानी पर विश्वास नहीं कर पाता, परन्तु रानी अपने सतीत्व की शक्ति से राजा को विश्वास दिलाने में सफल हो जाती है। अतः राजा अपनी गलती स्वीकार कर रानी से माफी माँग लेता है तथा ससम्मान रानी को स्वीकार कर लेता हैं। मूलकथा का मुख्य पात्र जगपति भी अपनी पत्नी चंदा के साथ सुख से रहता है। परन्तु निसंतान होने का दुःख उसे भीतर ही भीतर सालता रहता है। चन्दा अपनी नियति से एक तरह से समझौता कर लेती है। इस बीच दुर्घटनावश जगपति घायल हो जाता है तथा उसे अस्पताल में भर्ती होना पड़ता है। उसकी देखभाल के लिए चंदा को भी वहीं रुकना पड़ता है। अस्पताल का कम्पाउडर इस संकट के समय चंदा तथा जगपति की मदद करता है। परन्तु जगपति के मन में सदेह का बीज उत्पन्न हो जाता है। चंदा उसके मन के इस भाव को भाँप जाती है। और उसके मन का बोझ उतारने के लिए अपने हाथ के कड़े बेच देने का सहज सा झूठ बोल देती है जो कि जगपति के स्वस्थ होने के लिए जरूरी था। स्वस्थ होकर घर लौटे आने के बाद चंदा का यह झूठ जगपति के सामने खुल जाता है और उसका अहं तथा पौरुष दोनों चोट खा जाता है।

उसके बाद परिस्थितियाँ तेजी से बदलती हैं न चाहते हुए भी बचन सिंह

कम्पाउंडर से वह मदद लेने को बाध्य हो जाता है, उसका जगपति के घर आना–जाना बढ़ जाता है, उसकी मदद से वह लकड़ी का व्यापार शुरू करता है और विवाह के कई वर्षों बाद चंदा गर्भवती हो जाती है। समाज तथा रिश्तेदारों के ताने उलहाने सुन–सुन कर वह चन्दा पर विश्वास नहीं कर पाता तथा उससे दुर्व्यवहार कर बैठता है। चंदा घर छोड़ कर चली जाती है। चंदा के पुत्र पैदा होने तथा उसकी होने वाली दूसरी शादी की खबर सुनकर उसे अपनी गलती का अहसास तो होता है परन्तु वह राजा की तरह चंदा को समाज तथा रिश्तेदारों के सामने स्वीकार नहीं कर पाता और आत्महत्या कर लेता है। कमलेश्वर स्वयं कहानी के अंत में लिखते हैं कि "चंदा के पास कोई दैवी शक्ति नहीं थी और जगपति राजा नहीं बचन सिंह कम्पाउंडर का कर्जदार था।"

दोनो कथाओं की परिणति में अंतर है। यह अंतर दो युगों का होने के साथ–साथ दो वर्गों का भी है। तीसरा अंतर कल्पना और यथार्थ का है। लोककथा में कल्पना का समावेश है तथा मूलकथा में यथार्थ का। लोककथा को हम आदर्शवादी कथा कह सकते हैं तथा मूलकथा को यथार्थवादी। कहानी की यह नई शैली कहानी में अनेक अर्थों और व्याख्याओं की सम्भावना भर देती है। दो युगों में एक ही परिस्थिति का मानवीय सत्य युग के प्रभाव से अलग–अलग हो सकता है। कहानी की भाषा सहज एवं बोधगम्य है। लोकभाषा के शब्दों का प्रयोग किया गया है जो कहानी में स्वाभाविकता का समावेश करता है जैसे– "निरबंसिया, चौका, गौरें, झाड़–पंजा, नाज आदि। नवीन शैली में लिखी इस कहानी में कमलेश्वर ने सौंदर्य के परम्परागत प्रचलित उपमानों का भी प्रयोग किया है, यथा–'लक्ष्मी सी रानी', चंद्रमा सी सुंदर बच्ची, आदि। सरल एवं प्रवाहपूर्ण भाषा में लिखी गई यह कहानी आधुनिक समाज की मानसिक संकीर्णता को पूरी तरह से स्पष्ट रूप में सामने रखती है। समाज व्यक्ति के जीवन का एक अभिन्न हिस्सा होता है। उसकी अच्छी बुरी बातों का प्रभाव मनुष्य के जीवन को प्रभावित करता है। यह बात कहानी में एक नये सिरे से प्रमाणित हो जाती है।

■■■

दो बैलों की कथा

—प्रेमचन्द

जानवरों में गधा सबसे ज्यादा बुद्धिहीन समझा जाता है। हम जब किसी आदमी को पल्ले दरजे का बेवकूफ कहना चाहते हैं, तो उसे गधा कहते हैं। गधा सचमुच बेवकूफ है, या उसके सीधेपन, उसकी निरापद सहिष्णुता ने उसे यह पदवी दे दी है, इसका निश्चय नहीं किया जा सकता। गायें सींग मारती हैं, ब्यायी हुई गाय तो अनायास ही सिंहनी का रूप धारण कर लेती है। कुत्ता भी बहुत गरीब जानवर है, लेकिन कभी–कभी उसे भी क्रोध आ ही जाता है, किन्तु गधे को कभी क्रोध करते नहीं सुना, न देखा। जितना चाहो गरीब को मारो, चाहे जैसी खराब, सड़ी हुई घास सामने डाल दो, उसके चेहरे पर कभी असन्तोष की छाया भी न दिखायी देगी। वैशाख में चाहे एकाध बार कुलेल कर लेता हो; पर हमने तो उसे कभी खुश होते नहीं देखा। उसके चेहरे पर एक स्थायी विषाद स्थायी रूप से छाया रहता है। सुख–दुःख, हानि–लाभ, किसी भी दशा में उसे बदलते नहीं देखा। ऋषियों–मुनियों के जितने गुण हैं, वे सभी उसमें पराकाष्ठा को पहुँच गये हैं पर आदमी उसे बेबकूफ कहता है। सद्‌गुणों का इतना अनादर कहीं नहीं देखा। कदाचित् सीधापन संसार के लिए उपयुक्त नहीं है। देखिए न, भारतवासियों की अफ्रीका में क्यों दुर्दशा हो रही है ? क्यों अमरीका में उन्हें घुसने नहीं दिया जाता ? बेचारे शराब नहीं पीते, चार पैसे कुसमय के लिए बचाकर रखते हैं, जी तोड़कर काम करते हैं, किसी से लड़ाई–झगड़ा नहीं करते, चार बातें सुनकर गम खा जाते हैं फिर भी बदनाम हैं। कहा जाता है, वे जीवन के आदर्श को नीचा करते हैं। अगर वे भी ईंट का जवाब पत्थर से देना सीख जाते, तो शायद सभ्य कहलाने लगते। जापान की मिसाल सामने है। एक ही विजय ने उसे संसार की सभ्य जातियों में गण्य बना दिया।

लेकिन गधे का एक छोटा भाई और भी है, जो उससे कुछ ही कम गधा है, और वह है 'बैल'। जिस अर्थ में हम गधा का प्रयोग करते हैं, कुछ उसी से मिलते–जुलते अर्थ में 'बछिया के ताऊ' का भी प्रयोग करते हैं। कुछ लोग बैल को शायद बेवकूफों में सर्वश्रेष्ठ कहेंगे; मगर हमारा विचार ऐसा नहीं है। बैल कभी–कभी मारता भी है, कभी–कभी अड़ियल बैल भी देखने में आता है। और

भी कई रीतियों से वह अपना असन्तोष प्रकट कर देता है; अतएव उसका स्थान गधे से नीचा है।

झूरी काछी के दोनों बैलों के नाम थे हीरा और मोती। दोनों पछाईं जाति के थे– देखने में सुन्दर, काम में चौकस, डील में ऊँचे। बहुत दिनों साथ रहते–रहते दोनों में भाईचारा हो गया था। दोनों आमने–सामने या आस–पास बैठे हुए एक–दूसरे से मूक–भाषा में विचार–विनिमय करते थे। एक–दूसरे के मन की बात कैसे समझ जाता था, हम नहीं कह सकते। अवश्य ही उनमें कोई ऐसी गुप्त शक्ति थी, जिससे जीवों में श्रेष्ठता का दावा करनेवाला मनुष्य वंचित है। दोनों एक दूसरे को चाटकर और सूँघकर अपना प्रेम प्रकट करते, कभी–कभी दोनों सींग भी मिला लिया करते थे– विग्रह के नाते से नहीं, केवल विनोद के भाव से, आत्मीयता के भाव से, जैसे दोस्तों में घनिष्ठता होते ही धौल–धप्पा होने लगता है। इसके बिना दोस्ती कुछ फुसफुसी, कुछ हलकी–सी रहती है, जिसपर ज्यादा विश्वास नहीं किया जा सकता। जिस वक्त ये दोनों बैल हल या गाड़ी में जोत दिये जाते और गरदन हिला–हिलाकर चलते, उस वक्त हरएक की यही चेष्टा होती थी कि ज्यादा–से–ज्यादा बोझ मेरी ही गरदन पर रहे। दिन–भर के बाद दोपहर या सन्ध्या को दोनों खुलते, तो एक–दूसरे को चाट–चूटकर अपनी थकान मिटा लिया करते। नाँद में खली भूसा पड़ जाने के बाद दोनों साथ उठते, साथ नाँद में मुँह डालते और साथ ही बैठते थे। एक मुँह हटा लेता, तो दूसरा भी हटा लेता था।

संयोग की बात, झूरी ने एक बार गोईं को ससुराल भेजा दिया। बैलों को क्या मालूम, वे क्यों भेजे जा रहे हैं। समझे, मालिक ने हमें बेच दिया। अपना यों बेचा जाना उन्हें अच्छा लगा या बुरा, कौन जाने, पर झूरी के साले गया को घर तक गोईं ले जाने में दाँतों पसीना आ गया। पीछे से हाँकता तो दोनों दायें–बायें भागते; पगहिया पकड़कर आगे से खींचता, तो दोनों पीछे को जोर लगाते। मारता, तो दोनों सींग नीचे करके हुँकारते। अगर ईश्वर ने उन्हें वाणी दी होती, तो झूरी से पूछते– तुम हम गरीबों को क्यों निकाल रहे हो ? हमने तो तुम्हारी सेवा करने में कोई कसर नहीं उठा रखी। अगर इतनी मेहनत से काम न चलता था और काम ले लेते। हमें तो तुम्हारी चाकरी में मर जाना कबूल था। हमने कभी दाने–चारे की शिकायत नहीं की। तुमने जो कुछ खिलाया, वह सिर झुकाकर खा लिया, फिर तुमने हमें इस जालिम के हाथ क्यों बेच दिया ?

सन्ध्या–समय दोनों बैल अपने नये स्थान पर पहुँचे। दिन–भर के भूखे थे;

लेकिन जब नाँद में लगाये गये, तो एक ने भी उसमें मुँह न डाला। दिल भारी हो रहा था। जिसे उन्होंने अपना घर समझ रखा था, वह आज उनसे छूट गया था। यह नया घर, नया गाँव, नये आदमी, उन्हें बेगानों–से लगते थे।

दोनों ने अपनी मूक–भाषा में सलाह की, एक–दूसरे को कनखियों से देखा और लेट गये। जब गाँव में सोता पड़ गया, तो दोनों ने जोर मारकर पगहे तुड़ा डाले और घर की तरफ चले। पगहे बहुत मजबूत थे। अनुमान न हो सकता था कि कोई बैल उन्हें तोड़ सकेगा; पर इन दोनों में इस समय दूनी शक्ति आ गयी थी। एक–एक झटके में रस्सियाँ टूट गयीं।

झूरी प्रातःकाल सोकर उठा, तो देखा कि दोनों बैल चरनी पर खड़े हैं। दोनों की गरदनों में आधा–आधा गराँव लटक रहा है। घुटने तक पाँव कीचड़ से भरे हैं और दोनों की आँखों में विद्रोहमय स्नेह झलक रहा है।

झूरी बैलों को देखकर स्नेह से गद्‌गद् हो गया। दौड़कर उन्हें गले लगा लिया। प्रेमालिंगन और चुम्बन का वह दृश्य बड़ा ही मनोहर था।

घर और गाँव के लड़के जमा हो गये और तालियाँ बजा–बजाकर उनका स्वागत करने लगे। गाँव के इतिहास में यह घटना अभूतपूर्व न होने पर भी महत्त्वपूर्ण थी। बाल–सभा ने निश्चय किया, दोनों पशु–वीरों को अभिनन्दन पत्र देना चाहिए। कोई अपने घर से रोटियाँ लाया, कोई गुड़, कोई चोकर, कोई भूसी।

एक बालक ने कहा– ऐसे बैल किसी के पास न होंगे।

दूसरे ने समर्थन किया– इतनी दूर से दोनों अकेले चले आये।

तीसरा बोला– बैल नहीं हैं, वे उस जनम के आदमी हैं।

इसका प्रतिवाद करने का किसी को साहस न हुआ।

झूरी की स्त्री ने बैलों को द्वार पर देखा, तो जल उठी। बोली– कैसे नमक हराम बैल हैं कि एक दिन वहाँ काम न किया; भाग खड़े हुए।

झूरी अपने बैलों पर यह आक्षेप न सुन सका– नमक हराम क्यों हैं ? चारा दाना न दिया होगा, तो क्या करते ?

स्त्री ने रोब के साथ कहा– बस, तुम्हीं तो बैलों को खिलाना जानते हो और तो सभी पानी पिला–पिलाकर रखते हैं।

झूरी ने चिढ़ाया– चारा मिलता तो क्यों भागते ?

स्त्री चिढ़ी– भागे इसलिए कि वे लोग तुम–जैसे बुद्धुओं की तरह बैलों को सहलाते नहीं। खिलाते हैं, तो रगड़कर जोतते भी हैं। ये दोनों ठहरे कामचोर,

भाग निकले। अब देखूँ, कहाँ से खली और चोकर मिलता है ! सूखे भूसे के सिवा कुछ न दूँगी, खायें चाहें मरें।

वही हुआ। मजूर को कड़ी ताकीद कर दी गयी कि बैलों को खाली सूखा भूसा दिया जाय।

बैलों ने नाँद मे मुँह डाला, तो फीका–फीका। न कोई चिकनाहट, न कोई रस ! क्या खायँ ? आशा–भरी आँखों से द्वार की ओर ताकने लगे।

झूरी ने मजूर से कहा– थोड़ी–सी खली क्यों नहीं डाल देता बे ?

'मालकिन मुझे मार ही डालेंगी।'

'चुराकर ड़ाल आ।'

'ना दादा, पीछे से तुम भी उन्हीं की–सी कहोगे।'

(२)

दूसरे दिन झूरी का साला फिर आया और बैलों को ले चला। अबकी उसने दोनों को गाड़ी में जोता।

दो–चार बार मोती ने गाड़ी को सड़क की खाई में गिराना चाहा; पर हीरा ने सँभाल लिया। वह ज्यादा सहनशील था।

संध्या–समय घर पहुँचकर उसने दोनों को मोटी रस्सियों से बाँधा और कल की शरारत का मजा चखाया। फिर वही सूखा भूसा डाल दिया। अपने दोनों बैलों को खली, चूनी सब कुछ दी।

दोनों बैलों का ऐसा अपमान कभी न हुआ था। झूरी इन्हें फूल की छड़ी से भी न छूता था। उसकी टिटकार पर दोनों उड़ने लगते थे। यहाँ मार पड़ी। आहत–सम्मान की व्यथा तो थी ही, उस पर मिला सूखा भूसा !

नाँद की तरफ आँखें तक न उठायीं।

दूसरे दिन गया ने बैलों को हल में जोता, पर इन दोनों ने जैसे पाँव उठाने की कसम खा ली थी। वह मारते–मारते थक गया; पर दोनों ने पाँव न उठाया। एक बार सब उस निर्दयी ने हीरा की नाक में खूब डण्डे जमाये, तो मोती का गुस्सा काबू के बाहर हो गया। हल लेकर भागा। हल, रस्सी, जुआ, जोत, सब टूट–टाट कर बराबर हो गया। गले में बड़ी–बड़ी रस्सियाँ न होतीं, तो दोनों पकड़ाई में न आते।

हीरा ने मूक–भाषा में कहा– भागना व्यर्थ है।

मोती ने उत्तर दिया– तुम्हारी तो इसने जान ही ले ली थी। अबकी बड़ी मार पड़ेगी।

'पड़ने दो, बैल का जन्म लिया है, तो मार से कहाँ तक बचेंगे ?'

'गया दो आदमियों के साथ दौड़ा आ रहा है। दोनों के हाथों में लाठियाँ हैं।'

मोती बोला– कहो तो दिखा दूँ कुछ मजा मैं भी। लाठी लेकर आ रहा है।

हीरा ने समझाया– नहीं भाई ! खड़े हो जाओ।

'मुझे मारेगा, तो मैं भी एक–दो को गिरा दूँगा !'

'नहीं ! हमारी जाति का यह धर्म नहीं है।'

मोती दिल में ऐंठकर रह गया। गया आ पहुँचा और दोनों को पकड़कर ले चला। कुशल हुई कि उसने इस वक्त मारपीट न की, नहीं तो मोती भी पलट पड़ता। उसके तेवर देखकर गया और उसके सहायक समझ गये कि इस वक्त टाल जाना ही मसलहत है।

आज दोनों के समाने फिर वही सूखा भूसा लाया गया। दोनों चुपचाप खड़े रहे। घर के लोग भोजन करने लगे। उस वक्त छोटी–सी लड़की दो रोटियाँ लिये निकली, और दोनों के मुँह में देकर चली गयी। उस एक रोटी से इनकी भूख तो क्या शान्त होती; पर दोनों के हृदय को मानो भोजन मिल गया। यहाँ भी किसी सज्जन का वास है। लड़की भैरो की थी। उसकी माँ मर चुकी थी। सौतेली माँ उसे मारती रहती थी, इसलिए इन बैलों से उसे एक प्रकार की आत्मीयता हो गयी थी।

दोनों दिन–भर जोते जाते, डण्डे खाते, अड़ते। शाम को थान पर बाँध दिये जाते और रात को वही बालिका उन्हें दो रोटियाँ खिला जाती। प्रेम के इस प्रसाद की वह बरकत थी कि दो–दो गाल सूखा भूखा खाकर भी दोनों दुर्बल न होते थे, मगर दोनों की आँखों में, रोम–रोम में विद्रोह भरा हुआ था।

एक दिन मोती ने मूक–भाषा में कहा– अब तो नहीं सहा जाता, हीरा !

'क्या करना चाहते हो ?'

'एकाध को सींगों पर उठाकर फेंक दूँगा।'

'लेकिन जानते हो, वह प्यारी लड़की, जो हमें रोटियाँ खिलाती है, उसी की लड़की है, जो इस घर का मालिक है। यह बेचारी अनाथ न हो जायगी ?'

'तो मालिकन को न फेंक दूँ। वही तो उस लड़की को मारती है।'

'लेकिन औरत जात पर सींग चलाना मना है, यह भूले जाते हो।'

'तुम तो किसी तरह निकलने ही नहीं देते। बताओ, तुड़ाकर भाग चलें।'

'हाँ, यह मैं स्वीकार करता, लेकिन इतनी मोटी रस्सी टूटेगी कैसे ?'

'इसका एक उपाय है। पहले रस्सी को थोड़ा–सा चबा लो। फिर एक झटके में जाती है।'

रात को जब बालिका रोटियाँ खिलाकर चली गयी, दोनों रस्सियाँ चबाने लगे, पर मोटी रस्सी मुँह न आती थी। बेचारे बार–बार जोर लगाकर रह जाते थे।

सहसा घर का द्वार खुला और वही लड़की निकली। दोनों सिर झुकाकर उसका हाथ चाटने लगे। दोनों की पूँछें खड़ी हो गयीं। उसने उनके माथे सहलाये और बोली– खोले देती हूँ। चुपके से भाग जाओ, नहीं तो यहाँ लोग मार डालेंगे। आज घर में सलाह हो रही है कि इनकी नाकों में नाथ डाल दी जायँ।

उसने गराँव खोल दिया, पर दोनों चुपचाप खड़े रहे।

मोती ने अपनी भाषा में पूछा– अब चलते क्यों नहीं।

हीरा ने कहा –चलें तो लेकिन कल इस अनाथ पर आफत आयेगी। सब इसी पर सन्देह करेंगे। सहसा बालिका चिल्लायी– दोनों फूफावाले बैल भागे जा रहे हैं। ओ दादा ! दादा ! दोनों बैल भागे जा रहे हैं, जल्दी दौड़ो।

गया हड़बड़ाकर भीतर से निकला और बैलों को पकड़ने चला। वे दोनों भागे। गया ने पीछा किया। और भी तेज हुए। गया ने शोर मचाया। फिर गाँव के कुछ आदमियों को भी साथ लेने के लिए लौटा। दोनों मित्रों को भागने का मौका मिल गया। सीधे दौड़ते चले गये। यहाँ तक कि मार्ग का ज्ञान न रहा। जिस परिचित मार्ग से आये थे, उसका यहाँ पता न था। नये–नये गाँव मिलने लगे। तब दोनों एक खेत के किनारे खड़े होकर सोचने लगे, अब क्या करना चाहिए।

हीरा ने कहा– मालूम होता है, राह भूल गये।

'तुम भी बेतहाशा भागे। वहीं उसे मार गिराना था।'

'उसे मार गिराते, तो दुनिया क्या कहती ? वह अपना धर्म छोड़ दे; लेकिन हम अपना धर्म क्यों छोड़ें ?'

दोनों भूख से व्याकुल हो रहे थे। खेत में मटर खड़ी थी। चरने लगे। रह–रहकर आहट ले लेते थे, कोई आता तो नहीं है।

जब पेट भर गया, दोनों ने आजादी का अनुभव किया, तो मस्त होकर उछलने–कूदने लगे। पहले दोनों ने डकार ली। फिर सींग मिलाये और एक–दूसरे को ठेलने लगे। मोती ने हीरा को कई कदम पीछे हटा दिया, यहाँ तक कि वह खाईं में गिर गया। तब उसे भी क्रोध आया। सँभलकर उठा और

फिर मोती से मिल गया। मोती ने देखा– खेल में झगड़ा हुआ चाहता है, तो किनारे हट गया।

(3)

अरे ! यह क्या ? कोई साँड़ डौंकता चला आ रहा है। हाँ, साँड़ ही है। वह सामने आ पहुँचा। दोनों मित्र बगलें झाँक रहे हैं। साँड़ पूरा हाथी है। उससे भिड़ना जान से हाथ धोना है; लेकिन न भिड़ने पर भी जान बचती नहीं नजर आती। इन्हीं की तरफ आ भी रहा है। कितनी भयंकर सूरत है !

मोती ने मूक–भाषा में कहा– बुरे फँसे। जान बचेगी ? कोई उपाय सोचो।

हीरा ने चिन्तित स्वर में कहा– अपने घमंड में भूला हुआ है। आरजू–विनती न सुनेगा।

'भाग क्यों न चलें ?'

'भागना कायरता है।'

'तो फिर यहीं मरो। बन्दा तो नौ–दो–ग्यारह होता है।'

'और जो दौड़ाये ?'

'तो फिर कोई उपाय सोचो जल्द !'

'उपाय यही है कि उस पर दोनों जनें एक साथ चोट करें ? मैं आगे से रगेदता हूँ, तुम पीछे से रगेदो, दोहरी मार पड़ेगी, तो भाग खड़ा होगा। मेरी ओर झपटे, तुम बगल से उसके पेट में सींग घुसेड़ देना। जान जोखिम हैं; पर दूसरा उपाय नहीं है।'

दोनों मित्र जान हथेलियों पर लेकर लपके। साँड़ को भी संगठित शत्रुओं से लड़ने का तजरबा न था। वह तो एक शत्रु से मल्लयुद्ध करने का आदी था। ज्योंही हीरा पर झपटा, मोती ने पीछे से दौड़ाया। साँड़ उसकी तरफ मुड़ा, तो हीरा ने रगेदा। साँड़ चाहता था कि एक–एक करके दोनों को गिरा ले; पर ये दोनों भी उस्ताद थे। उसे वह अवसर न देते थे। एक बार साँड़ झल्लाकर हीरा का अन्त कर देने के लिए चला कि मोती ने बगल से आकर पेट में सींग भोंक दी। साँड़ क्रोध में आकर पीछे फिरा तो हीरा ने दूसरे पहलू में सींग चुभा दिया। आखिर बेचारा जख्मी होकर भागा और दोनों मित्रों ने दूर तक उसका पीछा किया। यहाँ तक कि साँड़ बेदम होकर गिर पड़ा। तब दोनों ने उसे छोड़ दिया।

दोनों मित्र विजय के नशे में झूमते चले जाते थे।

मोती ने अपनी सांकेतिक भाषा में कहा– मेरा जी तो चाहता था कि बच्चा को मार ही डालूँ।

हीरा ने तिरस्कार किया– गिरे हुए बैरी पर सींग न चलाना चाहिए।

'यह सब ढोंग है। बैरी को ऐसा मारना चाहिए कि फिर न उठे।'

'अब घर कैसे पहुँचेंगे, वह सोचो।'

'पहले कुछ खा लें, तो सोचें।'

सामने मटर का खेत था ही। मोती उसमें घुस गया। हीरा मना करता रहा, पर उसने एक न सुनी। अभी दो ही चार ग्रास खाये थे कि दो आदमी लाठियाँ लिये दौड़ पड़े, और दोनों मित्रों को घेर लिया। हीरा तो मेड़ पर था, निकल गया। मोती सींचे हुए खेत में था। उसके खुर कीचड़ में धँसने लगे। न भाग सका। पकड़ लिया। हीरा ने देखा, संगी संकट में है, तो लौट पड़ा। फँसेंगे तो दोनों फँसेंगे। रखवालों ने उसे भी पकड़ लिया।

प्रातःकाल दोनों मित्र काँजीहौस में बन्द कर दिये गये।

(4)

दोनों मित्रों को जीवन में पहली बार ऐसा साबिका पड़ा कि सारा दिन बीत गया और खाने को एक तिनका भी न मिला। समझ ही में न आता था, यह कैसा स्वामी है। इससे तो गया फिर भी अच्छा था। यहाँ कई भैंसें थीं, कई बकरियाँ, कई घोड़े, कई गधे, पर किसी के सामने चारा न था; सब जमीन पर मुरदों की तरह पड़े थे। कई तो इतने कमजोर हो गये थे कि खड़े भी न हो सकते थे। सारा दिन दोनों मित्र फाटक की ओर टकटकी लगाये ताकते रहे; पर कोई चारा लेकर आता न दिखायी दिया। तब दोनों ने दीवार की नमकीन मिट्टी चाटनी शुरू की, पर इससे क्या तृप्ति होती ?

रात को भी जब कुछ भोजन न मिला, तो हीरा के दिल में विद्रोह की ज्वाला दहक उठी। मोती से बोला– अब तो नहीं रहा जाता मोती !

मोती ने सिर लटकाये हुए जवाब दिया– मुझे तो मालूम होता है, प्राण निकल रहे हैं।

'इतनी जल्द हिम्मत न हारो भाई ! यहाँ से भागने का कोई उपाय निकालना चाहिए।'

'आओ दीवार तोड़ डालें।'

'मुझसे तो अब कुछ नहीं होगा।'

'बस इसी बूते पर अकड़ते थे।'

'सारी अकड़ निकल गयी।'

बाड़े की दीवार कच्ची थी। हीरा मजबूत तो था ही, अपने नुकीले सींग

दीवार में गड़ा दिये और जोर मारा, तो मिट्टी का एक चिप्पड़ निकल आया। फिर तो उसका साहस बढ़ा। इसने दौड़–दौड़कर दीवार पर चोटें कीं और हर चोट में थोड़ी–थोड़ी मिट्टी गिराने लगा।

उसी समय काँजीहौस का चौकीदार लालटेन लेकर जानवरों की हाजिरी लेने आ निकला। हीरा का उजड्डपन देखकर उसने उसे कई डंडे रसीद किये और मोटी–सी रस्सी से बाँध दिया।

मोती ने पड़े–पड़े कहा– आखिर मार खायी, क्या मिला ?

'अपने बूते–भर जोर तो मार लिया।'

'ऐसा जोर मारना किस काम का कि और बंधन में पड़ गये।'

'जोर तो मारता ही जाऊँगा, चाहे कितने ही बंधन पड़ते जायँ।'

'जान से हाथ धोना पड़ेगा।'

'कुछ परवाह नहीं। यों भी तो मरना ही है। सोचो, दीवार खुद जाती, तो कितनी जानें बच जातीं। इतने भाई यहाँ बन्द हैं। किसी के देह में जान नहीं हैं। दो–चार दिन और यही हाल रहा, तो सब मर जायँगे।

'हाँ, यह बात तो है। अच्छा, तो लो, फिर मैं भी जोर लगाता हूँ।'

मोती ने भी दीवार में उसी जगह सींग मारा। थोड़ी सी मिट्टी गिरी और हिम्मत बढ़ी। फिर तो वह दीवार में सींग लगाकर इस तरह जोर करने लगा, मानो किसी प्रतिद्वन्द्वी से लड़ रहा है। आखिर कोई दो–घण्टे की जोर–आजमाई के बाद दीवार ऊपर से लगभग एक हाथ गिर गयी। उसने दूनी शक्ति से दूसरा धक्का मारा, तो आधी दीवार गिर पड़ी।

दीवार का गिरना था कि अधमरे–से पड़े हुए सभी जानवर चेत उठे। तीनों घोड़ियाँ सरपट भाग निकलीं। फिर बकरियाँ निकलीं। इसके बाद भैंसे भी खिसक गयीं, पर गधे अभी तक ज्यों–के–त्यों खड़े थे।

हीरा ने पूछा– तुम दोनों क्यों नहीं भाग जाते ?

एक गधे ने कहा– जो कहीं फिर पकड़ लिये जायँ।

'तो क्या हरज है। अभी तो भागने का अवसर है।'

'हमें तो डर लगता है। हम यहीं पड़े रहेंगे।'

आधी रात से ऊपर जा चुकी थी। दोनों गधे अभी तक खड़े सोच रहे थे कि भागें या न भागें, और मोती अपने मित्र की रस्सी तोड़ने में लगा हुआ था। जब वह हार गया, तो हीरा ने कहा– तुम जाओ, मुझे यहीं पड़ा रहने दो। शायद कहीं भेंट हो जाय।

मोती ने आँखों में आँसू लाकर कहा— तुम मुझे इतना स्वार्थी समझते हो, हीरा ? हम और तुम इतने दिनों एक साथ रहे हैं। आज तुम विपत्ति में पड़ गये, तो मैं तुम्हें छोड़कर अलग हो जाऊँ।

हीरा ने कहा— बहुत मार पड़ेगी। लोग समझ जायँगे, यह तुम्हारी शरारत है।

मोती गर्व से बोला— जिस अपराध के लिए तुम्हारे गले में बंधन पड़ा, उसके लिए अगर मुझपर मार पड़े, तो क्या चिन्ता। इतना तो हो ही गया कि नौ–दस प्राणियों की जान बच गयी। वे सब तो आशीर्वाद देंगे।

यह कहते हुए मोती ने दोनों गधों को सीगों से मार–मारकर बाड़े के बाहर निकाला और तब अपने बन्धु के पास आकर सो रहा।

भारे होते ही मुंशी और चौकीदार तथा अन्य कर्मचारियों में कैसी खलबली मची, इसके लिखने की जरूरत नहीं। बस, इतना ही काफी है कि मोती की खूब मरम्मत हुई और उसे भी मोटी रस्सी से बाँध दिया गया।

(५)

एक सप्ताह तक दोनों मित्र वहाँ बँधे पड़े रहें किसी ने चारे का एक तृणा भी न डाला। हाँ, एक बार पानी दिखा दिया जाता था। यही उनका आधार था। दोनों इतने दुर्बल हो गये थे कि उठा तक न जाता था; ठठरियाँ निकल आयी थीं।

एक दिन बाड़े के सामने डुग्गी बजने लगी और दोपहर होते–होते वहाँ पचास–साठ आदमी जमा हो गये। तब दोनों मित्र निकाले गये और उनकी देख–भाल होने लगी। लोग आ–आकर उनकी सूरत देखते और मन फीका करके चले जाते। ऐसे मृतक बैलों का कौन खरीदार होता ?

सहसा एक दढ़ियल आदमी, जिसकी आँखें लाल थीं और मुद्रा अत्यन्त कठोर, आया और दोनों मित्रों के कूल्हों मे उँगली गोदकर मुंशीजी से बातें करने लगा। उसका चेहरा देखकर अन्तर्ज्ञान से दोनों मित्रों के दिल काँप उठे। वह कौन है और उन्हें क्यों टटोल रहा है, इस विषय में उन्हें कोई सन्देह न हुआ। दोनों ने एक–दूसरे को भीत नेत्रों से देखा और सिर झुका लिया।

हीरा ने कहा— गया के घर से नाहक भागे। अब जान न बचेगी।

मोती ने अश्रद्धा के भाव से उत्तर दिया— कहते हैं, भगवान् सबके ऊपर दया करते हैं। उन्हें हमारे ऊपर क्यों दया नहीं आती ?

'भगवान् के लिए हमारा मरना–जीना दोनों बराबर है। चलो, अच्छा ही है,

कुछ दिन उसके पास तो रहेंगे। एक बार भगवान् ने उस लड़की के रूप में हमें बचाया था। क्या अब न बचायेंगे ?'

'यह आदमी छुरी चलायेगा। देख लेना।'

'तो क्या चिन्ता है? मांस, खाल, सींग, हड्डी सब किसी–न–किसी काम आ जायँगी।'

नीलाम हो जाने के बाद दोनों मित्र उस दढ़ियल के साथ चले। दोनों की बोटी–बोटी काँप रही थी। बेचारे पाँव तक न उठा सकते थे, पर भय के मारे गिरते–पड़ते भागे जाते थे; क्योंकि वह जरा भी चाल धीमी हो जाने पर जोर से डंडा जमा देता था।

राह में गाय–बैलों का एक रेवड़ हरे–हरे हार में चरता नजर आया। सभी जानवर प्रसन्न थे, चिकने, चपल। कोई उछलता था, कोठे आनन्द से बैठा पागुर करता था। कितना सुखी जीवन था इनका; पर कितने दुवार्थी हैं सब। किसी को चिन्ता नहीं कि उनके दो भाई बधिक के हाथ पड़े कैसे दुःखी हैं।

सहसा दोनों को ऐसा मालूम हुआ कि यह परिचित राह है। हाँ, इसी रास्ते से गया उन्हें ले गया था। वही खेत, वही बाग, वही गाँव मिलने लगे। प्रतिक्षण उनकी चाल तेज होने लगी। सारी थकान, सारी दुर्बलता गायब हो गयी। आह ? यह लो ! अपना ही हार आ गया। इसी कुएँ पर हम पुर चलाने आया करते थे हाँ, यही कुआँ है।

मोती ने कहा– हमारा घर नगीच आ गया।

हीरा बोला– भगवान् की दया है।

'मैं तो अब घर भागता हूँ।'

'यह जाने देगा ?'

'इसे मैं मार गिराता हूँ।'

'नहीं–नहीं, दौड़कर थान पर चलो। वहाँ से हम आगे न जायँगे।'

दोनों उन्मत्त होकर बछड़ों की भाँति कुलेलें करते हुए घर की ओर दौड़े। वह हमारा थान है। दोनों दौड़कर अपने थान पर आये और खड़े हो गये। दढ़ियल भी पीछे–पीछे दौड़ा चला आता था।

झूरी द्वार पर बैठा धूप खा रहा था। बैलों को देखते ही दौड़ा और उन्हें बारी–बारी से गले लगाने लगा। मित्रों की आँखों से आनन्द के आँसू बहने लगे। एक झूरी का हाथ चाट रहा था।

दढ़ियल ने जाकर बैलों की रस्सियाँ पकड़ लीं।

झूरी ने कहा– मेरे बैल हैं।

'तुम्हारे बैल कैसे ? मैं मवेशीखाने से नीलाम लिये आता हूँ।'

'मैं तो समझता हूँ चुराये लिये आते हो ! चुपके से चले जाओ। मेरे बैल हैं। मैं बेचूँगा तो बिकेंगे। किसी को मेरे बैल नीलाम करने का क्या अख्तियार है?'

'जाकर थाने में रपट कर दूँगा।'

'मेरे बैल हैं। इसका सबूत यह है कि मेरे द्वार पर खड़े हैं।'

दढ़ियल झल्लाकर बैलों को जबरदस्ती पकड़ ले जाने के लिए बढ़ा। उसी वक्त मोती ने सींग चलाया। दढ़ियल पीछे हटा। मोती ने पीछा किया। दढ़ियल भागा। मोती पीछे दौड़ा। गाँव के बाहर निकल जाने पर वह रुका; पर खड़ा दढ़ियल का रास्ता देख रहा था। दढ़ियल दूर खड़ा धमकियाँ दे रहा था, गालियाँ निकाल रहा था, पत्थर फेंक रहा था। और मोती विजयी शूर की भाँति उसका रास्ता रोके खड़ा था। गाँव के लोग यह तमाशा देखते थे और हँसते थे।

जब दढ़ियल हारकर चला गया, तो मोती अकड़ता हुआ लौटा।

हीरा ने कहा– मैं डर रहा था कि कहीं तुम गुस्से में आकर मार न बैठो।

'अगर वह मुझे पकड़ता, तो मैं बे–मारे न छोड़ता।'

'अब न आयेगा।'

'आयेगा तो दूर ही से खबर लूँगा। देखूँ, कैसे ले जाता है।'

' जो गोली मरवा दे ?'

'मर जाऊँगा; पर उसके काम तो न आऊँगा।'

'हमारी जान को कोई जान ही नहीं समझता।'

'इसीलिए कि हम इतने सीधे हैं।'

जरा देर में नाँदों में खली, भूसा–चोकर और दाना भर दिया गया और दोनों मित्र खाने लगे। झूरी खड़ा दोनों को सहला रहा था और बीसों लड़के तमाशा देख रहे थे। सारे गाँव में उछाह–सा मालूम होता था।

उसी समय मालकिन ने आकर दोनों के माथे चूम लिये।

■

गुण्डा

—जयशंकर प्रसाद

वह पचास वर्ष से ऊपर था। तब भी युवकों से अधिक बलिष्ठ और दृढ़ था। चमड़े पर झुर्रियाँ नहीं पड़ी थीं। वर्षा की झड़ी में, पूस की रातों की छाया में, कड़कती हुई जेठ की धूप में, नंगे शरीर घूमने में वह सुख मानता था। उसकी चढ़ी मूँछें बिच्छू के डंक की तरह देखनेवालों की आँखों में चुभती थीं। उसका साँवला रंग, साँप की तरह चिकना और चमकीला था। उसकी नागपुरी धोती का लाल रेशमी किनारा दूर से भी ध्यान आकर्षित करता। कमर में बनारसी सेल्हे का फेंटा, जिसमें सीप की मूठ का बिछुआ खुँसा रहता था। उसके घुँघराले बालों पर सुनहले पल्ले के साफे का छोर उसकी चौड़ी पीठ पर फैला रहता। ऊँचे कन्धे पर टिका हुआ चौड़ी धार का गँड़ासा, यह थी उसकी धज ! पंजों के बल जब वह चलता, तो उसकी नसें चटाचट बोलती थीं। वह गुण्डा था।

ईसा की अठारहवीं शताब्दी के अन्तिम भाग में वही काशी नहीं रह गयी थी, जिसमें उपनिषद् के अजातशत्रु की परिषद् में ब्रह्मविद्या सीखने के लिए विद्वान् ब्रह्मचारी आते थे। गौतम बुद्ध और शंकराचार्य के धर्मदर्शन के वाद–विवाद कई शताब्दियों से लगातार मन्दिरों और मठों के ध्वंस और तपस्वियों के वध के कारण, प्रायः बन्द से हो गये थे। यहाँ तक कि पवित्रता और छुआछूत में कट्टर वैष्णव धर्म भी उस विशृंखलता में नवागन्तुक धर्मोन्माद में, अपनी असफलता देखकर काशी में अघोर रूप धारण कर रहा था। उसी समय समस्त न्याय और बुद्धिवाद को शस्त्रबल के सामने झुकते देखकर, काशी के विच्छिन्न और निराश नागरिक जीवन ने, एक नवीन सम्प्रदाय की सृष्टि की। वीरता जिनका धर्म था, अपनी बात पर मिटना, सिंहवृत्ति से जीविका ग्रहण करना, प्राण–भिक्षा माँगनेवाले कायरों तथा चोट खाकर गिरे हुए प्रतिद्वन्द्वी पर शस्त्र न उठाना, सताये हुए निर्बलों को सहायता देना और प्रत्येक क्षण प्राणों को हथेली पर लिये घूमना, उनका बाना था। उन्हें लोग काशी में गुण्डा कहते थे।

जीवन की किसी असभ्य अभिलाषा से वंचित होकर जैसे प्रायः लोग विरक्त हो जाते हैं, ठीक उसी तरह किसी मानसिक चोट से घायल होकर एक प्रतिष्ठित जमींदार का पुत्र होने पर भी, नन्हकूसिंह गुण्डा हो गया था। दोनों हाथों से

उसने अपनी सम्पत्ति लुटायी। नन्हकूसिंह ने बहुत-सा रुपया खर्च कर के जैसा स्वाँग खेला था, उसे काशीवाले बहुत दिनों तक नहीं भूल सके। बसन्त ऋतु में यह प्रहसन पूर्ण अभिनय खेलने के लिए उन दिनों प्रचुर धन, बल, निर्भीकता और उच्छृंखलता की आवश्यकता होती थी। एक बार नन्हकूसिंह ने भी एक पैर में नूपुर, एक हाथ में तोड़ा, एक आँख में काजल, एक कान में हजारों के मोती तथा दूसरे कान में फटे जूते का पल्ला लटकाकर, एक हाथ में जड़ाऊ मूठ की तलवार, दूसरा हाथ आभूषणों से लदी हुई अभिनय करनेवाली प्रेमिका के कन्धे पर रखकर गाया था—

'कहीं बैगनवाली मिले तो बुला देना।'

प्रायः बनारस के बाहर की हरियालियों में, अच्छे पानीवाले कुओं पर, गंगा की धारा में मचलती हुई डोंगी पर वह दिखलायी पड़ता था। कभी-कभी जुआखाने से निकलकर जब वह चौक में आ जाता, तो काशी की रँगीली वेश्याएँ मुस्कराकर उसका स्वागत करतीं और उसके दृढ़ शरीर को सस्पृह देखतीं। वह तमोली की ही दूकान पर बैठकर उनके गीत सुनता, ऊपर कभी नहीं जाता था। जुए की जीत का रुपया मुट्ठियों में भर कर, उनकी खिडकी में वह इस तरह उछालता कि कभी-कभी समाजी लोग अपना सिर सहलाने लगते। तब वह ठठाकर हँस देता। जब कभी लोग कोठे के ऊपर चलने के लिए कहते, तो वह उदासी की साँस खींचकर चुप हो जाता।

वह अभी बंसी के जुआखाने से निकला था। आज उसकी कौड़ी ने साथ न दिया, सोलह परियों के नृत्य में उसका मन न लगा। मन्नू तमोली की दूकान पर बैठते हुए उसने कहा— 'आज सायत अच्छी नहीं रही मन्नू !

'क्यों मालिक ! चिन्ता किस बात की है ? हम लोग किस दिन के लिए हैं ? सब आप ही का तो है।'

'अरे बुद्धू ही रहे तुम ! नन्हकूसिंह जिस दिन किसी से लेकर जुआ खेलने लगे, उसी दिन समझना, वह मर गये। तुम जानते नहीं कि मैं जुआ खेलने कब जाता हूँ ? जब मेरे पास एक पैसा नहीं रहता, उस दिन नाल पर पहुँचते ही जिधर बड़ी ढेरी रहती है, उसी को बदता हूँ और फिर वही दाँव आता भी है। बाबा कीनाराम का यह वरदान है।'

'तब आज क्यों, मालिक ?'

'पहला दाँव तो आया ही, फिर दो-चार हाथ बढ़ने पर सब निकल गया, तब भी लो, यह पाँच रुपये बचे हैं। एक रुपया तो पान के लिए रख लो और

चार दे दो मलूकी कथक को, कह दो कि दुलारी से गाने के लिए कह दे। हाँ, वही एक गीत— 'बिलमि विदेस रहे।'

नन्हकूसिंह की बात सुनते ही मलूकी, जो अभी गाँजे की चिलम पर रखने के लिए अंगारा चूर कर रहा था, घबराकर उठ खड़ा हुआ। वह सीढ़ियों पर दौड़ता हुआ चढ़ गया। चिलम को देखता ही ऊपर चढ़ा, इसलिए उसे चोट भी लगी, पर नन्हकूसिंह की भृकुटी देखने की शक्ति उसमें कहाँ ? उसे नन्हकूसिंह की वह मूर्ति भूली न थी, जब इसी पान की दूकान पर जुएखाने से जीता हुआ, रुपये से भरा तोड़ा लिये वह बैठा था। दूर से बोधीसिंह की बारात का बाजा बजता हुआ आ रहा था। नन्हकू ने पूछा— 'यह किसकी बारात है ?'

'ठाकुर बोधासिंह के लड़के की।'— मन्नू के इतना कहते ही नन्हकू के होंठ फड़कने लगे। उसने कहा— 'मन्नू ! यह नहीं हो सकता। आज इधर से बारात न जायेगी। बोधासिंह हमसे निपटकर तब बारात इधर से ले जा सकेंगे।'

मन्नू ने कहा— 'तब मालिक, मैं क्या करूँ ?'

नन्हकू गँड़ासा कन्धे पर से और ऊँचा करके मलूकी से बोला— 'मलुकिया, देखता है, अभी जा ठाकुर से कह दे, कि बाबू नन्हकूसिंह आज यहीं लगाने के लिए खड़े हैं। समझकर आवें, लड़के की बारात है।'

मलुकिया काँपता हुआ ठाकुर बोधीसिंह के पास गया। बोधासिंह और नन्हकू का पाँच वर्ष से सामना नहीं हुआ है। किसी दिन नाल पर कुछ बातों में ही कहा—सुनी होकर, बीच—बचाव हो गया था। फिर सामना नहीं हो सका था। आज नन्हकू जान पर खेलकर अकेले खड़ा है। बोधीसिंह भी उस आन को समझते थे। उन्होंने मलूकी से कहा—'जा बे, कह दे कि हमको क्या मालूम कि बाबू साहब वहाँ खड़े हैं। जब वह हैं ही, तो दो समधी जाने का क्या काम है?'

बोधीसिंह लौट गये और मलूकी के कन्धे पर तोड़ा लादकर बाजे के आगे नन्हकूसिंह बारात लेकर गये। ब्याह में जो कुछ लगा, खर्च किया। ब्याह कराकर तब दूसरे दिन इसी दूकान तक आकर रुक गये। लड़के को और उसकी बारात को उसके घर भेज दिया।

मलूकी को भी दस रुपया मिला था, उस दिन। फिर नन्हकूसिंह की बात सुनकर बैठे रहना और यग को न्यौता देना एक ही बात थी। उसने जाकर दुलारी

से कहा—'हम ठेका लगा रहे हैं, तुम गाओ, तब तक बल्लू सारंगीवाला पानी पीकर आता है।'

'बाप रे ! कोई आफत आयी है क्या बाबू साहब ? सलाम।'— कहकर दुलारी ने खिड़की से मुस्कराकर झाँका था कि नन्हकूसिंह उसके सलाम का जवाब देकर, दूसरे एक आनेवाले को देखने लगे।

हाथ में हरौती की पतली-सी छड़ी, आँखों में सुरमा, मुँह में पान, मेंहदी लगी हुई लाल दाढ़ी, जिसकी सफेद जड़ें दिखलायी पड़ रही थीं, कुब्बेदार टोपी; छकलिया अँगरखा और साथ में लैसदार परतलेवाले दो सिपाही। कोई मौलवी साहब हैं। नन्हकू हँस पड़ा। नन्हकू की ओर बिना देखे ही मौलवी ने एक सिपाही से कहा—'जाओ, दुलारी से कह दो कि आज रेजिडेण्ट साहब की कोठी पर मुजरा करना होगा, अभी चलें। देखो, तब तक हम जान अली से कुछ इत्र ले रहे हैं।'

सिपाही ऊपर चढ़ रहा था और मौलवी दूसरी ओर चले थे कि नन्हकू ने ललकारकर कहा—'दुलारी ! हम कब तक यहाँ बैठे रहें ? क्या अभी सारंगिया नहीं आया ?'

दुलारी ने कहा— 'वाह बाबू साहब ! आप ही के लिए तो मैं यहाँ आ बैठी हूँ। सुनिए न। आप तो कभी ऊपर...।' मौलवी जल उठा। उसने कड़ककर कहा—'चोबदार ! अभी वह सुअर की बच्ची उतरी नहीं ? जाओ कोतवाल के पास, मेरा नाम लेकर कहो कि मौलवी अलाउद्दीन कुबरा ने बुलाया है। आकर इसकी मरम्मत करें। देखता हूँ, जब से नवाबी गयी, इन काफिरों की मस्ती बढ़ गयी है।'

कुबरा मौलवी ! बाप रे—तमोली अपनी दूकान सम्हालने लगा। पास ही एक दूकान पर बैठकर ऊँघता हुआ बजाज चौंककर सिर में चोट खा गया। इसी मौलवी ने तो महाराजा चेतसिंह से साढ़े तीन सेर चींटी के सिर का तेल माँगा था। मौलवी अलीउद्दीन कुबरा ! बाजार में हलचल मच गयी। नन्हकूसिंह ने मन्नू से कहा—'क्यों चुपचाप बैठोगे नहीं ? दुलारी से कहा—'वहीं से बाई जी ! इधर-उधर हिलने का काम नहीं। तुम गाओ। हमने ऐसे घसियारे बहुत-से देखे हैं। अभी कल रमल के पाँसे फेंककर, अधेला-अधेला माँगता था, आज चला है रोब गाँठने।

अब कुबरा ने घूमकर उसकी ओर देखकर कहा—'कौन है यह पाजी ?'

'तुम्हारा चचा बाबू नन्हकूसिंह !'—के साथ ही पूरा बनारसी झापड़ पड़ा। कुबरा का सिर घूम गया। लैस के परतलेवाले सिपाही दूसरी ओर भाग चले और मौलवी साहब चौंधियाकर जान अली की दूकान पर लड़खड़ाते, गिरते—पड़ते, किसी तरह पहुँच गये।

जान अली ने मौलवी सें कहा—'मौलवी साहब ! भला आप भी उस गुण्डे के मुँह लगने लगे। यह तो कहिये कि उसने गँड़ासा नहीं तौल दिया।' कुबरा के मुँह से बोली नहीं निकल रही थी। उधर दुलारी गा रही थी– '... बिलमि विदेस रहे...'गाना पूरा हुआ, कोई आया—गया नहीं। तब नन्हकूसिंह धीरे—धीरे टहलता हुआ, दूसरी ओर चला गया। थोड़ी देर में एक डोली रेशमी कपड़े से ढकी हुई आयी। साथ में एक चोबदार था। उसने दुलारी को राजमाता पन्ना की आज्ञा सुनायी।

दुलारी चुपचाप डोली पर जा बैठी। डोली धूल और सन्ध्याकाल के धुएँ से भरी हुई बनारस की तंग गलियों से होकर शिवालय घाट की ओर चली।

× × ×

श्रावण का अन्तिम सोमवार था। राजमाता पन्ना शिवालय में बैठकर पूजन कर रही थीं। दुलारी बाहर बैठी, कुछ अन्य गानेवालियों के साथ भजन गा रही थी। आरती हो जाने पर, फूलों की अंजलि बिखेरकर पन्ना ने भक्तिभाव से देवता के चरणों में प्रणाम किया। फिर प्रसाद लेकर बाहर आते ही उन्होंने दुलारी को देखा। उसने खड़ी होकर हाथ जोड़ते हुए कहा—'मैं पहले ही पहुँच जाती। क्या करूँ, वह कुबरा मौलवी निगोड़ा आकर रेजिडेण्ट की कोठी पर ले जाने लगा। घण्टों इसी झंझट में बीत गया सरकार।'

'कुबरा मौलवी ! जहाँ सुनती हूँ, उसी का नाम। सुना है कि उसने यहाँ भी आकर कुछ...'—फिर न जाने क्या सोचकर बात बदलते हुए पन्ना ने कहा—'हाँ, तब फिर क्या हुआ ? तुम कैसे यहाँ आ सकीं ?'

बाबू नन्हकूसिंह उधर से आ गये। मैंने कहा— 'सरकार की पूजा पर मुझे भजन गाने को जाना है और यह जाने नहीं दे रहा है।' उन्होंने मौलवी को ऐसा झापड़ लगाया कि उसकी हेकड़ी भूल गयी और तब जाकर मुझे किसी तरह यहाँ आने की छुट्टी मिली।'

'कौन बाबू नन्हकूसिंह ?'

दुलारी ने सिर नीचा करके कहा— 'अरे, क्या सरकार को नहीं मालूम ?

बाबू निरंजनसिंह के लड़के ! उस दिन जब मैं बहुत छोटी थी, आपकी बारी में झूला झूल रही थी। जब नवाब का हाथी बिगड़कर आ गया था, बाबू निरंजनसिंह के कुँवर ने ही तो उस दिन हम लोगों की रक्षा की थी।'

राजमाता का मुख उस प्राचीन घटना को स्मरण करके न जाने क्यों विवर्ण हो गया। फिर अपने को सँभालकर उन्होंने पूछा—'तो बाबू नन्हकूसिंह उधर कैसे आ गये ?'

दुलारी ने मुस्कराकर सिर नीचा कर लिया। दुलारी राजमाता पन्ना के पिता की जमींदारी में रहनेवाली वेश्या की लड़की थी। उसके साथ ही कितनी बार झूले–हिंडोले अपने बचपन में पन्ना झूल चुकी थी। वह बचपन से ही गाने में सुरीली थी। सुन्दरी होने पर चंचल भी थी। पन्ना जब की राज की माता थी, तब दुलारी काशी की प्रसिद्ध गानेवाली थी। राजमहल में उसका गाना–बजाना हुआ ही करता। महाराज बलवन्तसिंह के समय से ही संगीत पन्ना के जीवन का आवश्यक अंश था। हाँ, तब प्रेम, दुःख और दर्दभरी विरह–कल्पना के गीत की ओर अधिक रुचि थी। अब सात्त्विक भावपूर्ण भजन होता था। राजमाता पन्ना का वैधव्य से दीप्त शान्त मुख–मण्डल कुछ मलीन हो गया।

बड़ी रानी की सापत्न्य ज्वाला बलवन्तसिंह के मर जाने पर भी नहीं बुझी। अन्तःपुर कलह का रंगमंच बना रहता, इसी से प्रायः पन्ना काशी के राजमन्दिर में आकर पूजा–पाठ में अपना मन लगातीं। रामनगर में उसको चैन नहीं मिलता। नयी रानी होने के कारण बलवन्तसिंह की प्रेयसी होने का गौरव तो उसे था ही, साथ में पुत्र उत्पन्न करने का सौभाग्य भी मिला, फिर भी असवर्णता का सामाजिक दोष उसके हृदय को व्यथित किया करता। उसे अपने ब्याह की आरम्भिक चर्चा का स्मरण हो आया।

छोटे से मंच पर बैठी हुई, गंगा की उमड़ती हुई धारा को पन्ना अन्यमनस्क होकर देखने लगी। उस बात को, जो अतीत में एक बार, हाथ से अनजान में खिसक जानेवाली वस्तु की तरह लुप्त हो गयी हो, सोचने का कोई कारण नहीं। उससे कुछ बनता–बिगड़ता भी नहीं; परन्तु मानव–स्वभाव हिसाब रखने की प्रथानुसार कभी–कभी कह ही बैठता है कि 'यदि वह बात हो गयी होती तो ?' ठीक उसी तरह पन्ना भी राजा बलवन्तसिंह द्वारा बलपूर्वक रानी बनायी जाने के पहले की एक सम्भावना को सोचने लगी थी। सो भी बाबू नन्हकूसिंह का

नाम सुन लेने पर। गेंदा मुँहलगी दासी थी। वह पन्ना के साथ उसी दिन से है, जिस दिन से पन्ना बलवन्तसिंह की प्रेयसी हुई। राज्य भर का अनुसन्धान उसी द्वारा मिला करता और उसे न जाने कितनी जानकारी भी थी। उसने दुलारी का रंग उखाड़ने के लिए कुछ कहना आवश्यक समझा।

'महारानी ! नन्हकूसिंह अपनी सब जमींदारी सर्वांग, भैसों की लड़ाई, घुड़दौड़ और गाने–बजाने में उड़ाकर अब डाकू हो गया है। जितने खून होते हैं, सबमें उसी का हाथ रहता है। जितनी...' उसे रोककर दुलारी ने कहा—'यह झूठ है।' बाबू साहब के ऐसा धर्मात्मा तो कोई है ही नहीं। कितनी विधवाएँ उनकी दी हुई धोती से अपना तन ढँकती हैं। कितनी लड़कियों की ब्याह–शादी होती है। कितने सताये हुए लोगों की उनके द्वारा रक्षा होती है।'

रानी पन्ना के हृदय में एक तरलता उद्वेलित हुई। उन्होंने हँसकर कहा— 'दुलारी, वे तेरे यहाँ आते हैं न ? इसी से तू उनकी बड़ाई...।'

'नहीं सरकार ! शपथ खाकर कह सकती हूँ, कि बाबू नन्हकूसिंह ने आज तक कभी मेरे कोठे पर पैर भी नहीं रखा।'

राजमाता न जाने क्यों इस अद्भुत व्यक्ति को समझने के लिए चंचल हो उठी थीं। तब भी उसने दुलारी को आगे कुछ न कहने के लिए तीखी दृष्टि से देखा। वह चुप हो गयी। पहले पहर की शहनाई बजने लगी। दुलारी छुट्टी माँगकर डोली पर बैठ गयी। तब गेंदा ने कहा— 'सरकार ! आजकल नगर की दशा बड़ी बुरी है। दिन–दहाड़े लोग लूट लिये जाते हैं। सैकड़ों जगह नाल पर जुए में लोग अपना सर्वस्व गँवाते हैं। बच्चे फुसलाये जाते हैं। गलियों में लाठियाँ और छुरे चलने के लिए टेढ़ीं भौंहें कारण बन जाती हैं। उधर रेजिडेण्ट साहब और महाराज की अनबन चल रही है।' राजमाता चुप रहीं।

दूसरे दिन राजा चेतसिंह के पास रेजिडेण्ट मार्कहेम की चिट्ठी आई जिसमें नगर की दुर्व्यवस्था की कड़ी आलोचना थी। डाकुओं और गुण्डों को पकड़ने के लिए, उन पर कड़ा नियन्त्रण रखने की सम्मति भी थी। कुबरा मौलवी वाली घटना का उल्लेख था। उधर हेस्टिंग्स के आने की भी सूचना थी। शिवालय घाट और रामनगर में हलचल मच गयी। कोतवाल हिम्मतसिंह पागल की तरह, जिसके हाथ में लाठी, लोहाँगी, गँड़ासा, बिछुआ और करौली देखते, उसी को पकड़ने लगे।

एक दिन नन्हकूसिंह सुम्भा के नाले के संगम पर, ऊँचे से टीले की घनी हरियाली में अपने चुने हुए साथियों के साथ दुधिया छान रहे थे। गंगा में उनकी

पतली डोंगी बड़ की जटा से बँधी थी। कथकों का गाना हो रहा था। चार उलाँकी इक्के कसे–कसाये खड़े थे।

नन्हकूसिंह ने अकस्मात् कहा—'मलूकी ! गाना जमता नहीं है। उलाँकी पर बैठकर जाओ, दुलारी को बुलाकर लाओ।' मलूकी वहाँ मँजीरा बजा रहा था। दौड़कर इक्के पर जा बैठा। आज नन्हकूसिंह का मन उखड़ा था। बूटी कई बार छानने पर भी नशा नहीं। एक घण्टे में दुलारी सामने आ गयी। उसने मुस्कराकर पूछा—'क्या हुक्म है बाबू साहब ?'

'दुलारी ! आज गाना सुनने का मन कर रहा है।'

'इस जंगल में क्यों ?'—उसने सशंक हँसकर कुछ अभिप्राय से पूछा।

'तुम किसी तरह का खटका न करो'—नन्हकूसिंह ने हँसकर कहा।

'यह तो मैं उस दिन महारानी से भी कह आयी हूँ।'

'क्या, किससे ?'

'राजमाता पन्ना देवी से'—फिर उस दिन गाना नहीं जमा। दुलारी ने आश्चर्य से देखा कि तानों में नन्हकूसिंह की आँखें तर हो जाती हैं। गाना–बजाना समाप्त हो गया था। वर्षा की रात में झिल्लियों का स्वर उस झुरमुट से गूँज रहा था। मन्दिर के समीप ही छोटे–से कमरे में नन्हकूसिंह चिन्ता में निमग्न बैठा था। आँखों में नींद नहीं। और सब लोग तो सोने लगे थे। दुलारी जाग रही थी। वह भी कुछ सोच रही थी। आज, उसे अपने को रोकने के लिए कठिन प्रयत्न करना पड़ रहा था, किन्तु असफल होकर वह उठी और नन्हकूसिंह के समीप धीरे–धीरे चली आयी। कुछ आहट पाते ही चौंककर नन्हकू ने पास ही पड़ी हुई तलवार उठा ली। तब तक हँसकर दुलारी ने कहा— 'बाबू साहब, यह क्या ? स्त्रियों पर भी तलवार चलायी जाती है ?'

छोटे से दीपक के प्रकाश में वासना–भरी रमणी का मुख देखकर नन्हकू हँस पड़ा। उसने कहा— 'क्यों बाई जी ! क्या इसी समय जाने की पड़ी है ? मौलवी ने फिर बुलाया है क्या ?' दुलारी नन्हकू के पास बैठ गयी। नन्हकू ने कहा— 'क्या तुमको डर लग रहा है ?'

'नहीं, कुछ पूछने आयी हूँ।'

'क्या ?'

'क्या, ... यही कि... कभी तुम्हारे हृदय में... ?'

'उसे न पूछो दुलारी ! हृदय को मैं बेकार ही समझकर तो उसे हाथ में लिये

फिर रहा हूँ। कोई कुछ कर देता है— कुचलता–चीरता–उछलता ! मर जाने के लिए सब–कुछ तो करता हूँ, पर मरने नहीं पाता।'

'मरने के लिए भी कहीं खोजने जाना पड़ता है ? आपको काशी का हाल क्या मालूम ! न मालूम घड़ी भर में क्या हो जाय, उलट–पुलट होनेवाला है क्या, बनारस की गलियाँ जैसे काटने दौड़ती हैं।'

'कोई नयी बात इधर हुई है क्या ?'

'कोई हेस्टिंग्स साहब आया है। सुना है कि उसने शिवालय घाट पर तिलंगों की कम्पनी का पहरा बैठा दिया है। राजा चेतसिंह और राजमाता पन्ना वहीं हैं। कोई–कोई कहता है कि उनको पकड़कर कलकत्ता भेजने... ।'

'क्या पन्ना भी... रनिवास भी वहीं है ?' नन्हकू अधीर हो उठा था।

'क्यों बाबू साहब, आज रानी पन्ना का नाम सुनकर आपकी आँखों में आँसू क्यों आ गये ?

सहसा नन्हकू का मुख भयानक हो उठा। उसने कहा—'चुप रहो, तुम उसको जानकर क्या करोगी ?' वह उठ खड़ा हुआ। उद्विग्न की तरह न जाने क्या सोचने लगा। फिर स्थिर होकर उसने कहा—'दुलारी ! जीवन में आज यह पहला ही दिन है कि एकान्त रात में एक स्त्री मेरे पलँग पर आकर बैठ गयी है।' मैं चिरकुमार ! अपनी एक प्रतिज्ञा का निर्वाह करने के लिए सैकड़ों असत्य, अपराध करता फिर रहा हूँ। क्यों ? तुम जानती हो ? मैं स्त्रियों का घोर विरोधी हूँ, और पन्ना ! किन्तु उसका क्या अपराध है ? अत्याचारी बलवन्तसिंह के कलेजे में बिछुआ मैं न उतार सका। किन्तु पन्ना ! उसे पकड़कर गोरे कलकत्ते भेज देंगे। वही... ।'

नन्हकूसिंह उन्मत्त हो उठा था। दुलारी ने देखा, नन्हकू अन्धकार में ही वट वृक्ष के नीचे पहुँचा और गंगा की उमड़ती हुई धारा में डोंगी खोल दी—उसी घने अन्धकार में। दुलारी का हृदय काँप उठा।

× × ×

१६ अगस्त, सन् १७८१ को काशी डाँवाँडोल हो रही थी। शिवालय घाट में राजा चेतसिंह लेफ्टिनेण्ट इस्टाकर के पहरे में थे। नगर में आतंक था। दूकानें बन्द थीं। घरों में बच्चे अपनी माँ से पूछते थे— 'माँ, आज हलुएवाला नहीं आया।' वह कहती— 'चुप बेटे !' —सड़कें सूनी पड़ी थीं। तिलंगों की कम्पनी के आगे–आगे कुबरा मौलवी कभी–कभी, आता–जाता दिखायी पड़ता था। उस

समय खुली हुई खिड़कियाँ भी बन्द हो जाती थीं। भय और सन्नाटे का राज्य था। चौक में चिथरूसिंह की हवेली अपने भीतर काशी की वीरता को बन्दी किये कोतवाली का अभिनय कर रही थी। इसी समय किसी ने पुकारा—'हिम्मतसिंह।'

खिड़की में से सिर निकालकर हिम्मतसिंह ने पूछा— 'कौन ?'

'बाबू नन्हकूसिंह।'

'अच्छा, तुम अब तक बाहर ही रहे ?'

'पागल ! राजा कैद हो गये हैं। छोड़ दो इन सब बहादुरों को ! हम एक बार इनको लेकर शिवालय घाट पर जायँ।'

'ठहरो !' —कहकर हिम्मतसिंह ने कुछ आज्ञा दी। सिपाही बाहर निकले। नन्हकू की तलवार चमक उठी। सिपाही भीतर भागे। नन्हकू ने कहा—'नमकहरामो ! चूड़ियाँ पहन लो।' लोगों के देखते—देखते नन्हकूसिंह चला गया। कोतवाली के सामने फिर सन्नाटा हो गया।

नन्हकू उन्मत्त था। उसके थोड़े से साथी उसकी आज्ञा पर जान देने के लिए तुले थे। वह नहीं जानता था कि राजा चेतसिंह का क्या राजनीतिक अपराध है ? उसने कुछ सोचकर अपने थोड़े—से साथियों को फाटक पर गड़बड़ मचाने के लिए भेज दिया। इधर अपनी डोंगी लेकर शिवालय की खिड़की के नीचे धारा काटता हुआ पहुँचा। किसी तरह निकले हुए पत्थर में रस्सी अटकाकर, उस चंचल डोंगी को उसने स्थिर किया और बन्दर की तरह उछलकर खिड़की के भीतर हो रहा। उस समय वहाँ राजमाता पन्ना और युवक राजा चेतसिंह से बाबू मनियारसिंह कह रहे थे— 'आपके यहाँ रहने से, हम लोग क्या करें, यह समझ में नहीं आता। पूजा—पाठ समाप्त करके आप रामनगर चली गयी होतीं, तो यह...।'

तेजस्विनी पन्ना ने कहा—'अब मैं रामनगर कैसे चली जाऊँ ?'

मनियारसिंह दुःखी होकर बोले—'कैसे बताऊँ ? मेरे सिपाही तो बन्दी हैं।'

इतने में फाटक पर कोलाहल मचा। राज—परिवार अपनी मन्त्रणा में डूबा था कि नन्हकूसिंह का आना उन्हें न मालूम हुआ। सामने का द्वार बन्द था। नन्हकूसिंह ने एक बार गंगा की धार को देखा—उसमें एक नाव घाट पर लगने के लिए लहरों से लड़ रही थी। वह प्रसन्न हो उठा। इसीकी प्रतीक्षा में वह रुका था। उसने जैसे सबको सचेत करते हुए कहा—'महारानी कहाँ हैं ?'

सबने घूमकर देखा—एक अपरिचित वीरमूर्ति। शस्त्रों से लदा हुआ पूरा देव !

चेतसिंह ने पूछा— 'तुम कौन हो ?'

'राज–परिवार का एक बिना दाम का सेवक।'

पन्ना के मुँह से हलकी–सी एक साँस निकलकर रह गयी। उसने पहचान लिया। इतने वर्षों बाद। वही नन्हकूसिंह।

मनियारसिंह ने पूछा—'तुम क्या कर सकते हो ?'

'मैं मर सकता हूँ। पहले महारानी को डोंगी पर बिठाइए। नीचे दूसरी डोंगी पर अच्छे मल्लाह हैं। फिर बात कीजिए।' मनियारसिंह ने देखा, जनानी ड्योढ़ी का दरोगा राजा की एक डोंगी पर चार मल्लाहों के साथ खिड़की से नाव सटाकर प्रतीक्षा में हैं। उन्होंने पन्ना से कहा— 'चलिए, मैं साथ चलता हूँ।'

'और...' चेतसिंह को देखकर, पुत्र–वत्सला ने संकेत से एक प्रश्न किया। उसका उत्तर किसी के पास न था। मनियारसिंह ने कहा—'तब मैं यहीं ?' नन्हकू ने हँसकर कहा—'मेरे मालिक, आप नाव पर बैठें। जब तक राजा भी नाव पर न बैठ जायँगे, तब तक सत्रह गोली खाकर भी नन्हकूसिंह जीवित रहने की प्रतिज्ञा करता है।'

पन्ना ने नन्हकू को देखा। एक क्षण के लिए चारों आँखें मिलीं, जिनमें जन्म–जन्म का विश्वास ज्योति की तरह जल रहा था। फाटक बलपूर्वक खोला जा रहा था। नन्हकू ने उन्मत्त होकर कहा—'मालिक ! जल्दी कीजिए।'

दूसरे क्षण पन्ना डोंगी पर थी और नन्हकूसिंह फाटक पर इस्टाकर के साथ। चेतराम ने आकर एक चिट्ठी मनियारसिंह के हाथ में दी। लेफ्टिनेण्ट ने कहा—'आपके आदमी गड़बड़ मचा रहे हैं। अब मैं अपने सिपाहियों को गोली चलाने से नहीं रोक सकता।'

'मेरे सिपाही यहाँ कहाँ हैं साहब ?' मनियारसिंह ने हँसकर कहा।

बाहर कोलाहल बढ़ने लगा था।

चेतराम ने कहा—'पहले चेतसिंह को कैद कीजिए।'

'कौन ऐसी हिम्मत करता है ?' कड़ककर कहते हुए बाबू मनियारसिंह ने तलवार खींच ली। अभी बात पूरी न हो सकी थी कि कुबरा मौलवी वहाँ पहुँचा। यहाँ मौलवी साहब की कलम नहीं चल सकती थी और न ये बाहर ही जा सकते थे। उन्होंने कहा—'देखते क्या हो चेतराम ?'

चेतराम ने राजा के ऊपर हाथ रखा ही था कि नन्हकू के सधे हुए हाथ ने उसकी भुजा उड़ा दी। इस्टाकर आगे बढ़े, मौलवी साहब चिल्लाने लगे।

नन्हकूसिंह ने देखते–देखते इस्टाकर और उसके कई साथियों को धराशायी किया। फिर मौलवी साहब कैसे बचते ?

नन्हकूसिंह ने कहा—'क्यों, उस दिन के झापड़ ने तुमको समझाया नहीं? ले पाजी !' कहकर ऐसा साफ जनेवा मारा कि कुबरा ढेर हो गया। कुछ ही क्षणों में यह भीषण घटना हो गयी, जिसके लिए अभी कोई प्रस्तुत न था।

नन्हकूसिंह ने ललकारकर चेतसिंह से कहा—'आप देखते क्या हैं ? उतरिए डोंगी पर।' उसके घावों से रक्त के फुहारे छूट रहे थे। उधर फाटक से तिलंगे भीतर आने लगे थे। चेतसिंह ने खिड़की से उतरते हुए देखा कि बीसों तिलंगों की संगीनों में वह अविचल खड़ा होकर तलवार चला रहा है। नन्हकू के चट्टान–सदृश शरीर से गैरिक की तरह रक्त की धारा बह रही है। गुण्डे का एक–एक अंग कटकर वहीं गिरने लगा। वह काशी का गुण्डा था।

■

फूलो का कुर्ता

—यशपाल

मुझे यदि संकीर्णता और संघर्ष से भरे नगरों में ही अपना जीवन बिताना पड़ता तो मैं या तो आत्महत्या कर लेता या पागल हो जाता। भाग्य से बरस में तीन मास के लिए कालिज में अवकाश हो जाता है और मैं नगरों के वैमनस्यपूर्ण संघर्ष से भाग कर पहाड़ में अपने गाँव चला जाता हूँ।

मेरा गाँव आधुनिक क्षुब्धता से बहुत दूर, हिमालय के आँचल में है। भगवान की दया से रेल, मोटर और तार के अभिशाप ने इस गाँव को अभी तक नहीं छुआ है। पहाड़ी भूमि अपना प्राकृतिक श्रृंगार लिये है। मनुष्य उसकी उत्पादन शक्ति से सन्तुष्ट है।

हमारे यहाँ गाँव बहुत छोटे–छोटे हैं। कहीं–कहीं तो बहुत ही छोटे दस–बीस घर से लेकर पाँच–छः घर तक और बहुत पास–पास। एक गाँव पहाड़ की तलहटी में है तो दूसरा उसकी ढलान पर। मुँह पर हाथ लगाकर पुकारने से दूसरे गाँव तक बात कह दी जा सकती है। गरीबी है, अशिक्षा भी है परन्तु वैमनस्य और असन्तोष कम है।

बंकू साह की छप्पर से छायी दुकान गाँव की सभी आवश्यकतायें पूरी कर देती है। उनकी दूकान का बरामदा ही गाँव की चौपाल या क्लब है। बरामदे के सामने दालान में पीपल के नीचे बच्चे खेलते हैं और ढोर बैठकर जुगाली भी करते रहते हैं।

सुबह से जोर की बारिश हो रही थी। बाहर जाना सम्भव न था इसलिए आजकल के एक प्रगतिशील लेखक का उपन्यास पढ़ रहा था।

कहानी थी एक निर्धन कुलीन युवक का विवाह एक शिक्षित युवती से हो गया था। नगर के जीवन में युवक की आमदनी से गुजारा चलता न देखकर युवती ने भी नौकरी कर कुछ कमाना चाहा परन्तु यह बात युवक के आत्म–सम्मान को स्वीकार न थी। उनके सन्तान पैदा हो गयी; होनी ही थी। एक–दो और फिर तीन बच्चे। महँगाई के जमाने में भूखों मरने की नौबत आ गयी। उनका बीमार हो जाना। अपनी स्त्री की राय से नवयुवक का एक सेठजी के यहाँ नौकरी करना और उनका खुशहाल हो जाना।

एक दिन राज खुला कि नवयुवक की खुशहाली का मोल उनकी अपनी

योग्यता नहीं, उनकी पत्नी की इज्जत थी। पति ने क्रोध के आवेश में पत्नी का गला घोंटने का यत्न किया। पत्नी ने गिड़गिड़ाकर क्षमा माँगी– जो कुछ किया इन बच्चों के लिए किया। पत्नी ने केवल बच्चों को पाल सकने के लिए प्राण–भिक्षा माँगी। पति सोचने लगा– मेरी इज्जत का मोल अधिक है या तीन बच्चों के प्राणों का !

मैंने ग्लानि से पुस्तक पटक दी। सोचा– यह है हमारी गिरावट की सीमा ! आज ऐसा साहित्य बन रहा है जिसमें व्यभिचार के लिए सफाई दी जाती है। यह साहित्य हमारी संस्कृति का आधार बनेगा ! हमारा जीवन कितना छिछला और संकीर्ण होता चला जा रहा है। स्वार्थ के बावलेपन की छीना–झपटी और मारोमार हमें बदहवास किये दे रही है। हम अपनी उस मानवता, नैतिकता और स्थिरता को खो चुके हैं जिसका विकास हमारे आत्म–द्रष्टा ऋषियों ने संकीर्ण सांसारिकता से मुक्त होकर किया था। हम स्वार्थ की पट्टी आँखों पर बाँधकर भारत की आत्मज्ञान की संस्कृति के परम शान्ति के मार्ग को खो बैठे हैं।.... क्या पेट और रोटी ही सब कुछ है ? इससे परे मनुष्यता, संस्कृति और नैतिकता कुछ नहीं है? ऐसे ही विचार मन में उठ रहे थे।

बारिश थमकर धूप निकल आयी थी। घर में दवाई के लिए कुछ अजवायन की जरूरत थी। घर से निकल पड़ा कि बंकू साह के यहाँ से ले आऊँ।

बंकू साह की दूकान के बरामदे में पाँच–सात भले आदमी बैठे थे। हुक्का चल रहा था। सामने गाँव के बच्चे 'कीड़ा–कीड़ी' का खेल खेल रहे थे। साह की पाँच बरस की लड़की फूलो भी उन्हीं में थी।

पाँच बरस की लड़की का पहरना और ओढ़ना क्या ! एक कुर्ता कन्धे से लटका था। फूलो की सगाई हमारे गाँव से फर्लांग–भर दूर 'चूला' गाँव में सन्तू से हो गयी थी।

सन्तू की उम्र रही होगी, यही सात बरस। सात बरस का लड़का क्या करेगा! घर में दो भैंसें, एक गाय और दो बैल थे। ढोर चरने जाते तो सन्तू छड़ी लेकर उन्हें देखता और खेलता भी रहता, ढोर काहे को किसी के खेत में जायँ। साँझ को उन्हें घर हाँक लाता।

बारिश थमने पर सन्तू अपने ढोरों को ढलवान की हरियाली में हाँककर ले जा रहा था। बंकू साह की दुकान के सामने पीपल के नीचे बच्चों को खेलते देखा तो उधर ही आ गया।

सन्तू को खेल में आया देखकर सुनार का छः बरस का लड़का हरिया चिल्ला उठा– "आहा, फूलो का दूल्हा आया !"

दूसरे बच्चे भी उसी तरह चिल्लाने लगे।

बच्चे बड़े–बूढ़ों को देखकर बिना बताये–समझाये भी सबकुछ सीख और जान जाते हैं। यों ही मनुष्य के ज्ञान और संस्कृति की परम्परा चलती रहती है। फूलो पाँच बरस की बच्ची थी तो क्या वह जानती थी, दूल्हे से लज्जा करनी चाहिए। उसने अपनी माँ को, गाँव की सभी भली स्त्रियों को लज्जा से घूँघट और परदा करते देखा था। उसके संस्कारों ने उसे समझा दिया था, लज्जा से मुँह ढँक लेना उचित है।

बच्चों के चिल्लाने से फूलो लजा गयी परन्तु वह करती तो क्या। एक कुरता ही तो उसके कन्धों से लटक रहा था। उसने दोनों हाथों से कुरते का आँचल उठाकर अपना मुख छिपा लिया।

छप्पर के सामने, हुक्के को घेरकर बैठे प्रौढ़ आदमी फूलो की इस लज्जा को देखकर कहकहा लगाकर हँस पड़े।

काका रामसिंह ने फूलो को प्यार से धमकाकर कुरता नीचे करने के लिए समझाया।

शरारती लड़के मजाक समझकर 'हो–हो' करने लगे।

बंकू साह के यहाँ दवाई के लिए थोड़ी अजवायन लेने आया था परन्तु फूलो की सरलता से मन चुटिया गया। यों ही लौट चला।

सोचता जा रहा था– बदली स्थिति में भी परम्परागत संस्कार से ही नैतिकता और लज्जा की रक्षा करने के प्रयत्न में क्या–से–क्या हो जाता है। प्रगतिशील लेखकों की उघाड़ी–उघाड़ी बातें.....।

हम फूलो के कुरते के आँचल में शरण पाने का प्रयत्न कर उघड़ते चले जा रहे हैं और नया लेखक हमारे चेहरे से कुरता नीचे खींच देना चाहता है ....।

■

तीसरी कसम, अर्थात् मारे गये गुलफाम

—फणीश्वर नाथ रेणु

हिरामन गाड़ीवान की पीठ में गुदगुदी लगती है।.....

पिछले बीस साल से गाड़ी हाँकता है हिरामन। बैलगाड़ी। सीमा के उस पार, मोरंग राज नेपाल से धान और लकड़ी ढो चुका है। कण्ट्रोल के जमाने में चोर–बाजारी का माल इस पार से उस पार पहुँचाया है। लेकिन कभी तो ऐसी गुदगुदी नहीं लगी पीठ में !...

कण्ट्रोल का जमाना ! हिरामन कभी भूल सकता है उस जमाने को ! एक बार चार खेप सीमेण्ट और कपड़े की गाँठों से भरी गाड़ी, जोगबनी से बिराटनगर पहुँचाने के बाद हिरामन का कलेजा पोख्ता हो गया था। फारबिसगंज का हर चोर–व्यापारी उसको पक्का गाड़ीवान मानता। उसके बैलों की बड़ाई बड़ी गद्दी के बड़े सेठजी खुद करते, अपनी भाषा में.....।

गाड़ी पकड़ी गयी पाँचवीं बार, सीमा के इस पार तराई में।

महाजन का मुनीम उसी की गाड़ी पर गाँठों के बीच चुक्की–मुक्की लगाकर छिपा हुआ था। दारोगा साहब की डेढ़ हाथ लम्बी चोरबत्ती की रोशनी कितनी तेज होती है, हिरामन जानता है। एक घण्टे के लिए आदमी अन्धा हो जाता है, एक छटक भी पड़ जाये आँखों पर ! रोशनी के साथ कड़कती हुई आवाज– "ऐ–य ! गाड़ी रोको ! साले, गोली मार देंगे ?.."

बीसों गाड़ियाँ एक साथ कचकचाकर रुक गयीं। हिरामन ने पहले ही कहा था, "यह बीस विषावेगा !" दारोगा साहब उसकी गाड़ी में दुबके हुए मुनीमजी पर रोशनी डालकर पिशाची हँसी हँसे– "हा–हा–हा ! मुँड़ीम जी–ई–ई–इ ! ही–ही–ही !....ऐ–य, साला गाड़ीवान, मुँह क्या देखता है रे–ए–ए ! कम्बल हटाओ इस बोरे के मुँह पर से !" हाथ की छोटी लाठी से मुनीमजी के पेट में खोंचा मारते हुए कहा था, "इस बोरे को ! स–स्साला !...."

बहुत पुरानी अखज–अदावत होगी दारोगा साहब और मुनीमजी में। नहीं तो उतना रुपया कबूलने पर भी पुलिस–दारोगा का मन न डोले भला। चार हजार तो गाड़ी पर बैठा–बैठा ही दे रहा था। लाठी से दूसरी बार खोंचा मारा दारोगा ने। "पाँच हजार !" फिर खोंचा– "उतरो पहले।"

मुनीम को गाड़ी से नीचे उतारकर दारोगा ने उसकी आँखों पर रोशनी डाल दी। फिर दो सिपाहियों के साथ सड़क से बीच–पच्चीस रस्सी दूर झाड़ी के पास ले गये। गाड़ीवान और गाड़ियों पर पाँच–पाँच बन्दूकवाले सिपाहियों का पहरा !...हिरामन समझ गया, इस बार निस्तार नहीं। जेल ? हिरामन को जेल का डर नहीं। लेकिन उसके बैल ? न जाने कितने दिनों तक बिना चारा–पानी के सरकारी फाटक में पड़े रहेंगे– भूखे प्यासे। फिर नीलाम हो जायेंगे। भैया और भौजी को वह मुँह नहीं दिखा सकेगा कभी। ....नीलाम की बोली उसके कानों के पास गूँज गयी– एक–दो–तीन ! दारोगा और मुनीम में बात पट नहीं रही थी शायद।

हिरामन की गाड़ी के पास तैनात सिपाही ने अपनी भाषा में दूसरे सिपाही से धीमी आवाज में पूछा, "का हो ? मामला गोल होखी का ?" फिर खैनी–तम्बाकू देने के बहाने उस सिपाही के पास चला गया।......

एक–दो–तीन ! तीन–चार गाड़ियों की आड़। हिरामन ने फैसला कर लिया। उसने धीरे से अपने बैलों के गले की रस्सियाँ खोल लीं। गाड़ी पर बैठे–बैठे दोनों को जुड़वाँ बाँध दिया। बैल समझ गये उन्हें क्या करना है। हिरामन उतरा, जुती हुई गाड़ी में बाँस की टिकटी लगाकर बैलों के कन्धों को बेलाग किया। दोनों के कानों के पास गुदगुदी लगा दी और मन–ही–मन बोला, 'चलो भैयन, जान बचेगी तो ऐसी–ऐसी सग्गड़ गाड़ी बहुत मिलेगी।' ... एक–दो–तीन ! नौ–दो–ग्यारह !....

गाड़ियों की आड़ में सड़क के किनारे दूर तक घनी झाड़ी फैली हुई थी। दम साधकर तीनों प्राणियों ने झाड़ी को पार किया– बेखटक, बे आहट! फिर एक ले, दो ले– दुलकी चाल ! दोनों बैल सीना तानकर फिर तराई के घने जंगलों में घुस गये। राह सूँघते, नदी–नाला पार करते हुए भागे पूँछ उठाकर। पीछे–पीछे हिरामन। रात–भर भागते रहे थे तीनों जन।...

घर पहुँचकर दो दिन तक बेसुध पड़ा रहा हिरामन। होश में आते ही उसने कान पकड़कर कसम खायी थी– अब कभी ऐसी चीजों की लदनी नहीं लादेंगे। चोरबाजारी का माल ? तोबा, तोबा !..... पता नहीं मुनीमजी का क्या हुआ ! भगवान जाने उसकी सग्गड़ गाड़ी का क्या हुआ ! असली इस्पात लोहे की धुरी थी। दोनों पहिये तो नहीं, एक पहिया एकदम नया था। गाड़ी में रंगीन डोरियों के फुँदने बड़े जतन से गूँथे गये थे।.....

दो कसमें खायी हैं उसने। एक–चोरबाजारी का माल नहीं लादेंगे।

दूसरी–बाँस। अपने हर भाड़ेदार से वह पहले ही पूछ लेता है– 'चोरी–चमारी वाली चीज तो नहीं?'' और, बाँस? बाँस लादने के लिए पचास रुपये भी दे कोई, हिरामन की गाड़ी नहीं मिलेगी। दूसरे की गाड़ी देखे।

बाँस लदी हुई गाड़ी। गाड़ी से चार हाथ आगे बाँस का अगुआ निकला रहता है और पीछे की ओर चार हाथ पिछुआ ! काबू के बाहर रहती है गाड़ी हमेशा। सो बेकाबूवाली लदनी और खरैहिया। शहरवाली बात! तिस पर बाँस का अगुआ पकड़कर चलनेवाला भाड़ेदार का महाभकुआ नौकर, लड़की–स्कूल की ओर देखने लगा। बस, मोड़ पर घोड़ागाड़ी से टक्कर हो गयी। जब तक हिरामन बैलों की रस्सी खींचे, जब तक घोड़ागाड़ी की छतरी बाँस के अगुआ में फंस गयी। घोड़–गाड़ीवाले ने तड़ातड़ चाबुक मारते हुए गाली दी थी!''

बाँस की लदनी ही नहीं, हिरामन ने खरैहिया शहर की लदनी भी छोड़ दी। और अब फारबिसगंज से मोरंग का भाड़ा ढोना शुरू किया तो गाड़ी ही पार !....कई वर्षों तक हिरामन ने बैलों को आधीदारी पर जोता। आधा भाड़ा गाड़ीवाले का और आधा बैलवाले का हिस्सा ! गाड़ीवानी करो मुफ्त! आधीदारी की कमाई से बैलों के ही पेट नहीं भरते। पिछले साल ही उसने अपनी गाड़ी बनवायी है।

देवी मैया भला करें उस सरकस–कम्पनी के बाघ का। पिछले साल इसी मेले में बाघगाड़ी को ढोनेवाले दोनों घोड़े मर गये। चम्पानगर से फारबिसगंज मेला आने के समय सरकस–कम्पनी के मैनेजर ने गाड़ीवान–पट्टी में ऐलान करके कहा– ''सौ रुपया भाड़ा मिलेगा !'' एक–दो गाड़ीवान राजी हुए। लेकिन, उनके बैल बाघगाड़ी से दस हाथ दूर ही डर से डिकरने लगे– बों–ओं रस्सी तुड़ाकर भागे। हिरामन ने अपने बैलों की पीठ सहलाते हुए कहा, ''देखो भैयन, ऐसा मौका फिर हाथ न आयेगा। यही है मौका अपनी गाड़ी बनवाने का। नहीं तो फिर आधेदारी....। अरे, पिंजड़े में बन्द बाघ का क्या डर ? मोरंग की तराई में दहाड़ते हुई बाघों को देख चुके हो। फिर पीठ पर मैं तो हूँ।

गाड़ीवानों के दल में तालियाँ पटपटा उठी थीं, एक साथ। सभी की लाज रख ली हिरामन के बैलों ने। हुमककर आगे बढ़ गये और बाघगाड़ी में जुट गये– एक–एक करके। सिर्फ दाहिने बैल ने जुतने के बाद ढेर–सा पेशाब किया। हिरामन ने दो दिन तक नाक से कपड़े की पट्टी नहीं खोली थी। बड़ी गद्दी के बड़े सेठजी की तरह नकबन्धन लगाये बिना बघाइन गन्ध बरदास्त नहीं कर सकता कोई।

...बाघगाड़ी की गाड़ीवानी की है हिरामन ने। कभी ऐसी गुदगुदी नहीं लगी पीठ में। आज रह–रहकर उसकी गाड़ी में चम्पा का फूल महक उठता है। पीठ में गुदगुदी लगने पर वह अँगोछे से पीठ झाड़ लेता है।

हिरामन को लगता है, दो वर्ष से चम्पानगर मेले की भगवती मैया उस पर प्रसन्न हैं। पिछले साल बाघगाड़ी जुट गयी। नकद एक सौ रुपये भाड़े के अलावा बुताद चाह–बिस्कुट और रास्ते–भर बन्दर–भालू और जोकर का तमाशा देखा सो फोकट में !

और, इस बार यह जनानी सवारी। औरत है या चम्पा का फूल ! जब से गाड़ी मह–मह महक रही है।

कच्ची सड़क के एक छोटे –से खड्ड में गाड़ी का दाहिना पहिया बेमौके हिचकोला खा गया। हिरामन की गाड़ी से एक हल्की 'सिस' की आवाज आयी। हिरामन ने दाहिने बैल को दुआली से पीटते हुए कहा, "साला ! क्या समझता है, बोरे की लदनी है क्या?"

"अहा ! मारो मत !"

अनदेखी औरत की आवाज ने हिरामन को अचरज में डाल दिया। बच्चों की बोली जैसी महीन, फेनूगिलासी बोली !

मथुरामोहन नौटंकी कम्पनी में लैला बननेवाली हीराबाई का नाम किसने नहीं सुना होगा भला ! लेकिन हिरामन की बात निराली है। उसने सात साल तक लगातार मेलों की लदनी लादी है, कभी नौटंकी–थियेटर या बाय–स्कोप सिनेमा नहीं देखा। लैला या हीराबाई का नाम भी उसने नहीं सुना कभी। देखने की क्या बात ! सो मेला टूटने के पन्द्रह दिन पहले आधी रात की बेला में काली ओढ़नी में लिपटी औरत को देखकर उसके मन में खटका अवश्य लगा था। बक्सा ढोनेवाले नौकर से गाड़ी–भाड़ा में मोल–मोलाई करने की कोशिश की तो ओढ़नीवाली ने सिर हिलाकर मना कर दिया। हिरामन ने गाड़ी जोतते हुए नौकर से पूछा, "क्यों भैया, कोई चोरी–चमारी का माल–वाल तो नहीं ?" हिरामन को फिर अचरज हुआ। बक्सा ढोनेवाले आदमी ने हाथ के इशारे से गाड़ी हाँकने को कहा और अँधेरे में गायब हो गया। हिरामन को मेले में तम्बाकू बेचने वाली बूढ़ी की काली साड़ी की याद आयी थी।.....

ऐसे में कोई क्या गाड़ी हाँके !

एक तो पीठ में गुदगुदी लग रही है। दूसरे रह–रहकर चम्पा का फूल खिल जाता है उसकी गाड़ी में। बैलों को डाँटो तो 'इस–बिस' करने लगती है

उसकी सवारी।....उसकी सवारी ! औरत अकेली, तम्बाकू बेचनेवाली बूढ़ी नहीं। आवाज सुनने के बाद वह बार-बार मुड़कर टप्पर में एक नजर डाल देता है; अँगोछे से पीठ झाडता है।.....भगवान जाने क्या लिखा है इस बार उसकी किस्मत में ! गाड़ी जब पूरब की ओर मुड़ी, एक टुकड़ा चाँदनी उसकी गाड़ी में समा गया। सवारी की नाक पर एक जुगनू जगमगा उठा। हिरामन को सब कुछ रहस्यमय...अजगुत-अजगुत- लग रहा है। सामने चम्पानगर से सिंधिया गाँव तक फैला हुआ मैदान !....कहीं डाकिन-पिशाचिन तो नहीं ?

हिरामन की सवारी ने करवट ली। चाँदनी पूरे मुखड़े पर पड़ी तो हिरामन चीखते-चीखंते रुक गया- अरे बाप ! ई तो परी है !

परी की आँखें खुल गयीं। हिरामन ने सामने सड़क की ओर मुँह कर लिया और बैलों को टिटकारी दी। वह जीभ को तालू से सटाकर टि-टि-टि-टि आवाज निकालता है। हिरामन की जीभ न जाने कब से सूखकर लकड़ी जैसी हो गयी थी।

"भैया, तुम्हारा नाम क्या है?"

हू-ब-हू फेनूगिलास!..हिरामन के रोम-रोम बज उठे। मुँह से बोली नहीं निकली। उसके दोनों बैल भी कान खड़े करके इस बोली को परखते हैं।

"मेरा नाम ! .....नाम मेरा है हिरामन !"

उसकी सवारी मुस्कराती है।....मुस्कराहट में खुशबू है।

"तब तो मीता कहूँगी, भैया नहीं। ...मेरा नाम भी हीरा है।"

"इस्स!" हिरामन को परतीत नहीं, "मर्द और औरत के नाम में फ़र्क होता है।"

"हाँ जी, मेरा नाम भी हीराबाई है।"

कहाँ हिरामन और कहाँ हीराबाई, बहुत फ़र्क है !

हिरामन ने अपने बैलों को झिड़की दी- "कान चुनियाकर गप सुनने से ही तीस कोस मंजिल कटेगी क्या? इस बायें नाटे के पेट में शैतानी भरी है।" हिरामन ने बायें बैल को दुआली की-हल्की झड़प दी।

"मारो मत; धीरे-धीरे चलने दो। जल्दी क्या है!"

हिरामन के सामने सवाल उपस्थित हुआ, वह क्या कहकर 'गप' करे हीराबाई से? 'तोहें' कहे या 'अहाँ ? उसकी भाषा में बड़ो को 'अहाँ' अर्थात् 'आप' कहकर सम्बोधित किया जाता है, कचराही बोली में दो-चार सवाल-जवाब चल सकता है, दिल-खोल गप तो गाँव की बोली में ही की जा सकती है किसी से।

आसिन–कातिक के भोर में छा जानेवाले कुहासे से हिरामन को पुरानी चिढ़ है। बहुत बार वह सड़क भूलकर भटक चुका है। किन्तु आज के भोर के इस घने कुहासे में भी वह मगन है। नदी के किनारे धान–खेतों से फूले हुए धान के पौधों की पवनिया गन्ध आती है। पर्व–पावन के दिन गाँव में ऐसी ही सुगन्ध फैली रहती है। उसकी गाड़ी में फिर चम्पा का फूल खिला। उस फूल में एक परी बैठी है।....जै भगवती।

हिरामन ने आँख की कनखियों से देखा, उसकी सवारी....मीता.... हीराबाई की आँखें गुजुर–गुजुर उसको हेर रही हैं। हिरामन के मन में कोई अंजानी रागिनी बज उठी। सारी देह सिरसिरा रही है। बोला, "बैल को मारते हैं तो आपको बहुत बुरा लगता है?"

हीराबाई ने परख लिया, हिरामन सचमुच हीरा है।

चालीस साल का हट्टा–कट्टा, काला–कलूटा, देहाती नौजवान अपनी गाड़ी और अपने बैलों के सिवाय दुनिया की किसी और बात में विशेष दिलचस्पी नहीं लेता। घर में बड़ा भाई है, खेती करता है। बाल–बच्चे वाला आदमी है। हिरामन भाई से बढ़कर भाभी की इज्जत करता है। भाभी से डरता भी है। हिरामन की भी शादी हुई थी, बचपन में ही गौने के पहले ही दुलहिन मर गयी। हिरामन को अपनी दुलहिन का चेहरा याद नहीं।....दूसरी शादी ? दूसरी शादी न करने के अनेक कारण हैं। भाभी की जिद, कुमारी लड़की से ही हिरामन की शादी करवायेगी। कुमारी का मतलब हुआ पाँच–सात साल की लड़की। कौन मानता है सरधा–कानून? कोई लड़कीवाला दो ब्याहू को अपनी लड़की गरज में पड़ने पर ही दे सकता है। भाभी उसकी तीन–सत्त करके बैठी है, सो बैठी है। भाभी के आगे भैया की भी नहीं चलती !... अब हिरामन ने तय कर लिया है, शादी नहीं करेगा। कौन बलाय मोल लेने जाये ! ब्याह करके फिर गाड़ीवानी क्या करेगा कोई! और सब कुछ छूट जाये, गाड़ीवानी नहीं छोड़ सकता हिरामन।

हीराबाई ने हिरामन के जैसा निश्छल आदमी बहुत कम देखा है। पूछा, "आपका घर कौन जिल्ला में पड़ता है?" कानपुर नाम सुनते ही जो उसकी हँसी छूटी, तो बैल भड़क उठे। हिरामन हँसते समय सिर नीचा कर लेता है। हँसी बन्द होने पर उसने कहा, "वाह रे कानपुर! तब तो नाकपुर भी होगा?" और जब हीराबाई ने कहा कि नाकपुर भी है, तो वह हँसते–हँसते दुहरा हो गया।

"वाह रे दुनिया ! क्या–क्या नाम होता है ! कानपुर, नाकपुर !" हिरामन ने हीराबाई के कान के फूल को गौर से देखा। नाक की नकछवि के नग देखकर सिहर उठा– लहू की बूँद !

हिरामन ने हीराबाई का नाम नहीं सुना कभी। नौटंकी कम्पनी की औरत को वह बाईजी नहीं समझता है।...कम्पनी में काम करनेवाली औरतों को वह देख चुका है। सरकस कम्पनी की मालकिन, अपनी दोनों जवान बेटियों के साथ बाघगाड़ी के पास आती थी, बाघ को चारा–पानी देती थी, प्यार भी करती थी खूब। हिरामन के बैलों को भी डबलरोटी–बिस्कुट खिलाया था बड़ी बेटी ने।

हिरामन होशियार है। कुहासा छँटते ही अपनी चादर से टप्पर में परदा कर दिया– "बस दो घण्टा! उसके बाद रास्ता चलना मुश्किल है। कातिक की सुबह की धूप आप बर्दास्त न कर सकियेगा। कजरी नदी के किनारे तेगछिया के पास गाड़ी लगा देंगे। दुपहरिया काटकर..।"

सामने से आती हुई गाड़ी को दूर से ही देखकर वह सतर्क हो गया। लीक और बैलों पर ध्यान लगाकर बैठ गया। राह काटते हुए गाड़ीवान ने पूछा, "मेला टूट रहा है क्या भाई ?"

हिरामन ने जवाब दिया, वह मेले की बात नहीं जानता। उसकी गाड़ी पर 'बिदागी' (नैहर या ससुराल जाती हुई लड़की) है। न जाने किस गाँव का नाम बता दिया हिरामन ने !

"छत्तापुर–पचीरा कहाँ है ?"

"कहीं हो, यह जानकर आप क्या करिएगा?" हिरामन अपनी चतुराई पर हँसा। परदा डाल देने पर भी पीठ में गुदगुदी लगती है।

हिरामन परदे के छेद से देखता है। हीराबाई एक दियासलाई की डिब्बी के बराबर आईने में अपने दाँत देख रही है।....मदनपुर मेले में एक बार बैलों को नन्हीं–चित्ती कौड़ियों की माला खरीद दी थी हिरामन ने, छोटी–छोटी, नन्हीं–नन्हीं कौड़ियों की पाँत।

तेगछिया के तीनों पेड़ दूर से ही दिखलायी पड़ते हैं। हिरामन ने परदे को ज़रा सरकाते हुए कहा, "देखिए, यही है तेगछिया। दो पेड़ जटामासी बड़ हैं एक...उस फूल का क्या नाम है, आपके कुरते पर जैसा फूल छपा हुआ है, वैसा ही; खूब महकता है; दो कोस दूर तक गन्ध जाती है; उस फूल को खमीरा तम्बाकू में डालकर पीते भी हैं लोग।"

"और उस अमराई की आड़ से कई मकान दिखायी पड़ते हैं, वहाँ कोई गाँव है या मन्दिर ?"

हिरानन ने बीड़ी सुलगाने के पहले पूछा, "बीड़ी पीयें? आपको गन्ध तो नहीं लगेगी ?....वही है नामलगर ड्योढ़ी। जिस राजा के मेले से हम लोग आ रहे हैं, उसी का दियाद–गोतिया है। ...जा रे जमाना !"

हिरामन ने 'जा रे जमाना' कहकर बात को चाशनी में डाल दिया। हीराबाई ने टप्पर के परदे को तिरछे खोंस दिया।....हीराबाई की दन्त–पंक्ति।

"कौन ज़माना ?" ठुड्डी पर हाथ रखकर साग्रह बोली।

"नामलगर ड्योढ़ी का ज़माना! क्या था और क्या–से–क्या हो गया!"

हिरामन गप रसाने का भेद जानता है। हीराबाई बोली, "तुमने देखा था वह ज़माना ?"

"देखा नहीं, सुना है।...राज कैसे गया, बड़ी हैफवाली कहानी है। सुनते हैं, घर में देवता ने जन्म ले लिया। कहिए भला, देवता आखिर देवता है। है या नहीं? इन्दरासन छोड़कर मिरतूभुवन में जन्म ले ले तो उसका तेज कैसे सम्हाल सकता है कोई ! सूरजमुखी फूल की तरह माथे के पास तेज खिला रहता। लेकिन नज़र का फेर, किसी ने नहीं पहचाना। एक बार उपलैन में लाट साहब मय लाटनी के, हवागाड़ी से आये थे। लाट ने भी नहीं, पहचाना आखिर लाटनी ने। सूरजमुखी तेज देखते ही बोल उठी– ए मैन राजा साहब, सुनो, यह आदमी का बच्चा नहीं है, देवता है।"

हिरामन ने लाटनी की बोली की नकल उतारते समय खूब डैम–फैट–लैट किया। हीराबाई दिल खोलकर हँसी।....हँसते समय उसकी सारी देह दुलकती है।

हीराबाई ने अपनी ओढ़नी ठीक कर ली। तब हिरामन को लगा कि...लगा कि..

"तब ? उसके बाद क्या हुआ मीता ?"

"इस्स! कथ्था सुनने का बड़ा शौक है आपको ?...लेकिन, काला आदमी, राजा क्या महाराजा भी हो जाये, रहेगा काला आदमी ही। साहेब के जैसा अक्किल कहाँ से पायेगा ! हँसकर बात उड़ा दी सभी ने। तब रानी को बार–बार सपना देने लगा देवता ! सेवा नहीं कर सकते तो जाने दो, नहीं रहेंगे तुम्हारे यहाँ। इसके बाद देवता का खेल शुरू हुआ। सबसे पहले दोनों दन्तार हाथी मरे, फिर घोड़ा, फिर पटपटांग... ।"

"पटपटांग क्या है?"

हिरामन का मन पल–पल में बदल रहा है। मन में सतरंगा छाता धीरे–धीरे खिल रहा है, उसको लगता है।...उसकी गाड़ी पर देवकुल की औरत सवार है। देवता आख़िर देवता है !

"पटपटांग ! धन–दौलत, माल–मवेशी सब साफ! देवता इन्दरासन चला गया।"

हीराबाई ने ओझल होते हुए मन्दिर के कँगूरे की ओर देखकर लम्बी साँस ली।

"लेकिन देवता ने जाते–जाते कहा, इस राज में कभी एक छोड़कर दो बेटा नहीं होगा। धन हम अपने साथ ले जा रहे हैं, गुन छोड़ जाते हैं। देवता के साथ सभी देव–देवी चले गये, सिर्फ सरोसती मैया रह गयी। उसी का मन्दिर है।"

देसी घोड़े पर पाट के बोझ लादे हुए बनियों को आते देखकर हिरामन ने टप्पर के परदे को गिरा दिया। बैलों को ललकारकर बिदेसिया नाच का बन्दना गीत गाने लगा–

"जै मैया सरोसती, अरजी करत बानी;

हमरा पर होखू सहाई हे मैया, हमरा पर होखू सहाई!"

घोड़लद्दे बनियों से हिरामन ने हुलसकर पूछा, "क्या भाव पटुआ खरीदते हैं महाजन ?"

लँगड़े घोड़ेवाले बनिये ने बटगमनी जवाब दिया– "नीचे सताइस–अठाइस, ऊपर तीस। जैसा माल, वैसा भाव।

जवान बनिये ने पूछा, "मेले का क्या हाल–चाल है, भाई ? कौन नौटंकी कम्पनी का खेल हो रहा है, रीता कम्पनी या मथुरामोहन ?"

"मेले का हाल मेलावाला जाने?" हिरामन ने फिर छत्तापुर–पचीरा का नाम लिया।

सूरज दो बाँस ऊपर आ गया था। हिरामन अपने बैलों से बात करने लगा– "एक कोस ज़मीन ! ज़रा दम बाँधकर चलो। प्यास की बेला हो गयी न ! याद है, उस बार तेगछिया के पास सरकस कम्पनी के जोकर और बन्दर नचानेवाला साहब में झगड़ा हो गया था। जोकरवा ठीक बन्दर की तरह दाँत किटकिटाकर किकियाने लगा था...न जाने किस–किस देस–मुलुक के आदमी आते हैं !"

हिरामन ने फिर परदे के छेद से देखा, हीराबाई एक कागज़ के टुकड़े पर आँख गड़ाकर बैठी है। हिरामन का मन आज हल्के सुर में बँधा है। उस को

तरह–तरह के गीतों की याद आती है। बीस–पच्चीस साल पहले, बिदेसिया, बलवाही, छोकरा–नाचवाले एक–से–एक गज़ल–खेमटा गाते थे। अब तो, भोंपा में भोंपू–भोंपू करके कौन गीत गाते हैं लोग! जा रे जमाना! छोकरा–नाच के गीत की याद आयी हिरामन को–

"सजनवा बैरी हो ग'ये हमारो ! सजनवा...!
अरे, चिठिया हो तो सब कोई बाँचे; चिठिया हो तो..
हाय! करमवा, होय करमवा....
कोई न बाँचे हमारो, सजनवा....हो करमवा.....!"

गाड़ी की बल्ली पर उँगलियों से ताल देकर गीत को काट दिया हिरामन ने। छोकरा–नाच के मनुवाँ नटुवा का मुँह हीराबाई जैसा ही था।...कहाँ चला गया वह जमाना? हर महीने गाँव में नाचवाले आते थे। हिरामन ने छोकरा–नाच के चलते अपनी भाभी की न जाने कितनी बोली–ठोली सुनी थी। भाई ने घर से निकल जाने को कहा था।

आज हिरामन पर माँ सरोसती सहाय हैं, लगता है। हीराबाई बोली, "वाह, कितना बढ़िया गाते हो तुम !"

हिरामन का मुँह लाल हो गया। वह सिर नीचा करके हँसने लगा।

आज तेगछिया पर रहनेवाले महावीर स्वामी भी सहाय हैं हिरामन पर। तेगछिया के नीचे एक भी गाड़ी नहीं। हमेशा गाड़ी और गाड़ीवानों की भीड़ लगी रहती है यहाँ। सिर्फ़ एक साइकिलवाला बैठकर सुस्ता रहा है। महावीर स्वामी को सुमरकर हिरामन ने गाड़ी रोकी। हीराबाई परदा हटाने लगी। हिरामन ने पहली बार आँखों से बात की हीराबाई से– साइकिलवाला इधर ही टकटकी लगाकर देख रहा है।

बैलों को खोलने के पहले बाँस की टिकटी लगाकर गाड़ी को टिका दिया। फिर साइकिलवाले की ओर बार–बार घूरते हुए पूछा, "कहाँ जाना है ? मेला ? कहाँ से आना हो रहा है ? बिसनपुर से ? बस, इतनी ही दूर में थसथसाकर थक गये ?– जा रे जवानी।"

साइकिलवाला दुबला–पतला नौजवान मिनमिनाकर कुछ बोला और बीड़ी सुलगाकर उठ खड़ा हुआ।

हिरामन दुनिया–भर की निगाह से बचाकर रखना चाहता है हीराबाई को। उसने चारों ओर नज़र दौड़ाकर देख लिया– कहीं कोई गाड़ी या घोड़ा नहीं।

कजरी नदी की दुबली–पतली धारा तेगछिया के पास आकर पूरब की

ओर मुड़ गयी है। हीराबाई पानी में बैठी हुई भैंसों और उनकी पीठ पर बैठे हुए बगुलों को देखती रही।

हिरामन बोला, "जाइए, घाट पर मुँह–हाथ धो आइए!"

हीराबाई गाड़ी से नीचे उतरी। हिरामन का कलेजा धड़क उठा।... नहीं, नहीं ! पाँव सीधे हैं, टेढ़े नहीं। लेकिन, तलुवा इतना लाल क्यों है ? हीराबाई घाट की ओर चली गयी, गाँव की बहू–बेटी की तरह सिर नीचा करके धीरे–धीरे। कौन कहेगा कि कम्पनी की औरत है !..औरत नहीं, लड़की। शायद कुमारी ही है।

हिरामन टिकटी पर टिकी गाड़ी पर बैठ गया। उसने टप्पर में झाँककर देखा। एक बार इधर–उधर देखकर हीराबाई के तकिये पर हाथ रख दिया। फिर तकिये पर केहुनी डालकर झुक गया, झुकता गया? खुशबू उसकी देह में समा गयी। तकिये के गिलाफ पर कढ़े फूलों को उँगलियों से छूकर उसने सूँघा, हाय रे हाय! इतनी सुगन्ध ! हिरामन को लगा, एक साथ पाँच चिलम गाँजा फूँककर वह उठा है। हीराबाई के छोटे आईने में उसने अपना मुँह देखा। आँखें उसकी इतनी लाल क्यों हैं ?

हीराबाई लौटकर आयी तो उसने हँसकर कहा, "अब आप गाड़ी का पहरा दीजिए, मैं आता हूँ तुरन्त।"

हिरामन ने अपनी सफरी झोली से सहेजी हुई गंजी निकाली। गमछा झाड़कर कन्धे पर लिया और हाथ में बालटी लटकाकर चला। उसके बैलों ने बारी–बारी से 'हुँक–हुँक' करके कुछ कहा। हिरामन ने जाते–जाते उलटकर कहा, 'हाँ, हाँ, प्यास सभी को लगी है। लौटकर आता हूँ तो घास दूँगा, बदमासी मत करो!"

बैलों ने कान हिलाये।

नहा–धोकर कब लौटा हिरामन, हीराबाई को नहीं मालूम। कजरी की धारा को देखते–देखते उसकी आँखों में रात की उचटी हुई नींद लौट आयी थी। हिरामन पास के गाँव से जलपान के लिए दही–चूड़ा–चीनी ले आया है।

"उठिए, नींद तोड़िए ! दो मुट्ठी जलपान कर लीजिए!"

हीराबाई आँख खोलकर अचरज में पड़ गयी। एक हाथ में मिट्टी के नये बरतन में दही, केले के पत्ते। दूसरे हाथ में बालटी–भर पानी। आँखों में आत्मीयतापूर्ण अनुरोध !

"इतनी चीज़ें कहाँ से ले आये !"

"इस गाँव का दही नामी है।....चाह तो फारबिसगंज जाकर ही पाइएगा।"

हिरामन की देह की गुदगुदी मिट गयी। हीराबाई ने कहा, "तुम भी पत्तल बिछाओ।...क्यों ? तुम नहीं खाओगे तो समेटकर रख लो अपनी झोली में। मैं भी नहीं खाऊँगी।"

"इस्स!" हिरामन लजाकर बोला, "अच्छी बात! आप खा लीजिए पहले!"

"पहले–पीछे क्या ? तुम भी बैठो।"

हिरामन का जी जुड़ा गया। हीराबाई ने अपने हाथ से उसका पत्तल बिछा दिया, पानी छींट दिया, चूड़ा निकालकर दिया। इस्स! धन्न है, धन्न है! हिरामन ने देखा, भगवती मैया भोग लगा रही हैं। लाल होंठों पर गोरस का परस!.... पहाड़ी तोते को दूध–भात खाते देखा है ?

दिन ढल गया।

टप्पर में सोयी हीराबाई और ज़मीन पर दरी बिछाकर सोये हिरामन की नींद एक ही साथ खुली।......मेले की ओर जानेवाली गाड़ियाँ तेगछिया के पास रुकी हैं। बच्चे कचर–पचर कर रहे हैं।

हिरामन हड़बड़ाकर उठा। टप्पर के अन्दर झाँककर इशारे से कहा– दिन ढल गया। गाड़ी में बैलों को जोतते समय उसने गाड़ीवानों के सवालों का कोई जवाब नहीं दिया। गाड़ी हाँकते हुए बोला, "सिरपुर बाज़ार के इसपिताल की डागडरनी हैं। रोगी देखने जा रही हैं। पास ही कुड़मागाम।"

हीराबाई छत्तापुर–पचीरा का नाम भूल गयी। गाड़ी जब कुछ दूर आगे बढ़ आयी तो उसने हँसकर पूछा, "पत्तापुर–छपीरा?"

हँसते–हँसते पेट में बल पड़ गये हिरामन के– "पत्तापुर–छपीरा! हा–हा! वे लोग छत्तापुर–पचीरा के ही गाड़ीवान थे, उनसे कैसे कहता ! ही–ही–ही!"

हीराबाई मुस्कराती हुई गाँव की ओर देखने लगी।

सड़क तेगछिया गाँव के बीच से निकलती है। गाँव के बच्चों ने परदेवाली गाड़ी देखी और तालियाँ बजा–बजाकर रटी हुई पंक्तियाँ दुहराने लगे–

"लाली–लाली डोलिया में लाली रे दुलहिनिया
पान खाये.....!"

हिरामन हँसा।.....दुलहिनिया.......लाली–लाली डोलिया ! दुलहिनिया पान खाती है, दुलहा की पगड़ी में मुँह पोंछती है। ओ दुलहिनिया, तेगछिया गाँव के बच्चों को याद रखना। लौटती बेर गुड़ का लड्डू लेती आइयो। लाख बरिस तेरा दुलहा जीये!....कितने दिनों का हौसला पूरा हुआ है हिरामन का ! ऐसे

कितने सपने देखे हैं उसने! वह दुलहिन को लेकर लौट रहा है। हर गाँव के बच्चे तालियाँ बजाकर गा रहे हैं। हर आँगन से झाँककर देख रही हैं औरतें। मर्द लोग पूछते हैं, 'कहाँ की गाड़ी है, कहाँ जायेगी?' उसकी दुलहिन डोली का परदा थोड़ा सरकाकर देखती है। और भी कितने सपने.....

गाँव से बाहर निकलकर उसने कनखियों से टप्पर के अन्दर देखा, हीराबाई कुछ सोच रही है। हिरामन भी किसी सोच में पड़ गया। थोड़ी देर के बाद वह गुनगुनाने लगा–

"सजन रे झूठ मति बोलो, खुदा के पास जाना है।
नहीं हाथी, नहीं घोड़ा, नहीं गाड़ी–
वहाँ पैदल ही जाना है। सजन रे.... ।"

हीराबाई ने पूछा, "क्यों मीता? तुम्हारी अपनी बोली के कोई गीत नहीं क्या?"

हिरामन अब बेखटक हीराबाई की आँखों में आँखें डालकर बात करता है। कम्पनी की औरत भी ऐसी होती है? सरकस, कम्पनी की मालकिन मेम थी। लेकिन हीराबाई, गाँव की बोली में गीत सुनना चाहती है। वह खुलकर मुस्कराया– "गाँव की बोली आप समझिएगा?"

"हुँ–ऊँ–ऊँ!" हीराबाई ने गर्दन हिलायी। कान के झुमके हिल गये।

हिरामन कुछ देर तक बैलों को हाँकता रहा चुपचाप। फिर बोला, "गीत ज़रूर ही सुनिएगा ? नहीं मानिएगा ?...इस्स! इतना शौक गाँव का गीत सुनने का है आपको! तब लीक छोड़नी होगी। चालू रास्ते में कैसे गीत गा सकता है कोई!" हिरामन ने बायें बैल की रस्सी खींचकर दाहिने को लीक से बाहर किया और बोला, "हरिपुर होकर नहीं जायेंगे तब।"

चालू लीक को काटते देखकर हिरामन की गाड़ी के पीछेवाले गाड़ीवान ने चिल्लाकर पूछा, "काहे हो गाड़ीवान, लीक छोड़कर बेलीक कहाँ उधर?"

हिरामन ने हवा में दुआली घुमाते हुए जवाब दिया– कहाँ है बेलीक ? वह सड़क ननपुर तो नहीं जायेगी।" फिर अपने–आप बड़बडाया, "इस मुलुक के लोगों की यही आदत बुरी है। राह चलते एक सौ जिरह करेंगे। अरे भाई, तुमको जाना है, जाओ।...देहाती भुच्च सब!"

ननपुर की सड़क पर गाड़ी लाकर हिरामन ने बैलों की रस्सी ढीली कर दी। बैलों ने दुलकी चाल छोड़कर कदमचाल पकड़ी।

हीराबाई ने देखा, सचमुच ननपुर की सड़क बड़ी सूनी है। हिरामन उसकी आँखों की बोली समझता है– "घबराने की बात नहीं। यह सड़क भी फारबिसगंज जायेगी, राह–घाट के लोग बहुत अच्छे हैं।....एक घड़ी रात तक हम लोग पहुँच जायेंगे।"

हीराबाई को फारबिसगंज पहुँचने की जल्दी नहीं। हिरामन पर उसको इतना भरोसा हो गया कि डर–भय की कोई बात ही नहीं उठती है मन में। हिरामन ने पहले जी–भर मुस्करा लिया। कौन गीत गाये वह! हीराबाई को गीत और कथा दोनों का शौक है...इस्स ! महुआ घटवारिन ? वह बोला, "अच्छा, जब आपको इतना शौक है तो सुनिए महुआ घटवारिन का गीत। इसमें गीत भी है, कथ्था भी है।"

....कितने दिनों के बाद भगवती ने यह हौसला भी पूरा कर दिया। जै भगवती! आज हिरामन अपने मन को खलास कर लेगा। वह हीराबाई की थमी हुई मुस्कराहट को देखता रहा।

"सुनिए ! आज भी परमार नदी में महुआ घटवारिन के कई पुराने घाट हैं। इसी मुलुक की थी महुआ ! थी तो घटवारिन, लेकिन सौ सतवन्ती में एक थी। उसका बाप दारू–ताड़ी पीकर दिन–रात बेहोश पड़ा रहता। उसकी सौतेली माँ साच्छात राकसनी! बहुत बड़ी नज़र–चालक। रात में गाँजा–दारू–अफीम चुराकर बेचनेवाले से लेकर तरह–तरह के लोगों से उसकी जान–पहचान थी। सबसे घुट्टी–भर हेल–मेल। महुआ कुमारी थी। लेकिन काम कराते–कराते उसकी हड्डी निकाल दी थी राकसनी ने। जवान हो गयी, कहीं शादी–ब्याह की बात भी नहीं चलायी। एक रात्त की बात सुनिए!"

हिरामन ने धीरे–धीरे गुनगुनाकर गला साफ किया–

हे अ–अ–अ सावना–भादवा के–र–उमड़ल नदिया–गे मै–यो–ओ–ओ,
मैयो गे रैनि भयावनि–हे–ए–ए–ए;
तड़का–तड़के धड़के करेज–आ–आ मोरा,
कि हमहूँ जे बार–नान्ही रे–ए–ए...... !"

ओ माँ, सावन–भादों की उमड़ी हुई नदी, भयावनी रात, बिजली कड़कती है, मैं बारी–क्वारी नन्हीं बच्ची, मेरा कलेज धड़कता है। अकेली कैसे जाऊँ घाट पर? सो भी एक परदेशी राही–बटोही के पैर में तेल लगाने के लिए! सत–माँ ने अपनी बज्जर–किवाड़ी बन्द कर ली। आसमान में मेघ हड़बड़ा उठे और हरहराकर बरसा होने लगी। महुआ रोने लगी, अपनी माँ को याद करके। आज

उसकी माँ रहती तो ऐसे दुरदिन में कलेजे से सटाकर रखती अपनी महुआ बेटी को। गे मइया, इसी दिन के लिए, यही दिखाने के लिए तुमने कोख में रखा था? महुआ अपनी माँ पर गुस्सायी—क्यों वह अकेली मर गयी, जी—भर कोसती हुई बोली।

हिरामन ने लक्ष्य किया, हीराबाई तकिये पर केहुनी गड़ाकर, गीत में मगन एकटक उसकी ओर देख रही है।.....खोयी हुई सूरत कैसी भोली लगती है!

हिरामन ने गले में कँपकँपी पैदा की—

"हुँ—ऊँ—ऊँ—रे डाइनियाँ मैयो मोरी—ई—ई,
नोनवा चटाई काह नाहिं मारलि सौरी—धर—अ—अ।
एहि दिनवाँ खातिर छिनरो धिया
तेंहु पोसलि कि नेनू—दूध उटगन.... ।"

हिरामन ने दम लेते हुए पूछा, "भाखा भी समझती हैं कुछ या खाली गीत ही सुनती हैं ?"

हीरा बोली, "समझती हूँ। उटगन माने उबटन—जो देह में लगाते हैं।"

हिरामन ने विस्मित होकर कहा, "इस्स!"....सो रोने—धोने से क्या होय! सौदागर ने पूरा दाम चुका दिया था महुआ का। बाल पकड़कर घसीटता हुआ नाव पर चढ़ा और माँझी को हुकुम दिया, नाव खोलो, पाल बाँधो ! पालवाली नाव परवाली चिड़िया की तरह उड़ चली। रात—भर महुआ रोती—छटपटाती रही। सौदागर के नौकरों ने बहुत डराया—धमकाया— 'चुप रहो, नहीं तो उठाकर पानी में फेंक देंगे।' बस, महुआ को गात सूझ गयी। भोर का ताना मेघ की आड़ से ज़रा बाहर आया, फिर छिप गया। इधर महुआ भी छपाक से कूद पड़ी पानी में।..सौदागर का एक नौकर महुआ को देखते ही मोहित हो गया था। महुआ की पीठ पर वह भी कूदा। उलटी धारा में तैरना खेल नहीं, सो भी भरी भादों की नदी में। महुआ असल घटवारिन की बेटी थी। मछली भी भला थकती है पानी में ! सफरी मछली—जैसी फरफराती, पानी चीरती भागी चली जा रही है। और उसके पीछे सौदागर का नौकर पुकार—पुकारकर कहता है—'महुआ ज़रा थमो, तुमको पकड़ने नहीं आ रहा, तुम्हारा साथी हूँ। ज़िन्दगी—भर साथ रहेंगे हम लोग।' लेकिन....

हिरामन का बहुत प्रिय गीत है यह। महुआ घटवारिन गाते समय उसके सामने सावन—भादों की नदी उमड़ने लगती है; अमावस्या की रात और घने बादलों में रह—रहकर बिजली चमक उठती है। उसकी चमक में लहरों से लड़ती

हुई बारी–कुमारी महुआ की झलक उसे मिल जाती है। सफरी मछली की चाल और तेज़ हो जाती है। उसको लगता है, वह खुद सौदागर का नौकर है। महुआ कोई बात नहीं सुनती। परतीत करती नहीं। उलटकर देखती भी नहीं। और वह थक गया है, तैरते–तैरते।....

इस बार लगता है महुआ ने अपने को पकड़ा दिया। खुद ही पकड़ में आ गयी है। उसने महुआ को छू लिया है, पा लिया है, उसकी थकान दूर हो गयी है। पन्द्रह–बीस साल तक उमड़ी हुई नदी की उलटी धारा में तैरते हुए उसके मन को किनारा मिल गया है। आनन्द के आँसू कोई भी रोक नहीं मानते।....

उसने हीराबाई से अपनी गीली आँखें चुराने की कोशिश की। किन्तु हीरा तो उसके मन में बैठी न जाने कब से सबकुछ देख रही थी। हिरामन ने अपनी काँपती हुई बोली को काबू में लाकर बैलों को झिड़की दी–"इस गीत में न जाने क्या है कि सुनते ही दोनों थसथसा जाते हैं। लगता है, सौ मन बोझ लाद दिया किसी ने।"

हीराबाई लम्बी साँस लेती हैं। हिरामन के अंग–अंग में उमंग समा जाती है।

"तुम तो उस्ताद हो मीता !"

"इस्स !"

आसिन–कातिक का सूरज दो बाँस दिन रहते ही कुम्हला जाता है। सूरज डूबने से पहले ही नननपुर पहुँचना है, हिरामन अपने बैलों को समझा रहा है–"कदम खोलकर और कलेजा बाँधकर चलो...ए...छि...छि:! बढ़के भैयन ! ले–ले–ले–ए हे–य !'

नननपुर तक वह अपने बैलों को ललकारता रहा। हर ललकार के पहले वह अपने बैलों की बीती हुई बातों की याद दिलाता– याद नहीं, चौधरी की बेटी की बरात में कितनी गाड़ियाँ थीं; सबको कैसे मात किया था ! हाँ, वही कदम निकालो। ले–ले–ले! नननपुर से फारबिसगंज तीन कोस! दो घण्टे और !

नननपुर के हाट पर आजकल चाय भी बिकने लगी है। हिरामन अपने लोटे में चाय भरकर ले आया।....कम्पनी की औरत को जानता है वह, सारा दिन, घड़ी–घड़ी–भर में, चाय पीती रहती है। चाय है या जान !

हीरा हँसते–हँसते लोट–पोट हो रही है– "अरे, तुमसे किसने कह दिया कि क्वारे आदमी को चाय नहीं पीनी चाहिए ?"

हिरामन लजा गया। क्या बोले वह ?...लाज की बात। लेकिन वह भोग चुका

है एक बार। सरकस कम्पनी की मेम के हाथ की चाय पीकर उसने देख लिया है। बड़ी गरम तासीर!

"पीजिए गुरुजी !" हीरा हँसी।

"इस्स !"

ननपुर हाट पर ही दीया–बाती जल चुकी थी। हिरामन ने अपने सफरी लालटेन जलाकर पिछवा में लटका दिया।.....आजकल शहर से पाँच कोस दूर के गाँववाले भी अपने को शहरू समझने लगे हैं। बिना रोशनी की गाड़ी को पकड़कर चालान कर देते हैं। बारह बखेड़ा!

"आप मुझे गुरुजी मत कहिए।"

"तुम मेरे उस्ताद हो। हमारे शास्तर में लिखा हुआ है, एक अच्छर सिखानेवाला भी गुरु और एक राग सिखानेवाला भी उस्ताद!"

"इस्स! शास्तर–पुरान भी जानती है !...मैंने क्या शिखाया ? मै क्या...?"

हीरा हँसकर गुनगुनाने लगी– 'हे–अ–अ–अ–सावना–भादवा के–र !"

हिरामन अचरज के मारे गूँगा हो गया।...इस्स ! इतना तेज़ जेहन ! हू–ब–हू महुआ घटवारिन !

गाड़ी सीताधार की एक सूखी धारा की उतरायी पर गड़गड़ाकर नीचे की ओर उतरी। हीराबाई ने हिरामन का कन्धा धर लिया एक हाथ से। बहुत देर तक हिरामन के कन्धे पर उसकी उँगलियाँ पड़ी रहीं। हिरामन ने नजर फिराकर कन्धे पर केन्द्रित करने की कोशिश की, कई बार। गाड़ी चढ़ाई पर पहुँची तो हीरा की ढीली उँगलियाँ फिर तन गयीं।

सामने फारबिसगंज शहर की रोशनी झिलमिला रही है। शहर से कुछ दूर हटकर मेले की रोशनी....टप्पर में लटके लालटेन की रोशनी में छाया नाचती हैं आसपास।.....डबडबायी आँखों से, हर रोशनी सूरजमुखी फूल की तरह दिखायी पड़ती है।

फारबिसगंज तो हिरामन का घर–दुआर है !

न जाने कितनी बार वह फारबिसगंज आया है। मेले की लदनी लादी है। किसी औरत के साथ ? हाँ, एक बार। उसकी भाभी जिस साल आयी थी गौने में। इसी तरह तिरपाल से गाड़ी को चारों ओर से घेरकर बासा बनाया गया था।...

हिरामन अपनी गाड़ी को तिरपाल से घेर रहा है, गाड़ीवाल–पट्टी में। सुबह होते ही रीता नौटंकी कम्पनी के मैनेजर से बात करके भरती हो जायेगी

हीराबाई। परसों मेला खुल रहा है। इस बार मेले में पालचट्टी खूब जमी है।..
.बस, एक रात। आज रात–भर हिरामन की गाड़ी में रहेगी वह।....हिरामन की गाड़ी में नहीं, घर में !

"कहाँ की गाड़ी है ?"...कौन, हिरामन ! किस मेले से? किस चीज़ की लदनी है ?"

गाँव–समाज के गाड़ीवान, एक–दूसरे को खोजकर, आसपास गाड़ी लगाकर बासा डालते हैं। अपने गाँव के लालमोहर, धुन्नीराम और पलटदास वगैरह गाड़ीवालों के दल को देखकर हिरामन अचकचा गया। उधर पलटदास टप्पर में झाँककर भड़का। मानो बाघ पर नज़र पड़ गयी। हिरामन ने इशारे से सभी को चुप किया। फिर गाड़ी की ओर कनखी मारकर फुसफुसाया– "चुप ! कम्पनी की औरत है, नौटंकी कम्पनी की।"

"कम्पनी की–ई–ई–ई!"

"??......??...× ×...!"

एक नहीं, अब चार हिरामन! चारों ने अचरज से एक–दूसरे को देखा।..
..कम्पनी नाम में कितना असर है ! हिरामन ने लक्ष्य किया, तीनों एक साथ सटक–दम हो गये। लालमोहर ने ज़रा दूर हटकर बतियाने की इच्छा प्रकट की, इशारे से ही। हिरामन ने टप्पर की ओर मुँह करके कहा, "होटिल तो नहीं खुला होगा कोई, हलवाई के यहाँ से पक्की ले आवें !"

"हिरामन, ज़रा इधर सुनो।".....कुछ नहीं खाऊँगी अभी। तो, तुम खा आओ।"

"क्या है, पैसा ? इस्स !".....पैसा देकर हिरामन ने कभी फारबिसगंज में कच्ची–पक्की नहीं खायी। उसके गाँव के इतने गाड़ीवान हैं, किस दिन के लिए? वह छू नहीं सकता पैसा। उसने हीराबाई से कहा, "बेकार, मेला–बाज़ार में हुज्जत मत कीजिए। पैसा रखिए।" मौका पाकर लालमोहर भी टप्पर के करीब आ गया। उसने सलाम करते हुए कहा, "चार आदमी के भात में दो आदमी खुशी से खा सकते हैं। बासा पर भात चढ़ा हुआ है। हें–हें–हें! हम लोग एकहि गाँव के हैं। गौवाँ–गिरामिन के रहते होटिल और हलवाई के यहाँ खायेगा हिरामन ?"

हिरामन ने लालमोहर का हाथ टीप दिया– "बेसी भचर–भचर मत बको।"

गाड़ी से चार रस्सी दूर जाते–जाते धुन्नीराम ने अपने कुलबुलाते हुए दिल

की बात खोल दी– "इस्स! तुम भी खूब हो हिरामन! उस साल कम्पनी का बाघ, इस बार कम्पनी की जनानी !"

हिरामन ने दबी आवाज में कहा, "भाई रे, यह हम लोगों के मुलुक की जनाना नहीं कि लटपट बोली सुनकर भी चुप रह जाये। एक तो पच्छिम की औरत, तिस पर कम्पनी की !"

धुन्नीराम ने अपनी शंका प्रकट की– "लेकिन कम्पनी में तो सुनते हैं पतुरिया रहती है।"

"धत्त !" सभी ने एक साथ उसको दुरदुरा दिया, "कैसा आदमी है ! पतुरिया रहेगी कम्पनी में भला ! देखो इसकी बुद्धि !...सुना है, देखा तो नहीं है कभी !"

धुन्नीराम ने अपनी ग़लती मान ली। पलटदास को बात सूझी– "हिरामन भाई, जनाना जात अकेली रहेगी गाड़ी पर ? कुछ भी हो, जनाना आखिर जनाना ही है। कोई जरूरत ही पड़ जाये !"

यह बात सभी को अच्छी लगी। हिरामन ने कहा, "बात ठीक है। पलट, तुम लौट आओ, गाड़ी के पास ही रहना। और देखो, गपशप ज़रा होशियारी से करना। हाँ !"

"हिरामन की देह से अतर–गुलाब की खुशबू निकलती है। हिरामन करमसाँड़ है। उस बार महीनों तक उसकी देह से बघाइन गन्ध नहीं गयी। लालमोहर ने हिरामन की गमछी सूँघ ली– "ए–हे"

हिरामन चलते–चलते रुक गया– "क्या करें लालमोहर भाई, ज़रा कहो तो! बड़ी जिद्द करती है, कहती है, नौटंकी देखना ही होगा।"

"फोकट में ही ?"

"और गाँव नहीं पहुँचेगी_यह बात ?"

हिरामन बोला, "नहीं जी! एक रात नौटंकी देखकर ज़िन्दगी–भर बोली–ठोली कौन सुने ?....देशी मुर्गी विलायती चाल!"

धुन्नीराम ने पूछा, "फोकट में भी देखने पर भी तुम्हारी भौजाई बात सुनायेगी ?"

लालमोहर के बासा के बगल में, लकड़ी की दूकान लादकर आये हुए गाड़ीवानों का बासा है। बासा के मीर–गाड़ीवान मियाँजान बूढ़े ने सफ़री गुड़गुड़ी पीते हुए पूछा, "क्यों भाई, मीनाबाज़ार की लदनी लादकर कौन आया है ?"

मीनाबाज़ार ! मीनाबाज़ार तो पुतरिया पट्टी को कहते हैं। .....क्या बोलता है यह बूढ़ा मियाँ ? लालमोहर ने हिरामन के कान में फुसफसाकर कहा, "तुम्हारी देह मह–मह महकती है। सच !"

लहसनवाँ लालमोहर का नौकर–गाड़ीवान है। उम्र में सबसे छोटा है। पहली बार आया है तो क्या ? बाबू–बबुआइनों के यहाँ बचपन से नौकरी कर चुका है। वह रह–रहकर वातावरण में कुछ सूँघता है, नाक सिकोड़कर। हिरामन ने देखा, लहसनवाँ का चेहरा तमतमा गया है। कौन आ रहा है धड़धड़ाता हुआ ?– "कौन, पलटदास? क्या है ?"

पलटदास आकर खड़ा हो गया चुपचाप। उसका मुँह भी तमतमाया हुआ था। हिरामन ने पूछा, "क्या हुआ ? बोलते क्यों नहीं ?"

क्या जवाब दे पलटदास ! हिरामन ने उसको चेतावनी दे दी थी, गपशप होशियारी से करना। वह चुपचाप गाड़ी की आसनी पर जाकर बैठ गया, हिरामन की जगह पर। हीराबाई ने पूछा, "तुम भी हीरामन के साथ हो ?" पलटदास ने गरदन हिलाकर हामी भरी। हीराबाई फिर लेट गयी।....चेहरा–मोहरा और बोली–बानी देख–सुनकर, पलटदास का कलेजा काँपने लगा; न जाने क्यों। हाँ! रामलीला में सिया सुकुमारी इसी तरह थकी लेटी हुई थी। जै! सियावर रामचन्द्र की जै !".....पलटदास के मन में जै–जैकार होने लगा। वह दास–बैस्नव, कीर्तनिया है। थकी हुई सीता महारानी के चरण टीपने की इच्छा प्रकट की उसने, हाथ की उँगलियों के इशारे से; मानो हारमोनियम की पटरियों पर नचा रहा हो। हीराबाई तमककर बैठ गयी– "अरे, पागल है क्या ? जाओ, भागो!...."

पलटदास को लगा, गुस्सायी हुई कम्पनी ही औरत की आँखों से चिनगारी निकल रही है– छटक्–छटक् ! वह भागा।.....

पलटदास क्या जवाब दे! वह मेला से भी भागने का उपाय सोच रहा है। बोला, "कुछ नहीं। हमको व्यापारी मिल गया। अभी ही टीसन जाकर माल लादना है। भात में तो अभी देर है। मैं लौट आता हूँ तब तक।"

खाते समय धुन्नीराम और लहसनवाँ ने पलटदास की टोकरी–भर निन्दा की। छोटा आदमी है। कमीना है। पैसे–पैसे का हिसाब जोड़ता है। खाने–पीने के बाद लालमोहर के दल ने अपना बासा तोड़ दिया। धुन्नी और लहसनवाँ गाड़ी जोतकर हिरामन के बासा पर चले, गाड़ी की लीक धरकर। हिरामन ने

चलते–चलते रुककर, लालमोहर से कहा, "ज़रा मेरे इस कंधे को सूँघो तो। सूँघकर देखो न ?"

लालमोहर मे कन्धा सूँघकर आँखें मूँद लीं। मुँह से अस्फुट शब्द निकला – "ए–ह !"

हिरामन ने कहा, "ज़रा–सा हाथ रखने पर इतनी खुशबू !....समझे !"

लालमोहर ने हिरामन का हाथ पकड़ लिया– "कन्धे पर हाथ रखा था? सच ?...सुनो हिरामन, नौटंकी देखने का ऐसा मौका फिर कभी हाथ नहीं लगेगा। हाँ!"

"तुम भी देखोगे ?"

लालमोहर की बत्तीसी चौराहे की रोशनी में झिलमिला उठी।

बासा पर पहुँचकर हिरामन ने देखा टप्पर के पास खड़ा बतिया रहा है कोई, हीराबाई से। धुन्नी और लहसनवाँ ने एक ही साथ कहा, "कहाँ रह गये पीछे ? बहुत देर से खोज रही है कम्पनी...!"

हिरामन ने टप्पर के पास जाकर देखा– अरे, यह तो वही बक्सा ढोने–वाला नौकर, जो चम्पानगर मेले में हीराबाई को गाड़ी पर बिठाकर अँधेरे में गायब हो गया था।

"आ गये हिरामन ! अच्छी बात, इधर आओ।....यह लो अपना भाड़ा और यह लो अपनी दच्छिना ! पच्चीस–पच्चीस, पचास।"

हिरामन को लगा, किसी ने आसमान से धकेलकर धरती पर गिरा दिया। किसी ने क्यों, इस बक्सा ढोनेवाले आदमी ने। कहाँ से आ गया ? उसकी जीभ पर आयी हुई बात जीभ पर ही रह गयी...इस्स ! दच्छिना! वह चुपचाप खड़ा रहा।

हीराबाई बोली, "लो पकड़ो। और सुनो, कल सुबह रौता कम्पनी में आकर मुझसे भेंट करना। पास बनवा दूँगी।....बोलते क्यों नहीं?"

लालमोहर ने कहा, "इलाम–बक्सीस दे रही हैं मालकिन, ले लो हिरामन !" हिरामन ने कटकर लालमोहर की ओर देखा।.....बोलने का ज़रा भी ढंग नहीं इस लालमोहर को।

धुन्नीराम की स्वगतोक्ति सभी ने सुनी, हीराबाई ने भी– गाड़ी–बैल छोड़कर नौटंकी कैसे देख सकता है कोई गाड़ीवान, मेले में ?

हिरामन ने रुपया लेते हुए कहा, "क्या बोलेंगे!" उसने हँसने की चेष्टा की।...कम्पनी की औरत कम्पनी में जा रही है। हिरामन का क्या ! बक्सा

ढोनेवाला रास्ता दिखाता हुआ आगे बढ़ा– "इधर सें।" हीराबाई जाते–जाते रुक गयी। हिरामन के बैलों को सम्बोधित करके बोली, "अच्छा, मैं चली भैयन !"

बैलों ने, भैया शब्द पर कान हिलाये।

"??.....??..x x ...!"

"भा–इ–यो, आज रात ! रौता संगीत नौटंकी कम्पनी के स्टेज पर ! गुलबदन देखिए, गुलबदन! आपको यह जानकर खुशी होगी कि मथुरामोहन कम्पनी की मशहूर एक्ट्रेस मिस हीरादेवी, जिसकी एक–एक अदा पर हज़ार जान फिदा हैं, इस बार हमारी कम्पनी में आ गयी हैं। याद रखिए। आज की रात। मिस हीरादेवी गुलबदन...!"

नौटंकीवालों के इस एलान से मेले की हर पट्टी में सरगर्मी फैल रही है।..हीराबाई, मिस हीरादेवी ? लैला, गुलबदन...? फिलिम एक्ट्रेस को मात करती है।

...तेरी बाँकी अदा पर मैं खुद हूँ फिदा,
तेरी चाहत को दिलबर बयाँ क्या करूँ !
यही खाहिश है कि इ–इ–इ तू मुझको देखा करे
और दिलोजान मैं तुमको देखा करूँ !

...किर्र–र्र–र्र–र्र...कड़ड़ड़ड़र्र–र्र–घन–घन–धड़ाम।

हर आदमी का दिल नगाड़ा हो गया है !

लालमोहर दौड़ता–हाँफता बासा पर आया...ऐ, ऐ हिरामन, यहाँ क्या बैठे हो, चलकर देखो जै–जैकार हो रहा है ! मय बाजा–गाजा, छापी–फाहरम के साथ हीराबाई की जै–जै कर रहा है।"

हिरामन हड़बड़ाकर उठा। लहसनवाँ ने कहा, "धुन्नी काका, तुम बासा पर रहो, मैं भी देख आऊँ।"

धुन्नी की बात कौन सुनता है। तीनों जन नौटंकी कम्पनी की एलानिया पार्टी के पीछे–पीछे चलने लगे। हर नुक्कड़ पर रुककर, बाजा बन्द करके एलान किया जाता है। एलान के हर शब्द पर हिरामन पुलक उठता है। हीराबाई का नाम, नाम के साथ अदा–फिदा वगैरह सुनकर उसने लालमोहर की पीठ थपथपा दी– "धन्न है, है या नहीं ?"

लालमोहर ने कहा, "अब बोलो ! अब भी नौटंकी नहीं देखोगे ?" सुबह से ही धुन्नीराम और लालमोहर समझा रहे थे, समझाकर हार चुके थे– "कम्पनी मे जा कर भेंट कर आओ। जाते–जाते पुरसिस कर गयी हैं।" लेकिन हिरामन

की बस एक बात– "धत्त, कौन भेंट करने जाये ! कम्पनी की औरत, कम्पनी में गयी। अब उससे क्या लेना–देना ! चीन्हेगी भी नहीं !"

वह मन–ही–मन रूठा हुआ था। एलान सुनने के बाद उसने लालमोहर से कहा, "जरूर देखना चाहिए, क्यों लालमोहर ?"

दोनों आपस में सलाह करके रीता कम्पनी की ओर चले। खेमे के पास पहुँचकर हिरामन ने लालमोहर को इशारा किया, पूछताछ करने का भार लालमोहर के सिर। लालमोहर कचराही बोलना जानता है। लालमोहर ने एक काले कोटवाले से कहा, "बाबू साहेब, ज़रा सुनिए तो!"

काले कोटवाले ने नाक–भौं चढ़ाकर कहा– "क्या है ? इधर क्यों ?"

लालमोहर की कचराही बोली गड़बड़ा गयी– तेवर देखकर बोला, "गुल गुल....नहीं–नहीं...बुलबुल.....नहीं।"

हिरामन ने झट–से सम्हाल दिया– "हीरादेवी किधर रहती हैं, बता सकते हैं ?"

उस आदमी की आँखें हठात् लाल हो गयीं। सामने खड़े नेपाली सिपाही को पुकारकर कहा, "इन लोगों को क्यों आने दिया इधर ?"

"हिरामन!"....वही फेनूगिलासी आवाज़ किधर से आयी ? खेमे के परदे को हटाकर हीराबाई ने बुलाया...यहाँ आ जाओ, अन्दर !.....देखो, बहादुर ! इसको पहचान लो। यह मेरा हिरामन है। समझे ?"

नेपाली दरबान हिरामन की ओर देखकर ज़रा मुस्कराया और चला गया। काले कोटवाले से जाकर कहा, "हीराबाई का आदमी है। नहीं रोकने बोला!"

लालमोहर पान ले आया नेपाली दरबान के लिए– "खाया जाय !"

"इस्स ! एक नहीं, पाँच पास। चारों अठनिया ! बोली कि जब तक मेले में हो, रोज रात में आकर देखना सबका खयाल रखती है। बोली कि तुम्हारे और साथी हैं, सभी के लिए पास ले जाओ। कम्पनी की औरतों की बात निराली होती है ! है या नहीं ?"

लालमोहर ने लाल कागज़ के टुकड़ों को छूकर देखा– "पा–स ! वाह रे हिरामन भाई !...लेकिन पाँच पास लेकर क्या होगा? पलटदास तो फिर पलटकर आया ही नहीं है अभी तक।"

हिरामन ने कहा, 'जाने दो अभागे को। तकदीर में लिखा नहीं।.... हाँ, पहले गुरुकसम खानी होगी सभी को, कि गाँव–घर में यह बात एक पंछी भी न जान पाये।"

लालमोहर ने उत्तेजित होकर कहा, "कौन साला बोलेगा, गाँव में जाकर ? पलटा ने अगर बदमाशी की तो दूसरी बार से फिर साथ नहीं लाऊँगा।"

हिरामन ने अपनी थैली आज हीराबाई के जिम्मे रख दी है। मेले का क्या ठिकाना! किस्म–किस्म के पाकिटकाट लोग हर साल आते हैं। अपने साथी–संगियों का भी क्या भरोसा ! हीराबाई मान गयी। हिरामन के कपड़े की काली थैली को उसने अपने चमड़े के बक्स में बन्द कर दिया। बक्से के ऊपर भी कपड़े का खोल और अन्दर भी झलमल रेशमी अस्तर ! मन का मान–अभिमान दूर हो गया।

लालमोहर और धुन्नीराम ने मिलकर हिरामन की बुद्धि की तारीफ़ की; उसके भाग्य को सराहा बार–बार। उसके भाई और भाभी की निन्दा की, दबी ज़बान से। हिरामन के जैसा हीरा भाई मिला है, इसीलिए ! कोई दूसरा भाई होता तो...।"

लहसनवाँ का मुँह लटका हुआ है। एलान सुनते–सुनते न जाने कहाँ चला गया कि घड़ी–भर साँझ होने के बाद लौटा है। लालमोहर ने एक मालिकाना झिड़की दी है, गाली के साथ– "सोहदा कहीं का !"

धुन्नीराम ने चूल्हे पर खिचड़ी चढ़ाते हुए कहा, "पहले यह फैसला कर लो कि गाड़ी के पास कौन रहेगा !"

"रहेगा कौन, यह लहसनवाँ कहाँ जायेगा ?"

लहसनवाँ रो पड़ा– "ऐ–ए–ए मालिक, हाथ जोड़ते हैं। एक्को झलक! बस एक झलक !"

हिरामन ने उदारतापूर्वक कहा, "अच्छा–अच्छा, एक झलक क्यों, एक घण्टा देखना। मैं आ जाऊँगा।"

नौटंकी शुरू होने के दो घण्टे पहले ही नगाड़ा बजना शुरू हो जाता है। और नगाड़ा शुरू होते ही लोग पतंगों की तरह टूटने लगते हैं। टिकटघर के पास भीड़ देखकर हिरामन को बड़ी हँसी आयी– "लालमोहर, उधर देख, कैसी धक्कमधुक्की कर रहे हैं लोग !"

"हिरामन भाय !"

"कौन, पलटदास! कहाँ की लदनी लाद आये ?" लालमोहर ने पराये गाँव के आदमी की तरह पूछा।

पलटदास ने हाथ मलते हुए माफ़ी माँगी– "कसूरवार हैं; जो सज़ा दो तुम लोग, सब मंजूर है। लेकिन सच्ची बात कहें कि सिया सुकुमारी....।"

हिरामन के मन का पुरइन नगाड़े के ताल पर विकसित हो चुका है। बोला,

"देखो पलटा, यह मत समझना कि गाँव–घर की जनाना है। देखो, तुम्हारे लिए भी पास दिया है; पास ले लो अपना, तमासा देखो।"

लालमोहर ने कहा, "लेकिन एक शर्त पर पास मिलेगा। बीच–बीच में लहसनवाँ को भी...।"

पलटदास को कुछ बताने की जरूरत नहीं। वह लहसनवाँ से बातचीत कर आया है अभी।

लालमोहर ने दूसरी शर्त सामने रखी– "गाँव में अगर यह बात मालूम हुई किसी तरह....!"

"राम–राम !" दाँत से जीभ को काटते हुए कहा पलटदास ने।

पलटदास ने बताया– "अठनिया फाटक इधर है।" फाटक पर खड़े दरबान ने हाथ से पास लेकर उनके चेहरे को बारी–बारी से देखा, बोला, "यह तो पास है। कहाँ से मिला ?"

अब लालमोहर की कचराही बोली सुने कोई! उसके तेवर देखकर दरबान घबरा गया– "मिलेगा कहाँ से ? अपनी कम्पनी से पूछ लीजिए जाकर। चार ही नहीं, देखिए एक और है।" जेब से पाँचवाँ पास निकालकर दिखाया लालमोहर ने।

एक रुपयावाले फाटक पर नेपाली दरबान खड़ा था। हिरामन ने पुकारकर कहा, "ए सिपाही दाजू, सुबह को ही पहचनवा दिया और अभी भूल गये ?"

नेपाली दरबान बोला, "हीराबाई का आदमी है सब। जाने दो। पास है तो फिर काहे को रोकता है ?"

अठनिया दर्जा !

तीनों ने 'कपड़घर' को अन्दर से पहली बार देखा। सामने कुरसी–बेंचवाले दर्जे हैं। परदे पर राम–बन–गमन की तसवीर है। पलटदास पहचान गया। उसने हाथ जोड़कर नमस्कार किया, परदे पर अंकित राम–सिया सुकुमारी और लखनलला को। "जै हो, जै हो !" पलटदास की आँखें भर आयीं।

हिरामन ने कहा, "लालमोहर, छापी सभी खड़े हैं या चल रहे हैं ?"

लालमोहर अपने बगल में बैठे दर्शकों से जान–पहचान कर चुका है। उसने कहा, "खेला अभी परदा के भीतर है। अभी जमनिका दे रहा है, लोग जमाने के लिए।"

पलटदास ढोलक बजाना जानता है, इसलिए नगाड़े के ताल पर गरदन हिलाता है और दियासलाई पर ताल काटता है। बीड़ी आदान–प्रदान करके हिरामन ने भी एकाध जान–पहचान कर ली। लालमोहर के परिचित आदमी ने

चादर से देह को ढकते हुए कहा, "नाच शुरू होने में अभी देर है, तब तक एक नींद ले लें।... सब दर्जा से अच्छा अठनिया दर्जा। सबसे पीछे सबसे ऊँची जगह पर है। ज़मीन पर गरम पुआल! हे–हे ! कुरसी–बेंच पर बैठकर इस सरदी के मौसम में तमासा देखनेवाले अभी घुच–घुचकर उठेंगे चाह पीने।"

उस आदमी ने अपने संगी से कहा, "खेला शुरू होने पर जगा देना। नहीं–नहीं, खेला शुरू होने पर नहीं, हिरिया जब स्टेज पर उतरे, हमको जगा देना।"

हिरामन के कलेजे में ज़रा आँच लगी।... हिरिया! बड़ा लटपटिया आदमी मालूम पड़ता है। उसने लालमोहर को आँख के इशारे से कहा, "इस आदमी से बतियाने की ज़रूरत नहीं।"

...घन–घन–घन–धड़ाम ! परदा उठ गया। हे–ए, हे–ए, हीराबाई शुरू में ही उतर गयी स्टेज पर ! कपड़घर खचमखच भर गया है। हिरामन का मुँह अचरज से खुल गया। लालमोहर को न जाने क्यों ऐसी हँसी आ रही है। हीराबाई के गीत के हर पद पर वह हँसता है, बेवजह।

गुलबदन दरबार लगाकर बैठी है। एलान कर रही है : जो आदमी तख्तहज़ारा बनाकर ला देगा, मुँहमाँगी चीज़ इनाम में दी जायेगी।... अजी, है कोई ऐसा फनकार, तो हो जाये तैयार, बनाकर लाये तख्तहज़ारा–आ ! किड़किड़–किर्रि –! अलबत्त नाचती है ! क्या गला है ! मालूम है, यह आदमी कहता है कि हीराबाई पान–बीड़ी, सिगरेट–जर्दा कुछ नहीं खाती !...ठीक कहता है। बड़ी नेमवाली रण्डी है।... कौन कहता है कि रण्डी है ! दाँता में मिरसी कहाँ है। पौडर से दाँत धो लेती होगी। हरगिज नहीं।...कौन आदमी है, बात की बेबात करता है ! कम्पनी की औरत को पतुरिया कहता है ! तुमको बात क्यों लगी? कौन है रण्डी का भड़वा ? मारो साले को ! मारो ! तेरी... ।

हो–हल्ला के बीच, हिरामन की आवाज़ कपड़घर को फाड़ रही है– "आओ, एक–एक की गरदन उतार लेंगे।"

लालमोहर दुलाली से पटापट पीटता जा रहा है सामने के लोगों को। पलटदास एक आदमी की छाती पर सवार है– "साला, सिया सुकुमारी को गाली देता है, सो भी मुसलमान होकर ?"

धुन्नीराम शुरू से ही चुप था। मारपीट शुरू होते ही वह कपड़घर से निकलकर बाहर भागा।

काले कोटवाले नौटंकी के मैनेजर नेपाली सिपाही के साथ दौड़े आये। दारोगा साहब ने हण्टर से पीट–पाट शुरू की। हण्टर खाकर लालमोहर तिलमिला उठा; कचराही बोली में भाषण देने लगा– "दारोगा साहब, मारते हैं,

मारिए। कोई हर्ज नहीं। लेकिन यह पास देख लीजिए, एक पास पाकिट में भी है। देख सकते हैं हुजूर। टिकस नहीं, पास !··· तब हम लोगों के सामने कम्पनी की औरत को कोई बुरी बात कहे तो कैसे छोड़ देंगे?''

कम्पनी के मैनेजर की समझ में आ गयी सारी बात। उसने दारोगा को समझाया– 'हुजूर, मैं समझ गया। यह सारी बदमाशी मथुरामोहन कम्पनीवालों की है। तमाशे में झगड़ा खड़ा करके कम्पनी को बदनाम··· नहीं हुजूर, इन लोगों को छोड़ दीजिए, हीराबाई के आदमी हैं। बेचारी की जान खतरे में है। हुजूर से कहा था न !''

हीराबाई का नाम सुनते ही दारोगा ने तीनों को छोड़ दिया। लेकिन तीनों की दुआली छीन ली गयी। मैनेजर ने तीनों को एक रुपयेवाले दर्जे में कुरसी पर बिठाया–''आप लोग यहीं बैठिए। पान भिजवा देता हूँ।'' कपड़घर शान्त हुआ और हीराबाई स्टेज पर लौट आयी।

नगाड़ा फिर घनघना उठा।

थोड़ी देर बाद तीनों को एक ही साथ धुन्नीराम का ख़याल हुआ– अरे, धुन्नीराम कहाँ गया ?

''मालिक, ओ मालिक !'' लहसनवाँ कपड़घर से बाहर चिल्लाकर पुकार रहा है, ओ लालमोहर मा–लि–क !''

लालमोहर ने तारस्वर में जवाब दिया– ''इधर से, इधर से ! एकटकिया फाटक से।'' सभी दर्शकों ने लालमोहर की ओर मुड़कर देखा। लहसनवाँ को नेपाली सिपाही लालमोहर के पास ले आया। लालमोहर ने जेब से पास निकालकर दिखा दिया। लहसनवाँ ने आते ही पूछा, ''मालिक, कौन आदमी क्या बोल रहा था ? बोलिए तो ज़रा। चेहरा दिखला दीजिए, उसकी एक झलक !''

लोगों ने लहसनवाँ की चौड़ी और सपाट छाती देखी। जाड़े के मौसम में भी खाली देह !··· चेले–चाटी के साथ हैं ये लोग !

लालमोहर ने लहसनवाँ को शान्त किया।

···तीनों–चारों से मत पूछे कोई, नौटंकी में क्या देखा। क़िस्सा कैसे याद रहे। हिरामन को लगता था, हीराबाई शुरू से ही उसी की ओर टकटकी लगाकर देख रही है, गा रही है, नाच रही है। लालमोहर को लगता था हीराबाई उसी की ओर देखती है। वह समझ गयी है, हिरामन से भी ज़्यादा पावरवाला आदमी है लालमोहर ! पलटदास किस्सा समझता है।··· किस्सा और क्या होगा, रमैन की ही बात। वही राम, वही सीता, वही लखनलाल और वही रावन ! सिया

सुकुमारी को रामजी से छीनने के लिए रावन तरह–तरह का रूप धरकर आता है। राम और सीता भी रूप बदल लेते हैं। यहाँ भी तख्त–हज़ारा बनानेवाला माली का बेटा राम है। गुलबदन सिया सुकुमारी है। माली के लड़के का दोस्त लखनलला है और सुलतान है रावन।...धुन्नीराम को बुखार है तेज ! लहसनवाँ को सबसे अच्छा जोकर का पार्ट लगा है...चिरैया तोंहके लेके ना जइवै नरहट के बजरिया ! वह उस ज़ोकर से दोस्ती लगाना चाहता है।....नहीं लगावेगा दोस्ती, जोकर साहब ?

हिरामन को एक गीत की आधी कड़ी हाथ लगी है– 'मारे गये गुलफ़ाम !' कौन था यह गुलफाम ? हीराबाई रोती हुई गा रही है– "अजी हाँ, मारे गये गुलफाम !" टिड़िड़िड़ि...बेचारा गुलफ़ाम !

तीनों को दुआली वापस देते हुए पुलिस के सिपाही ने कहा, "लाठी–दुआली लेकर नाच देखने आते हो ?"

दूसरे दिन मेले–भर में यह बात फैल गयी– मथुरामोहन कम्पनी से भागकर आयी है हीराबाई, इसीलिए इस बार मथुरामोहन कम्पनी नहीं आयी है।....उसके गुण्डे आये हैं ....हीराबाई भी कम नहीं। बड़ी खेलाड़ औरत है। तेरह–तेरह देहाती लठैत पाल रही है।....'वाह मेरी जान' भी कहे तो कोई ! मजाल है !

दस दिन..... दिन–रात !.....

दिन–भर भाड़ा ढोता हिरामन। शाम होते ही नौटंकी का नगाड़ा बजने लगता। नगाड़े की आवाज़ सुनते ही हीराबाई की पुकार कानों के पास मँडराने लगती– भैया.....मीता..... हिरामन्.....उस्ताद..... गुरू जी ! हमेशा कोई–न–कोई बाजा उसके मन के कोने में बजता रहता, दिन–भर। कभी हारमोनियम, कभी नगाड़ा, कभी ढोलक और कभी हीराबाई की पैजनी। उन्हीं साजों की गत पर हिरामन उठता–बैठता, चलता–फिरता। नौटंकी कम्पनी के मैनेजर से लेकर परदा खींचनेवाले तक उसको पहचानते हैं।..... हीराबाई का आदमी है।

पलटदास हर रात नौटंकी शुरू होने के समय श्रद्धापूर्वक स्टेज को नमस्कार करता, हाथ जोड़कर। लालमोहर, एक दिन अपनी कचराही बोली सुनाने गया था हीराबाई को। हीराबाई ने पहचाना ही नहीं। तब से उसका दिल छोटा हो गया है। उसका नौकर लहसनवाँ उसके हाथ से निकल गया है, नौटंकी कम्पनी में भर्ती हो गया है। जोकर से उसकी दोस्ती हो गयी है। दिन–भर पानी भरता है, कपड़े धोता है। कहता है, गाँव में क्या है जो जायेंगे! लालमोहर उदास रहता है। धुन्नीराम् घर चला गया है, बीमार होकर।

हिरामन आज सुबह से तीन बार लदनी लादकर स्टेशन आ चुका है। आज न जाने क्यों उसको अपनी भौजाई की याद आ रही है।... धुन्नीराम ने कुछ कह तो नहीं दिया है, बुखार की झोंक में ! यहीं कितना अटर–पटर बक रहा था–गुलबदन, तख्त–हज़ारा !... लहसनवाँ मौज में है। दिन–भर हीराबाई को देखता होगा। कल कह रहा था, हिरामन मालिक, तुम्हारे अकबाल से खूब मौज में हूँ। हीराबाई की साड़ी धोने के बाद कठौते का पानी अतरगुलाब हो जाता है। उसमें अपनी गमछी डुबाकर छोड़ देता हूँ। लो, सूँघोगे ?... हर रात, किसी–न–किसी के मुँह से सुनता है वह– हीराबाई रण्डी है। कितने लोगों से लड़े वह ! बिना देखें ही लोग कैसे कोई बात बोलते हैं! राजा को भी लोग पीठ–पीछे गाली देते हैं ! आज वह हीराबाई से मिलकर कहेगा, नौटंकी कम्पनी में रहने से बहुत बदनाम करते हैं लोग। सरकस कम्पनी में क्यों नहीं काम करती ?... सबके सामने नाचती है, हिरामन का कलेजा दप–दप जलता रहता है उस समय। सरकस कम्पनी में बाघ को... उसके पास जाने की हिम्मत कौन करेगा ! सुरक्षित रहेगी हीराबाई !... किधर की गाड़ी आ रही है ?

"हिरामन, ए हिरामन भाय !" लालमोहर की बोली सुनकर हिरामन ने गरदन मोड़कर देखा।... क्या लादकर लाया है लालमोहर ?

"तुमको ढूँढ रही है हीराबाई, इस्टिसन पर। जा रही है।" एक ही साँस में सुना गया। लालमोहर की गाड़ी पर ही आयी है मेले से।

"जा रही है ? कहाँ ? हीराबाई रेलगाड़ी से जा रही है ?"

हिरामन ने गाड़ी खोल दी। मालगुदाम के चौकीदार से कहा, "भैया, ज़रा गाड़ी–बैल देखते रहिए। आ रहे हैं।"

"उस्ताद !" ज़नाना मुसाफिरखाने के फाटक के पास हीराबाई ओढ़नी से मुँह–हाथ ढककर खड़ी थी। थैली बढ़ाती हुई बोली, "लो ! हे भगवान ! भेंट हो गयी, चलो, मैं तो उम्मीद खो चुकी थी। तुमसे अब भेंट नहीं हो सकेगी। मैं जा रही हूँ गुरुजी !"

बक्सा ढोनेवाला आदमी आज कोट–पतलून पहनकर बाबूसाहब बन गया है। मालिकों की तरह कुलियों को हुकम दे रहा है– "जनाना दर्जा में चढ़ाना। अच्छा ?"

हिरामन हाथ में थैली लेकर चुपचाप खड़ा रहा। कुरते के अन्दर से थैली निकालकर दी है हीराबाई ने।... चिड़िया की देह की तरह गर्म है थैली।

"गाड़ी आ रही है।" बक्सा ढोनेवाले ने मुँह बनाते हुए हीराबाई की ओर देखा। उसके चेहरे का भाव स्पष्ट है– इतना ज़्यादा क्या है...?

हीराबाई चंचल हो गयी। बोली, "हिरामन, इधर आओ, अन्दर। मैं फिर लौटकर जा रही हूँ मथुरामोहन कम्पनी में। अपने देश की कम्पनी है।... बनैली मेला आओगे न ?"

हीराबाई ने हिरामन के कन्धे पर हाथ रखा... इस बार दाहिने कन्धे पर। फिर अपनी थैली से रुपया निकालते हुए बोली, "एक गरम चादर खरीद लेना... ।

हिरामन की बोली फूटी, इतनी देर के बाद– "इस्स ! हरदम रुपैया–पैसा ! रखिए रुपैया !...क्या करेंगे चादर ?"

हीराबाई का हाथ रुक गया। उसने हिरामन के चेहरे को गौर से देखा। फिर बोली, "तुम्हारा जी बहुत छोटा हो गया है। क्यों मीता ?..... महुआ घटवारिन को सौदागर ने खरीद जो लिया है गुरुजी !"

गला भर आया हीराबाई का। बक्सा ढोनेवाले ने बाहर से आवाज़ दी– "गाड़ी आ गयी।"

हिरामन कमरे से बाहर निकल आया। बक्सा ढोनेवाले ने नौटंकी के जोकर–जैसा मुँह बनाकर कहा, " 'लाटफारम' से बाहर भागो। बिना टिकट के पकड़ेगा तो तीन महीने की हवा... ।"

हिरामन चुपचाप फाटक से बाहर जाकर खड़ा हो गया। ....टीसन की बात, रेलवे का राज ! नहीं तो इस बक्सा ढोनेवाले का मुँह सीधा कर देता हिरामन।...

हीराबाई ठीक सामनेवाली कोठरी में चढ़ी। इस्स ! इतना टान ! गाड़ी में बैठकर भी हिरामन की ओर देख रही है, टुकुर–टुकुर।... लालमोहर को देखकर जी जल उठता है, हमेशा पीछे–पीछे; हरदम हिस्सादारी सूझती है।

गाड़ी ने सीटी दी। हिरामन को लगा, उसके अन्दर से कोई आवाज़ निकलकर सीटी के साथ ऊपर की ओर चली गयी–कू–ऊ–ऊ ! इस्स....!

–छी–ई–ई–छक्क! गाड़ी हिली। हिरामन ने अपने दाहिने पैर के अँगूठे को बायें पैर की एड़ी से कुचल लिया। कलेजे की धड़कन ठीक हो गयी।... हीराबाई हाथ की बैंगनी साफी से चेहरा पोंछती है। साफी हिलाकर इशारा करती है... अब जाओ।... आखिरी डब्बा गुज़रा; प्लेटफार्म खाली....सब खाली

खोखले··· मालगाड़ी के डब्बे! दुनिया ही खाली हो गयी मानो ! हिरामन अपनी गाड़ी के पास लौट आया।

हिरामन ने लालमोहर से पूछा, "तुम कब तक लौट रहे हो गाँव?"

लालमोहर बोला, "अभी गाँव जाकर क्या करेंगे ? यही तो भाड़ा कमाने का मौका है! हीराबाई चली गयी, मेला अब टूटेगा।"

"–अच्छी बात ! कोई सामान देना है का ?"

लालमोहर ने हिरामन को समझाने की कोशिश की। लेकिन हिरामन ने अपनी गाड़ी गाँव की ओर जानेवाली सड़क की ओर मोड़ दी।··· अब मेले में क्या धरा है ! खोखला मेला!

रेलवे लाइन की बगल से बैलगाड़ी की कच्ची सड़क गयी है दूर तक। हिरामन कभी रेल पर नहीं चढ़ा है। उसके मन में फिर पुरानी लालसा झाँकी, रेलगाड़ी पर सवार होकर, गीत गाते हुए जगरनाथ–धाम जाने की लालसा।.. .उलटकर अपने खाली टप्पर की ओर देखने की हिम्मत नहीं होती है। पीठ में आज भी गुदगुदी लगती है। आज भी रह–रहकर चम्पा का फूल खिल उठता है, उसकी गाड़ी में। एक–एक गीत की टूटी कड़ी पर नगाड़े का ताल कट जाता है, बार–बार !.

उसने उलटकर देखा, बोरे भी नहीं, बाँस भी नहीं, बाघ भी नहीं....परी.. देवी··· मीता··· हीरादेवी··· महुआ घटवारिन– को–ई नहीं। मरे हुए मुहूर्तों की गूँगी आवाजें मुखर होना चाहती हैं। हिरामन के होंठ हिल रहे हैं। शायद वह तीसरी कसम खा रहा है– कम्पनी की औरत की लदनी··· ।

हिरामन ने हठात् अपने दोनों बैलों को झिड़की दी, दुआली से मारते हुए बोला, "रेलवे लाइन की ओर उलट–उलटकर क्या देखते हो ?" दोनों बैलों ने कदम खोलकर चाल पकड़ी। हिरामन गुनगुनाने लगा– "अजी हाँ, मारे गये गुलफ़ाम···!"

■

चीफ की दावत

—भीष्म साहनी

आज मिस्टर शामनाथ के घर चीफ़ की दावत थी।

शामनाथ और उनकी धर्मपत्नी को पसीना पोंछने की फुर्सत न थी। पत्नी ड्रेसिंग–गाउन पहने, उलझे हुए बालों का जूड़ा बनाये, मुँह पर फैली हुई सुर्खी और पाउडर को मले और मिस्टर शामनाथ सिगरेट–पर–सिगरेट फूँकते हुए, चीज़ों की फेहरिस्त हाथ में थामे एक कमरे से दूसरे में आ–जा रहे थे।

आखिर पाँच बजते–बजते तैयारी मुकम्मल होने लगी। कुर्सियाँ, मेज, तिपाइयाँ, नैपकिन, फूल सब बरामदे में पहुँच गये। ड्रिंक्स का इन्तज़ाम बैठक में कर दिया गया। अब घर का फालतू सामान अलमारियों के पीछे और पलंगों के नीचे छुपाया जाने लगा। तभी शामनाथ के सामने सहसा एक अड़चन खड़ी हो गयी–माँ का क्या होगा ?

इस बात की ओर न उनका और न उनकी कुशल गृहिणी का ध्यान गया था। मिस्टर शामनाथ श्रीमती की ओर घूमकर अँगरेज़ी में बोले–माँ का क्या होगा ?

श्रीमती काम करते–करते ठहर गयीं, और थोड़ी देर तक सोचने के बाद बोलीं– इन्हें पिछवाड़े इनकी सहेली के घर भेज दो। रात भर बेशक वहीं रहें। कल आ जायँ।

शामनाथ सिगरेट मुँह में रखे, सिकुड़ी आँखों से श्रीमती के चेहरे की ओर देखते हुए पल भर सोचते रहे, फिर सिर हिलाकर बोले–नहीं, मैं नहीं चाहता कि उस बुढ़िया का आना–जाना यहाँ फिर से शुरू हो। पहले ही बड़ी मुश्किल से बन्द किया था। माँ से कहें कि जल्दी ही खाना खाकर शाम को ही अपनी कोठरी में चली जायँ। मेहमान कहीं आठ बजे आयेंगे, इससे पहले ही अपने काम से निपट लें।

सुझाव ठीक था। दोनों को पसन्द आया। मगर फिर सहसा श्रीमती बोल उठीं, जो वह सो गयीं और नींद में खर्राटे लगाने लगीं, तो ? साथ ही तो बरामदा है, जहाँ लोग खाना खायेंगे–

–तो इन्हें कह देंगे कि अन्दर से दरवाज़ा बन्द करे लें। मैं बाहर से ताला

लगा दूँगा। या माँ को कह देता हूँ कि अन्दर जाकर सोये नहीं, बैठी रहें और क्या ?

—और जो सो गयीं, तो ? डिनर का क्या मालूम कब तक चले। ग्यारह—ग्यारह बजे तक तो तुम लोग ड्रिंक ही करते रहते हो।

शामनाथ कुछ खीझ उठे, हाथ झटकते हुए बोले— "अच्छी भली यह भाई के पास जा रही थीं। तुमने यूँ ही खुद अच्छा बनने के लिए बीच में टाँग अड़ा दी।"

—वाह ! तुम माँ और बेटे की बातों में मैं क्यों बुरी बनूँ ? तुम जानो और वह जानें।

मिस्टर शामनाथ चुप रहे। यह मौका बहस का न था। समस्या का हल ढूढ़ँने का था। उन्होंने घूमकर माँ की कोठरी की ओर देखा। कोठरी का दरवाज़ा बरामदे में खुलता था। बरामदे की ओर देखते हुए झट से बोले—मैंने सोच लिया है और उन्हीं कदमों माँ की कोठरी के बाहर ज़ा खड़े हुए। माँ दीवार के साथ एक चौकी पर बैठी, दुपट्टे में मुँह—सिर लपेटे माला जप रही थीं। सुबह से तैयारी होती देखते हुए माँ का भी दिल धड़क रहा था। बेटे के दफ्तर का बड़ा साहब घर पर आ रहा है, सारा काम सुभीते से चल जाय।

माँ आज तुम खाना जल्दी खा लेना। मेहमान लोग साढ़े सात बजे आ जायेंगे।

—माँ ने धीरे से मुँह पर से दुपट्टा हटाया और बेटे को देखते हुए कहा—आज मुझे खाना नहीं खाना है बेटा, तुम जानते हो, माँस—मछली बने, तो मैं कुछ नहीं खाती।

—जैसा भी हो, अपने काम से जल्दी निपट लेना।

—अच्छा बेटा।

—और माँ, हम लोग पहले बैठक में बैठेंगे। उतनी देर तुम यहाँ बरामदे में बैठना। फिर जब हम यहाँ आ जायँ, तो तुम गुसलखाने के रास्ते बैठक में चली जाना।

माँ अवाक् बेटे का चेहरा देखने लगी। फिर धीरे से बोली—अच्छा बेटा।

—और माँ, आज जल्दी सो नहीं जाना। तुम्हारे खर्राटों की आवाज़ दूर तक जाती है। माँ लज्जित—सी आवाज में बोलीं—क्या करूँ, बेटा मेरे बस की बात नहीं है। जब से बीमारी से उठी हूँ, नाक से साँस नहीं ले सकती।

मिस्टर शामनाथ ने इन्तज़ाम तो कर दिया, फिर भी उनकी उधेड़बुन खत्म

नहीं हुई। जो चीफ़ अचानक उधर आ निकला तो ? आठ–दस मेहमान होंगे, देसी अफसरों की स्त्रियाँ होंगी, कोई भी गुसलखाने की तरफ जा सकता है। क्षोभ और क्रोध में वह फिर झुँझलाने लगे। एक कुर्सी को उठाकर बरामदे में कोठरी के बाहर रखते हुए बोले–आओ माँ, इस पर ज़रा बैठो तो।

माँ माला, सँभालती, पल्ला ठीक करती हुई उठीं, और धीरे से कुर्सी पर आकर बैठ गयीं।

–यूँ नहीं माँ, टाँगें ऊपर चढ़ाकर नहीं बैठते। यह खाट नहीं है।

माँ ने टाँगें नीचे उतार लीं।

–और खुदा के वास्ते नंगे पाँव नहीं घूमना। न ही वह खड़ाऊँ पहनकर सामने आना। किसी दिन तुम्हारी वह खड़ाऊँ उठाकर मैं बाहर फेंक दूँगा।

माँ चुप रहीं।

–कपड़े कौन से पहनोगी, माँ ?

--जो हैं, वही पहनूँगी बेटा। जो कहो, पहन लूँ।

मिस्टर शामनाथ सिगरेट मुँह में रखे, फिर अधखुली आँखों से माँ की ओर देखने लगे और माँ के कपड़ों की सोचने लगे। शामनाथ हर बात में तरतीब चाहते थे। घर का संचालन उनके अपने हाथ में था। खूटियाँ कमरों में कहाँ लगायी जायँ, बिस्तर कहाँ पर बिछे, किस रंग के पर्दे लगाये जायँ। श्रीमती कौन–सी साड़ी पहनें, मेज़ किस–किस साइज़ की हो। शामनाथ को चिन्ता थी कि अगर चीफ़ का साक्षात् माँ से हो गया, तो कहीं लज्जित नहीं होना पड़े। माँ को सिर से पाँव तक देखते हुए बोले–तुम सफेद कमीज़ और सफेद सलवार पहन लो, माँ ! पहन के आओ तो ज़रा देखूँ।

माँ धीरे से उठी और अपनी कोठरी में कपड़े पहनने चली गयी।

यह माँ का झमेला ही रहेगा–उन्होंने फिर अँगरेज़ी में अपनी स्त्री से कहा–कोई ढंग की बात हो, तो भी कोई कहे। अगर, कहीं कोई उल्टी–सीधी बात हो गयी, चीफ़ को बुरा लगा, तो सारा मज़ा जाता रहेगा।

माँ सफ़ेद कमीज़ और सफेद सलवार पहन कर बाहर निकलीं। छोटा–सा कद सफ़ेद कपड़ों में लिपटा, छोटा–सा–सूखा हुआ शरीर, धुँधली आँखें, केवल सिर के आधे झड़े हुए बाल पल्ले की ओट में छिप पाये थे। पहले से कुछ ही कम कुरूप नज़र आ रही थीं।

–चलो, ठीक है। कोई चूड़ियाँ–वूड़ियाँ हों तो वह भी पहन लो। कोई हर्ज़ नहीं।

—चूड़ियाँ कहाँ से लाऊँ बेटा, तुम तो जानते हो, सब जेवर तुम्हारी पढ़ाई में बिक गये।

यह वाक्य शामनाथ को तीर की तरह लगा। तिनककर बोले—यह कौन—सा राग छेड़ दिया माँ ! सीधा कह दो, नहीं है जेवर, बस। इससे पढ़ाई—वढ़ाई का क्या ताल्लुक है ? जो ज़ेवर बिका तो कुछ बनकर ही आया हूँ, निरां लंडूरा तो नहीं लौट आया। जितना दिया था उससे दुगना ले लेना।

—मेरी जीभ जल जाय बेटा, तुमसे ज़ेवर लूँगी ? मेरे मुँह से यूँ ही निकल गया। जो होते, तो लाख बार पहनती।

साढ़े पाँच बज चुके थे। अभी मिस्टर शामनाथ को खुद भी नहा—धोकर तैयार होना था। श्रीमती कब के अपने कमरे में जा चुकी थीं। शामनाथ जाते हुए एक बार फिर माँ को हिदायत करते गये—माँ, रोज़ की तरह गुमसुम बनकर नहीं बैठी रहना। अगर साहब इधर आ निकलें और कोई बात पूछें तो ठीक तरह से बात का जवाब देना।

—मैं न पढ़ी, न लिखी, बेटा, मैं क्या बात करूँगी। तुम कह देना, माँ अनपढ़ हैं, कुछ जानती—समझती नहीं। वह नहीं पूछेगा।

सात बजते—बजते माँ का दिल धक्—धक् करने लगा। अगर चीफ़ सामने आ गया और उसने कुछ पूछा तो वह क्या जवाब देगी ? अँगरेज़ों को तो दूर से ही देखकर वह घबरा उठती थी, यह तो अमरीकी है। न मालूम क्या पूछे ! मैं क्या कहूँगी ! माँ का जी चाहा कि चुपचाप पिछवाड़े विधवा सहेली के घर चली जाय। मगर बेटे के हुक्म को कैसे टाल सकती थी। चुपचाप कुर्सी पर से टाँगें लटकाये वहीं बैठी रही।

एक कामयाब पार्टी वह है जिसमें ड्रिंक कामयाबी से चल जाय। शामनाथ की पार्टी सफलता के शिखर चूमने लगी। वार्तालाप उसी रौ में बह रहा था, जिस रौ में गिलास भरे जा रहे थे। कहीं कोई रुकावट न थी, कोई अड़चन न थी। साहब को ह्विस्की पसन्द आयी थी। मेमसाहब को पर्दे पसन्द आये थे, सोफ़ा—क़वर का डिज़ाइन पसन्द आया था, कमरे की सजावट पसन्द आयी थी। इससे बढ़कर क्या चाहिए। साहब तो ड्रिंक के दूसरे दौर में ही चुटकुले और कहानियाँ कहने लग गये थे। दफ़्तर में जितना रौब रखते थे, यहाँ पर उतने ही दोस्त—परवर हो रहे थे और उनकी स्त्री, काला गाउन पहने, गले में सफेद मोतियों का हार, सेंट और पाउडर की महक से ओत—प्रोत, कमरे में बैठी सभी

देसी स्त्रियों की आराधना का केन्द्र बनी हुई थीं। बात–बात पर हँसतीं, बात–बात पर सिर हिलातीं और शामनाथ की स्त्री से तो ऐसे बातें कर रही थीं जैसे उनकी पुरानी सहेली हों। और इसी रौ में पीते–पिलाते साढ़े दस बज गये। वक्त गुज़रता गया, पता ही न चला।

आखिर सब लोग अपने–अपने गिलासों में से आखिरी घूँट पीकर खाना खाने के लिए उठे और बैठक से बाहर निक़ले। आगे–आगे शामनाथ रास्ता दिखाते हुए, पीछे चीफ़ और दूसरे मेहमान।

बरामदे में पहुँचते ही शामनाथ सहसा ठिठक गये। जो दृश्य उन्होंने देखा, उससे उनकी टाँगें, लड़खड़ा गयीं और क्षण भर में सारा नशा हिरन होने लगा। बरामदे में ऐन कोठरी के बाहर माँ अपनी कुर्सी पर ज्यों–की–त्यों बैठी थीं, मगर दोनों पाँव कुर्सी की सीट पर रखे हुए, और सिर दायें से बायें, और बायें से दायें झूल रहा था और मुँह में से लगातार गहरे खर्राटों की आवाज़ें आ रही थीं। जब सिर कुछ देर के लिए टेढ़ा होकर एक तरफ़ को थम जाता, तो खर्राटे और भी गहरे हो उठते। और फिर जब झटके से नींद टूटती, तो सिर फिर दाये से बायें झूलने लगता। पल्ला सिर पर से खिसक आया था, और माँ के झड़े हुए बाल आधे गंजे सिर पर अस्त–व्यस्त बिखर रहे थे।

देखते ही शामनाथ क्रुद्ध हो उठे। जी चाहा कि माँ को धक्का देकर उठा दें और उन्हें कोठरी में ढकेल दें; मगर ऐसा करना सम्भव न था, चीफ और बाकी मेहमान पास खड़े थे।

माँ को देखते ही देसी अफसरों की कुछ स्त्रियाँ हँस दीं कि इतने में चीफ ने धीरे से कहा–पूअर डियर !

माँ हड़बड़ाकर उठ बैठी। सामने खड़े इतने लोगों को देखकर ऐसी घबरायीं कि कुछ कहते न बना। झट से पल्ला सिर पर रखती हुई खड़ी हो गयीं और ज़मीन की ओर देखने लगीं। उनके पाँव लड़खड़ाने लगे और हाथों की अँगुलियाँ थर–थर काँपने लगीं।

–माँ तुम जाकर सो जाओ, तुम क्यों इतनी देर तक जाग रही थीं ? और खिसयायी हुई नज़रों से शामनाथ चीफ़ के मुँह की ओर देखने लगे।

चीफ के चेहरे पर मुसकराहट थी। वह वहीं खड़े–खड़े बोले–नमस्ते।

माँ ने झिझकते हुए अपने में सिमटते हुए दोनों हाथ जोड़े, मगर एक हाथ दुपट्टे के अन्दर माला को पकड़े हुए था, दूसरा बाहर। ठीक तरह से नमस्ते भी न कर पायी। शामनाथ इस पर भी खिन्न हो उठे।

इतने में चीफ ने अपना दायाँ हाथ मिलाने के लिए माँ के आगे किया। माँ और भी घबरा उठी।

–माँ, हाथ मिलाओ।

पर हाथ कैसे मिलातीं ? दायें हाथ में तो माला थी। घबराहट में माँ ने बायाँ हाथ ही साहब के दायें हाथ में रख दिया। शामनाथ दिल–ही–दिल में जल उठे। देसी अफसरों की स्त्रियाँ खिलखिलाकर हँस पड़ीं।

–यूँ नहीं, माँ। तुम तो जानती हो, दायाँ हाथ मिलाया जाता है। दायाँ हाथ मिलाओ।

मगर तब तक चीफ़ माँ का बायाँ हाथ ही बार–बार हिलाकर कह रहे थे–हाउ डू यू डू ?

–कहो माँ, मैं ठीक हूँ, खैरियत से हूँ।

माँ कुछ बड़बड़ायीं।

–माँ कहती है, ठीक हूँ। कहो माँ, हाउ डू यू डू ?

माँ धीरे से सकुचाते हुए बोली–हाउ डू डू !

एक बार फिर कहकहा उठा।

वातावरण हल्का होने लगा। साहब ने स्थिति सँभाल ली थी। लोग हँसने–चहकने लगे थे। शामनाथ के मन का क्षोभ भी कुछ कम होने लगा था।

साहब अपने हाथ में माँ का हाथ अब भी पकड़े हुए थे, और माँ सिकुड़ी जा रही थीं। साहब के मुँह से शराब की बू आ रही थी।

शामनाथ अँगरेज़ी में बोले–मेरी माँ गाँव की रहने वाली हैं। उमर भर गाँव में रही हैं। इसलिए आपसे लजाती हैं।

साहब इस पर खुश नज़र आये। बोले–सच ! मुझे गाँव के लोग बहुत पसन्द हैं। तब तो तुम्हारी माँ गाँव के गीत और नाच भी जानती होंगी। चीफ खुशी से सिर हिलाते हुए माँ को टकटकी बाँधे देखने लगे।

माँ, साहब कहते हैं, कोई गाना सुनाओ। कोई पुराना गीत, तुम्हें तो कितने ही याद होंगे।

माँ धीरे से बोली–मैं क्या गाऊँगी बेटा ! मैंने कब गाया है ?

–वाह, माँ मेहमान का कहा भी कोई टालता है ? साहब ने इतने शौक से कहा है, नहीं गाओगी तो साहब बुरा मानेंगे।

–क्या गाऊँ बेटा, मुझे क्या आता है ?

–वाह ! कोई बढ़िया टप्पे सुना दो। दो पत्तर अनाराँ दे–

देसी अफसर और उनकी स्त्रियों ने इस सुझाव पर तालियाँ पीटीं। माँ कभी दीन दृष्टि से बेटे के चेहरे को, कभी पास खड़ी बहू के चेहरे को देखने लगीं।

इतने में बेटे ने गम्भीर आदेश–भरे लहजे में कहा–माँ !

इसके बाद हाँ या ना का सवाल ही न उठता था। माँ बैठ गयी और क्षीण, दुर्बल, लरजती आवाज़ में एक पुराना विवाह का गीत गाने लगीं–

हरिया नी मायँ, हरिया नी भैंणे

हरिया तें भागी भरिया है !

देसी स्त्रियाँ खिलखिलाकर हँस उठीं। तीन पंक्तियाँ गाकर माँ चुप हो गयीं।

बरामदा तालियों से गूँज उठा। साहब तालियाँ पीटना बन्द ही न करते थे। शामनाथ की खीझ प्रसन्नता और गर्व में बदल उठी थी। माँ ने पार्टी में नया रंग भर दिया था।

तालियाँ थमने पर साहब बोले–पंजाब के गाँवों की दस्तकारी क्या है ?

शामनाथ खुशी में झूम रहे थे। बोले–ओ, बहुत कुछ साहब ! मैं आपको एक सेट उन चीजों की भेंट करूँगा। आप उन्हें देखकर खुश होंगे।

मगर साहब ने सिर हिलाकर अँगरेज़ी में फिर पूछा–नहीं, मैं दूकानों की चीज नहीं माँगता। पंजाबियों के घरों में क्या बनता है, औरतें खुद क्या बनाती हैं ?

शामनाथ कुछ सोचते हुए बोले–लड़कियाँ गुड़ियाँ बनाती हैं, औरतें फुलकारियाँ बनाती हैं।

–फुलकारी क्या ?

शामनाथ फुलकारी का मतलब समझाने की असफल चेष्टा करने के बाद माँ से बोले–क्यों माँ, कोई पुरानी फुलकारी घर में है ?

माँ चुपचाप अन्दर गयीं और अपनी पुरानी फुलकारी उठा लायीं।

साहब बड़ी रुचि से फुलकारी देखने लगे। पुरानी फुलकारी थी, जगह–जगह से उसके तागे टूट रहे थे और कपड़ा फटने लगा था। साहब की रुचि देखकर शामनाथ बोले–यह फटी हुई है, साहब मैं आपको नयी बनवा दूँगा। माँ बना देंगी। क्यों माँ, साहब को फुलकारी बहुत पसन्द है, इन्हें एक ऐसी ही फुलकारी बना दोगी न ?

माँ चुप रहीं। फिर डरते–डरते धीरे से बोलीं– अब मेरी नजर कहाँ है, जरूर बना देंगी। आप उसे देखकर खुश होंगे।

साहब ने सिर हिलाया, धन्यवाद दिया और हल्के–हल्के झूमते हुए खाने की मेज़ की ओर बढ़ गये। बाकी मेहमान भी उनके पीछे–पीछे हो लिये।

जब मेहमान बैठ गये और माँ पर से सबकी आँखें हट गयीं, तो माँ धीरे से कुर्सी पर से उठीं और सबसे नजरें बचाती हुई अपनी कोठरी में चली गयीं।

मगर कोठरी में बैठने की देर थी कि आँखों से छल–छल आँसू बहने लगे। दुपट्टे से बार–बार उन्हें पोंछती पर वे बार–बार उमड़ आते, जैसे बरसों का बाँध तोड़कर उमड़ आये हों। माँ ने बहुतेरा दिल को समझाया, हाथ जोड़े, भगवान का नाम लिया, बेटे के चिरायु होने की प्रार्थना की, बार–बार आँखें बन्द की; मगर आँसू बरसात के पानी की तरह जैसे थमने में ही न आते थे।

आधी रात का वक्त होगा। मेहमान खाना खाकर एक–एक करके जा चुके थे। माँ दीवार से सटकर बैठी, आँखें फाड़े दीवार को देखे जा रही थीं। घर के वातावरण में तनाव ढीला पड़ चुका था। मुहल्ले की निस्तब्धता शामनाथ के घर पर भी छा चुकी थी, केवल रसोई में प्लेटों के खनकने की आवाज आ रही थी। तभी सहसा माँ की कोठरी का दरवाजा ज़ोर से खटकने लगा।

–माँ, दरवाजा खोलो !

माँ का दिल बैठ गया। हड़बड़ाकर उठ बैठीं। क्या मुझसे फिर कोई भूल हो गयी है? माँ कितनी देर से अपने–आपको कोस रही थी कि क्यों उसे नींद आ गयी, क्यों वह ऊँघने लगी। क्या बेटे ने अभी तक क्षमा नहीं किया ? माँ उठी और काँपते हाथों से दरवाजा खोल दिया।

दरवाजा खुलते ही शामनाथ झूमते हुए आगे बढ़ आये और माँ को आलिंगन में भर लिया।

–ओ अम्मी ! तुमने तो आज रंग ला दिया ! साहब तुमसे इतना खुश हुआ कि क्या कहूँ ? ओ अम्मी ! ओ अम्मी !

माँ की छोटी–सी काया सिमटकर बेटे के आलिंगन में छिप गयी। माँ की आँखों में फिर आँसू आ गये। उन्हें पोंछती हुई धीरे से बोली–बेटा, तुम मुझे हरिद्वार भेज दो। मैं कब से कह रही हूँ।

शामनाथ का झूमना सहसा बन्द हो गया और उनकी पेशानी पर फिर तनाव के बल पड़ने लगे। उनकी बाँहें माँ के शरीर से हट आयीं।

–क्या कहा, माँ ? यह कौन–सा राग तुमने फिर छेड़ दिया ?"

शामनाथ का क्रोध बढ़ने लगा था, बोलते गये–तुम मुझे बदनाम करना चाहती हो, ताकि दुनिया कहे कि बेटा माँ को अपने पास नहीं रख सकता !

—नहीं बेटा, अब तुम अपनी बहू के साथ जैसा मन चाहे रहो। मैंने अपना खा-पहन लिया। अब यहाँ क्या करूँगी ? जो थोड़े दिन जिन्दगानी के बाकी हैं, भगवान का नाम लूँगी। तुम मुझे हरिद्वार भेज दो।

—तुम चली जाओगी, तो फुलकारी कौन बनायेगा ? साहब से तुम्हारे सामने ही फुलकारी देने का इकरार कर दिया है।

—मेरी आँखें अब नहीं हैं बेटा, जो फुलकारी बना सकूँ। तुम कहीं और से बनवा लो। बनी-बनायी ले लो।

माँ, तुम मुझे धोखा देकर यूँ चली जाओगी ? मेरा बनता काम बिगाड़ोगी? जानती नहीं, साहब खुश होगा, तो मुझे तरक्की मिलेगी ?

माँ चुप हो गयी। फिर बेटे के मुँह की ओर देखती हुई बोली—क्या तेरी तरक्की होगी? क्या साहब तेरी तरक्की कर देगा ? क्या उसने कुछ कहा है?

—कहा नहीं, मगर देखती नहीं, कितना खुश गया है ! कहता था, जब तेरी माँ फुलकारी बनाना शुरू करेंगी, तो मैं देखने आऊँगा कि कैसे बनाती हैं। जो साहब खुश हो गया, तो मुझे इससे बड़ी नौकरी भी मिल सकती है, मैं बड़ा अफसर बन सकता हूँ।

माँ के चेहरे का रंग बदलने लगा, धीरे-धीरे उनका झुर्रियों —भरा मुँह खिलने लगा, आँखों में हल्की-हल्की चमक आने लगी—

—तो तेरी तरक्की होगी, बेटा !

—तरक्की यूँ ही हो जायेगी ? साहब को खुश रखूँगा, तो कुछ करेगा वरना उसकी खिदमत करने वाले क्या थोड़े हैं ?

—तो मैं बना दूँगी बेटा, जैसे बन पड़ेगा, बना दूँगी।

और माँ दिल ही-दिल में फिर बेटे के उज्जवल भविष्य की कामनाएँ करने लगी। और मिस्टर शामनाथ-अब सो जाओ, माँ ! कहते हुए तनिक लडखड़ाते हुए अपने कमरे की ओर घूम गये।

■

वापसी

—उषा प्रियंवदा

गजाधर बाबू ने कमरे में जमा सामान पर नज़र दौड़ाई— दो बक्स, डोलची, बाल्टी——"यह डिब्बा कैसा है गनेशी ?" उन्होंने पूछा। गनेशी बिस्तर बाँधता हुआ, कुछ गर्व, कुछ दुःख, कुछ लज्जा से बोला, "घरवालों ने साथ में बेसन के लड्डू रख दिये हैं। कहा बाबूजी को पसन्द थे, अब कहाँ हम गरीब लोग आपकी कुछ खातिर कर पायेंगे।" घर जाने की खुशी में भी गजाधर बाबू ने एक विषाद का अनुभव किया जैसे एक परिचित, स्नेही, आदरमय, सहज संसार से उनका नाता टूट रहा था।

"कभी—कभी हम लोगों की भी खबर लेते रहियेगा।" गनेशी बिस्तर में रस्सी बाँधता हुआ बोला।

"कभी कुछ ज़रूरत हो तो लिखना गनेशी। इस अगहन तक बिटिया की शादी कर दो।"

गनेशी ने अंगोछे के छोर से आँखें पोंछी, "अब आप लोग सहारा न देंगे, तो कौन देगा। आप यहाँ रहते तो शादी में कुछ हौसला रहता।"

गजाधर बाबू चलने को तैयार बैठे थे। रेलवे क्वार्टर का वह कमरा जिसमें उन्होंने कितने ही वर्ष बिताए थे, उनका सामान हट जाने से कुरूप और नग्न लग रहा था। आँगन में रोपे पौधे भी जान—पहचान के लोग ले गये थे, और जगह—जगह मिट्टी बिखरी हुई थी। पर पत्नी, बाल बच्चों के साथ रहने की कल्पना में यह बिछोह एक दुर्बल लहर की तरह उठकर विलीन हो गया।

गजाधर बाबू खुश थे, बहुत खुश। पैंतीस साल की नौकरी के बाद वह रिटायर होकर जा रहे थे। इन वर्षों में अधिकाँश समय उन्होंने अकेले रहकर काटा था। उन अकेले क्षणों में उन्होंने इसी समय की कल्पना की थी, जब वह अपने परिवार के साथ रह सकेंगे। इसी आशा के सहारे वह अपने अभाव का बोझ ढो रहे थे। संसार की दृष्टि में उनका जीवन सफल कहा जा सकता था। उन्होंने शहर में एक मकान बनवा लिया था, बड़े लड़के अमर और लड़की कान्ति की शादियाँ कर दी थीं, दो बच्चे ऊँची कक्षाओं में पढ़ रहे थे। गजाधर बाबू नौकरी के कारण प्रायः छोटे स्टेशनों पर रहे, और उनके बच्चे और पत्नी शहर

में, जिससे पढ़ाई में बाधा न हो। गजाधर बाबू स्वभाव से बहुत स्नेही व्यक्ति थे और स्नेह के आकाँक्षी भी। जब परिवार साथ था, ड्यूटी से लौटकर बच्चों से हँसते–बोलते, पत्नी से कुछ मनोविनोद करते– उन सबके चले जाने से उनके जीवन में गहन सूनापन भर उठा। खाली क्षणों में उनसे घर में टिका न जाता। कवि प्रकृति के न होने पर भी, उन्हें पत्नी की स्नेहपूर्ण बातें याद रहतीं। दोपहर में, गरमी होने पर भी, दो बजे तक आग जलाए रहती और उनके स्टेशन से वापस आने पर गरम–गरम रोटियाँ सेंकती– उनके खा चुकने और मना करने पर भी थोड़ा सा कुछ और थाली में परोस देतीं, और बड़े प्यार से आग्रह करतीं। जब वह, थके हारे बाहर से आते, तो उनका आहट पा वह रसोई के द्वार पर निकल आती, और उनकी सलज्ज आँखें मुसकरा उठतीं। गजाधर बाबू को तब हर छोटी बात भी याद आती और वह उदास हो उठते ... अब कितने वर्षों बाद वह अवसर आया था जब वह फिर से उसी स्नेह और आदर के मध्य रहने जा रहे थे।

टोपी उतार कर गजाधर बाबू ने चारपाई पर रख दी, जूते खोल कर नीचे खिसका दिये, अन्दर से रह–रहकर कहकहों की आवाज़ आ रही थी, इतवार का दिन था, और उनके सब बच्चे इकट्ठे होकर नाश्ता कर रहे थे। गजाधर बाबू के सूखे चेहरे पर स्निग्ध मुस्कान आ गई। उसी तरह मुस्कराते हुए, वह बिना खाँसे अन्दर चले आये। उन्होंने देखा कि नरेन्द्र कमर पर हाथ रखे शायद गत रात्रि की फिल्म में देखे गये किसी नृत्य की नकल कर रहा था, और बसन्ती हँस–हँसकर दुहरी हो रही थी। अमर की बहू को अपने तन–बदन, आँचल या घूँघट का कोई होश न था और वह उन्मुक्त रूप से हँस रही थी। गजाधर बाबू को देखते ही नरेन्द्र धप से बैठ गया और चाय का प्याला मुँह से लगा लिया। बहू को होश आया और उसने झट से माथा ढक लिया। केवल बसन्ती का शरीर रह–रहकर हँसी दबाने के प्रयत्न में हिलता रहा।

गजाधर बाबू ने मुस्कराते हुए उन लोगों को देखा। फिर कहा, "क्यों नरेन्द्र क्या नकल हो रही थी?" "कुछ नहीं बाबूजी।" नरेन्द्र ने सिटपिटाकर कहा। गजाधर बाबू ने चाहा था कि वह भी इस मनोविनोद में भाग लेते, पर उनके आते ही जैसे सब कुण्ठित हो चुप हो गये, उससे उनके मन में थोड़ी सी खिन्नता उपज आई। बैठते हुए बोले, "बसन्ती चाय मुझे भी देना। तुम्हारी अम्मा की पूजा अभी चल रही है क्या ?" बसन्ती ने माँ की कोठरी की ओर देखा, "अभी आती ही होंगी," और प्याले में उनके लिये चाय छानने लगी। बहू चुपचाप पहले ही चली गई थी, अब नरेन्द्र भी चाय का आखिरी घूँट पीकर उठ खड़ा हुआ, केवल

बसन्ती, पिता के लिहाज़ में, चौके में बैठी माँ की राह देखने लगी। गजाधर बाबू ने एक घूँट चाय पी, फिर कहा, "बिट्टी– चाय तो फीकी है !"

"लाइये चीनी और डाल दूँ।" बसन्ती बोली।

"रहने दो, तुम्हारी अम्मा जब आएँगी, तभी पी लूँगा।"

थोड़ी देर में उनकी पत्नी हाथ में अर्घ्य का लोटा लिये निकलीं और अशुद्ध स्तुति कहते हुए तुलसी में डाल दिया। उन्हें देखते ही बसन्ती भी उठ गई। पत्नी ने आकर गजाधर बाबू को देखा और कहा, "अरे आप अकेले बैठे हैं– यह सब कहाँ गए ?" गजाधर बाबू के मन में फाँस सी करक उठी, "अपने–अपने काम में लग गए हैं–आखिर बच्चे ही हैं।"

पत्नी आकर चौके में बैठ गई–उन्होंने नाक भौं चढ़ाकर चारों ओर जूठे बर्तनों को देखा। फिर कहा––"सारे बर्तन जूठे पड़े हैं। इस घर में धरम–करम कुछ नहीं। पूजा करके सीधे चौके में घुसो।" फिर उन्होंने नौकर को पुकारा, जब उत्तर न मिला तो एक बार और उच्च स्वर में फिर पति की ओर देखकर बोलीं "बहू ने भेजा होगा बाज़ार।" और एक लम्बी साँस लेकर चुप हो रहीं।

गजाधर बाबू बैठ कर चाय और नाश्ते का इन्तज़ार करते रहे। उन्हें अचानक ही गनेशी की याद आ गई। रोज़ सुबह, पैसेंजर आने से पहले वह गर्म–गर्म पूरियाँ और जलेबी बनाता था। गजाधर बाबू जब तक उठकर तैयार होते, उनके लिये जलेबियाँ और चाय लाकर रख देता था। चाय भी कितनी बढ़िया, काँच के ग्लास में ऊपर तक भरी लबालब पूरे ढाई चम्मच चीनी और गाढ़ी मलाई। पैसेन्जर भले ही रानीपुर लेट पहुँचे, गनेशी ने चाय पहुँचाने में कभी देर नहीं की। क्या मजाल थी कभी उससे कुछ कहना पड़े।

पत्नी का शिकायत–भरा स्वर सुन उनके विचारों में व्याघात पहुँचा। वह कह रही थीं। सारा दिन इसी खिच–खिच में निकल जाता है। इसी गिरस्थी का धन्धा पीटते–पीटते उमर बीत गयी। कोई ज़रा भी हाथ नहीं बँटाता।

"बहू क्या किया करती है !" गजाधर बाबू ने पूछा।

"पड़ी रहती है। बसन्ती को तो फिर कहो कालेज जाना होता है।"

गजाधर बाबू ने जोश में आकर बसन्ती को आवाज़ दी। बसन्ती भाभी के कमरे से निकली तो गजाधर बाबू ने कहा, "बसन्ती, आज से शाम का खाना बनाने की ज़िम्मेदारी तुम पर है। सुबह का भोजन तुम्हारी भाभी बनायेंगी।"

बसन्ती मुँह लटकाकर बोली, "बाबूजी पढ़ना भी तो होता है।"

गजाधर बाबू ने प्यार से समझाया, "तुम सबेरे पढ़ लिया करो। तुम्हारी माँ

बूढ़ी हुईं, उनके शरीर में अब वह शक्ति नहीं बची है। तुम हो, तुम्हारी भाभी है, दोनों को मिलकर काम में हाथ बटाना चाहिए।"

बसन्ती चुप रह गई। उसके जाने के बाद, उसकी माँ ने धीरे से कहा, पढ़ने का तो बहाना है। कभी जी नहीं लगता, लगे कैसे ? शीला से ही फुरसत नहीं, बड़े–बड़े लड़के हैं उस घर में, हर वक्त वहाँ घुसा रहना, मुझे नहीं सुहाता। मना करूँ तो सुनती नहीं।"

नाश्ता कर, गजाधर बाबू बैठक में चले गये। घर छोटा था और ऐसी अवस्था हो चुकी थी कि उसमें गजाधर बाबू के रहने के लिये कोई स्थान न बचा था। जैसे किसी मेहमान के लिये कुछ अस्थायी प्रबन्ध कर दिया जाता है, उसी प्रकार बैठक में कुर्सियों को दीवार से सटाकर बीच में गजाधर बाबू के लिये पतली सी चारपाई डाल दी गई थी। गजाधर बाबू उस कमरे में पड़े–पड़े, कभी–कभी अनायास ही, इस अस्थायित्व का अनुभव करने लगते। उन्हें याद हो आती उन रेलगाड़ियों की, जो आतीं और थोड़ी देर रुककर किसी और लक्ष्य की ओर चली जातीं।

घर छोटा होने के कारण बैठक में ही अब अपना प्रबन्ध किया था। उनकी पत्नी के पास अन्दर एक छोटा कमरा अवश्य था। पर उसमें एक ओर अचारों के मर्तबान, दाल, चावल के कनस्तर और घी के डिब्बे से घिरा था। दूसरी ओर पुरानी रज़ाइयाँ, दरियों में लिपटी व रस्सी से बँधी रखी थीं। उसके पास एक बड़े से टीन के बक्स में घर भर के गरम कपड़े थे, बीच में एक अलगनी बँधी हुई थी, जिस पर प्रायः बसन्ती के कपड़े, लापरवाही से पड़े रहते थे। वह भरसक उस कमरे में नहीं जाते थे। घर का दूसरा कमरा अमर और उसकी बहू के पास था। तीसरा कमरा जो सामने की ओर था, बैठक था। गजाधर बाबू के आने से पहले उसमें अमर की ससुराल से आया बेंत की तीन कुर्सियों का सेट पड़ा था, कुर्सियों पर नीली गद्दियाँ और बहू के हाथ के कढ़े कुशन थे।

जब कभी उनकी पत्नी को कोई लम्बी शिकायत करनी होती, तो अपनी चटाई बैठक में डाल कर पड़ जाती थीं। तो वह एक दिन अपनी चटाई लेकर आ गईं। गजाधर बाबू ने घर गृहस्थी की बातें छेड़ीं, वह घर का रवैया देख रहे थे। बहुत हल्के से उन्होंने कहा कि अब हाथ में पैसा कम रहेगा, कुछ खर्च कम होना चाहिए।

"सभी खर्च तो वाजिब–वाजिब हैं, किसका पेट काटूँ ? यही जोड़–गाँठ करते–करते बूढ़ी हो गई, न मन का पहना, न ओढ़ा।"

गजाधर बाबू ने आहत, विस्मित दृष्टि से पत्नी को देखा। उनसे अपनी हैसियत छिपी न थी। उनकी पत्नी तंगी का अनुभव कर उसका उल्लेख करतीं, यह स्वाभाविक था, लेकिन उनमें सहानुभूति का पूर्ण अभाव गजाधर बाबू को बहुत खटका। उनसे यदि राय–बात की जाती कि प्रबन्ध कैसे हो तो उन्हें चिन्ता कम सन्तोष अधिक होता। लेकिन उनसे तो केवल शिकायत की जाती जैसे परिवार की सब परेशानियों के लिये वही जिम्मेदार थे।

"तुम्हें किस बात की कमी है अमर की माँ– घर में बहू है, लड़के–बच्चे हैं, सिर्फ रुपये से ही आदमी अमीर नहीं होता।" गजाधर बाबू ने कहा और कहने के साथ ही अनुभव किया, यह उनकी आन्तरिक अभिव्यक्ति थी ऐसी कि उनकी पत्नी नहीं समझ सकती।

"हाँ, बड़ा सुख है न बहू से। आज रसोई करने गई है। देखो क्या होता है" कहकर पत्नी ने आँखें मूँदी और सो गईं। गजाधर बाबू बैठे हुये पत्नी को देखते रह गए–यही थी क्या उनकी पत्नी जिसके हाथो के कोमल स्पर्श, जिसकी मुस्कान की याद में उन्होंने सम्पूर्ण जीवन काट दिया था ? उन्हें लगा कि वह लावण्यमयी युवती जीवन की राह में कहीं खो गई और उसकी जगह आज जो स्त्री है, वह उनके मन और प्राणों के लिए नितान्त अपरिचिता है। गाढ़ी नींद में डूबी उनकी पत्नी का भारी सा शरीर बहुत बेडौल और कुरूप लग रहा था, चेहरा श्रीहीन और रूखा था। गजाधर बाबू देर तक निस्संग दृष्टि से पत्नी को देखते रहे और फिर लेटकर छत की ओर ताकने लगे।

अन्दर कुछ गिरा और पत्नी हड़बड़ाकर उठ बैठी, "लो बिल्ली ने कुछ गिरा दिया शायद", और वह अन्दर भागीं, थोड़ी देर में लौटकर आयीं तो उनका मुँह फूला हुआ था, "देखो बहू को, चौका खुला छोड़ आई, बिल्ली ने दाल की पतीली गिरा दी। सभी तो खाने को हैं, अब क्या खिलाऊँगी ?" वह साँस लेने को रुकीं और बोलीं "एक तरकारी और चार पराठे बनाने में सारा डिब्बा घी उंड़ेल कर रख दिया। ज़रा–सा दर्द नहीं है, कमाने वाला हाड़–तोड़े और यहाँ चीज़ें लुटें। मुझे तो मालूम था कि यह सब काम किसी के बस का नहीं है ?

गजाधर बाबू को लगा कि पत्नी कुछ और बोलेंगी तो उनके कान झनझना उठेंगे। ओंठ भींच, करवट लेकर उन्होंने पत्नी की ओर पीठ फेर ली।

रात का भोजन बसन्ती ने जान बूझ कर ऐसा बनाया था कि कौर तक निगला न जा सके। गजाधर बाबू चुपचाप खाकर उठ गए, पर नरेन्द्र थाली सरकाकर उठ खड़ा हुआ बोला, "मैं ऐसा खाना नहीं खा सकता।"

बसन्ती तुनक कर बोली, "तो न खाओ, कौन तुम्हारी खुशामद करता है।"

"तुमसे खाना बनाने को कहा किसने था ?" नरेन्द्र चिल्लाया।

"बाबूजी ने।"

"बाबूजी को बैठे–बैठे यही सूझता है।"

बसन्ती को उठाकर माँ ने नरेन्द्र को मनाया और अपने हाथ से कुछ बनाकर खिलाया। गजाधर बाबू ने बाद में पत्नी से कहा, "इतनी बड़ी लड़की हो गई और उसे खाना बनाने तक का शऊर नहीं आया।" ''अरे आता सब कुछ है, करना नहीं चाहती" पत्नी ने उत्तर दिया। अगली शाम माँ को रसोई में देख कपड़े बदलकर बसन्ती बाहर आई तो बैठक से गजाधर बाबू ने टोक दिया, "कहाँ जा रही हो।"

"पड़ोस में, शीला के घर बसन्ती ने कहा।"

"कोई ज़रूरत नहीं है, अन्दर जाकर पढ़ो।" गजाधर बाबू ने कड़े स्वर में कहा। कुछ देर अनिश्चित खड़े रहकर बसन्ती अन्दर चली गई। गजाधर बाबू शाम को रोज़ टहलने चले जाते थे, लौटकर आये तो पत्नी ने कहा, "क्या कह दिया बसन्ती से ? शाम से मुँह लपेट कर पड़ी है। खाना भी नहीं खाया।"

गजाधर बाबू खिन्न हो आए। पत्नी की बात का उन्होंने कुछ उत्तर नहीं दिया। उन्होंने मन में निश्चय किया कि बसन्ती की शादी जल्दी ही कर देनी है। उस दिन के बाद बसन्ती पिता से बची–बची रहने लगी। जाना होता तो पिछवाड़े से जाती। गजाधर बाबू ने दो–एक बार पत्नी से पूछा तो उत्तर मिला, "रूठी हुई है।" गजाधर बाबू को और रोष हुआ। लड़की के इतने मिजाज़, जाने को रोक दिया तो पिता से बोलेगी नहीं। फिर उनकी पत्नी ने ही, सूचना दी कि अमर अलग रहने की सोच रहा है।

"क्यों ?" गजाधर ने चकित होकर पूछा।

पत्नी ने साफ–साफ उत्तर नहीं दिया। अमर और उसकी बहू की शिकायतें बहुत थीं। उनका कहना था कि गजाधर बाबू हमेशा बैठक में ही पड़े रहते हैं कोई आने–जाने वाला हो तो कोई बैठाने की जगह नहीं। अमर को अब भी वह छोटा–सा समझते थे, और मौके–बेमौके टोक देते थे। बहू को काम करना पड़ता था और सास जब–तब फूहड़पन पर ताने देती रहती थीं। "हमारे आने के पहले भी कभी ऐसी बात हुई थी ?" गजाधर बाबू ने पूछा। पत्नी ने सिर हिलाकर जताया कि नहीं। पहले अमर घर का मालिक बनकर रहता था–बहू को कोई रोक–टोक न थी। अमर के दोस्तों का प्रायः यहीं अड्डा जमा रहता था और अन्दर से चाय–नाश्ता तैयार होकर जाता रहता था। बसन्ती को भी वही अच्छा लगता था।

गजाधर बाबू ने बहुत धीरे से कहा, "अमर से कहो जल्दबाज़ी की कोई ज़रूरत नहीं है।"

अगले दिन वह सुबह घूमकर लौटे तो उन्होंने पाया कि बैठक में उनकी चारपाई नहीं है। अन्दर आकर पूछने वाले ही थे कि उनकी दृष्टि रसोई के अन्दर बैठी पत्नी पर पड़ी। उन्होंने यह कहने को मुँह खोला कि बहू कहाँ है, पर कुछ याद करके चुप हो गये। पत्नी की कोठरी में झाँका तो अचार, रज़ाइयों और कनस्तरों के मध्य अपनी चारपाई लगी पाई। गजाधर बाबू ने कोट उतारा और कपड़े खिसकाकर, एक किनारे टांग दिया। कुछ खाए बिना ही अपनी चारपाई पर लेट गए। कुछ भी हो तन आखिरकार बूढ़ा ही था। सुबह शाम कुछ दूर टहलने अवश्य चले जाते, पर आते-आते थक उठते थे। गजाधर बाबू को अपना बड़ा-सा खुला हुआ क्वार्टर याद आ गया। निश्चिन्त जीवन, सुबह पैसेन्जर ट्रेन आने पर स्टेशन की चहल-पहल, चिरपरिचित चेहरे, पटरी पर रेल के पहियों की खट-खट जो उनके लिए मधुर-संगीत की तरह था। तूफान और डाकगाड़ी के इन्जनों की चिंग्घाड़ उनकी अकेली रातों की साथी थी। सेठ रामजीमल के मिल के लोग कभी-कभी पास आ बैठते, वही उनका दायरा था, वही उनके साथी। वह जीवन अब उन्हें कोई एक खोई निधि सा प्रतीत हुआ। उन्हें लगा कि वह ज़िन्दगी द्वारा ठगे गये हैं। उन्होंने जो चाहा, उसमें से एक बूँद भी न मिला।

लेटे हुए वह घर के अन्दर से आते विविध स्वरों को सुनते रहे। बहू और सास की छोटी-सी झड़प, बाल्टी पर खुले नल की आवाज़, रसोई के बर्तनों की खटपट और उसी में दो गौरैयों का वार्तालाप-और अचानक ही-उन्होंने निश्चय कर लिया कि अब घर की किसी बात में दखल न देंगे। यदि गृहस्वामी के लिए पूरे घर में एक चारपाई की जगह यही है, तो यहीं पड़े रहेंगे। अगर कहीं और डाल दी गई, तो वहाँ चले जायेंगे। यदि बच्चों के जीवन में उनके लिए कहीं स्थान नहीं, तो अपने घर में ही परदेशी की तरह पड़े रहेंगे और उस दिन के बाद सचमुच गजाधर बाबू कुछ नहीं बोले।

नरेन्द्र माँगने आया तो बिना कारण पूछे उसे रुपये दे दिए- बसन्ती काफी अंधेरा हो जाने के बाद भी पड़ोस में रही तो भी उन्होंने कुछ नहीं कहा पर उन्हें सबसे बड़ा गम यह था कि उनकी पत्नी ने भी उनमें कुछ परिवर्तन लक्ष्य नहीं किया। वह मन-ही-मन कितना भार ढो रहे हैं इससे वह अनजान ही बनी रहीं। बल्कि उन्हें पति के घर के मामले में हस्तक्षेप न करने के कारण शान्ति ही थी।

कभी–कभी कह भी उठतीं, "ठीक ही है, आप बीच में न पड़ा कीजिए, बच्चे बड़े हो गए हैं, हमारा जो कर्तव्य था, कर रहे हैं। पढ़ा रहे हैं, शादी कर देंगे।"

गजाधर बाबू ने आहत दृष्टि से पत्नी को देखा। उन्होंने अनुभव किया कि वह पत्नी व बच्चों के लिये केवल धनोपार्जन के निमित्त मात्र हैं। जिस व्यक्ति के अस्तित्व से पत्नी माँग में सिंदूर डालने की अधिकारिणी है, समाज में उसकी प्रतिष्ठा है, उसके सामने वह दो वक्त भोजन की थाली रख देने में सारे कर्त्तव्यों से छुट्टी पा जाती है। वह घी और चीनी के डिब्बे में इतनी रमी हुई है कि अब वही उनकी सम्पूर्ण दुनिया बन गई है। गजाधर बाबू उनके जीवन के केन्द्र नहीं हो सकते, उन्हें तो अब उनकी शादी का उत्साह भी बुझ गया। किसी बात में हस्तक्षेप न करने के लिए निश्चय के बाद भी उनका अस्तित्व उस वातावरण का एक भाग न बन सका। उनकी उपस्थिति उस घर में ऐसी असंगत लगने लगती थी, जैसे सजी हुई बैठक में उनकी चारपाई थी। उनकी सारी खुशी एक गहरी उदासीनता में डूब गई।

इतने सब निश्चयों के बावजूद भी गजाधर बाबू एक दिन बीच में दखल दे बैठे। पत्नी स्वभावानुसार नौकर की शिकायत कर रही थीं, "कितना कामचोर है, बाज़ार की हर चीज़ में पैसे बचाता है। खाने बैठता है, तो खाता ही चला जाता है।" गजाधर बाबू को बारम्बार यह महसूस होता रहता था कि उनके घर का रहन–सहन और खर्च उनकी हैसियत से कहीं ज्यादा है। पत्नी की बात सुनकर लगा कि नौकर का खर्च बिल्कुल बेकार है; छोटा–मोटा काम है, घर में तीन मर्द हैं; कोई न कोई कर ही देगा; उन्होंने उसी दिन नौकर का हिसाब कर दिया। अमर दफ्तर से आया तो नौकर को पुकारने लगा। अमर की बहू बोली, "बाबूजी ने नौकर छुड़ा दिया है।"

"क्यों।"

"कहते हैं खर्च बहुत है।"

यह वार्तालाप बहुत सीधा सा था, पर जिस टोन में बहू बोली, गजाधर बाबू को खटक गया। उस दिन जी भारी होने के कारण गजाधर बाबू टहलने नहीं गये थे। आलस्य में उठकर बत्ती नहीं जलाई– इस बात से बेखबर नरेन्द्र माँ से कहने लगा, "अम्मा, तुम बाबू जी से कहती क्यों नहीं ? बैठे–बिठाए कुछ नहीं तो नौकर ही छुड़ा दिया। अगर बाबू जी यह समझें कि मैं साइकिल पर गेहूँ रख आटा पिसाने जाऊँगा तो मुझसे यह न होगा।" "हाँ अम्मा" बसन्ती का स्वर था, "मैं कालेज भी जाऊँ और लौटकर घर में झाड़ू भी लगाऊँ, यह मेरे बस की बात नहीं है।"

"बूढ़े आदमी हैं," अमर भुनभुनाया, "चुपचाप पड़े रहें। हर चीज़ में दखल क्यों देते हैं।" पत्नी ने बड़े व्यंग्य से कहा, "और कुछ नहीं सूझा तो तुम्हारी बहू को ही चौके में भेज दिया। वह गई तो पन्द्रह दिन का राशन पाँच दिन में बनाकर रख दिया।" बहू कुछ कहे, इससे पहले वह चौके में घुस गईं। कुछ देर में अपनी कोठरी में आईं और बिजली जलाई तो गजाधर बाबू को लेटे देखकर बड़ी सिटपिटाईं। गजाधर बाबू की मुखमुद्रा से वह उनके भावों का अनुमान न लगा सकीं। वह चुप, आँखें बन्द किए लेटे रहे।

गजाधर बाबू हाथ में चिट्ठी लिए अन्दर आए और पत्नी को पुकारा। वह भीगे हाथ लिए निकलीं और आँचल से पोंछती हुई पास खड़ी हुईं। गजाधर बाबू ने बिना किसी भूमिका के कहा, "मुझे सेठ रामजीमल की चीनी मिल में नौकरी मिल गई है। खाली बैठे रहने से तो चार पैसे घर में आएँ, वही अच्छा है। उन्होंने तो पहले ही कहा था, मैंने मना कर दिया था।"

फिर कुछ रुककर जैसे बुझी हुयी आग में चिनगारी चमक उठे, उन्होंने धीमे स्वर में कहा, "मैंने सोचा था कि बरसों तुम सबसे अलग रहने के बाद अवकाश पाकर परिवार के साथ रहूँगा। खैर, परसों जाना है। तुम भी चलोगी।"

"मैं ?" पत्नी ने सकपका कर कहा, "मैं चलूँगी तो यहाँ का क्या होगा ? इतनी बड़ी गृहस्थी, फिर सयानी लड़की......"

बात बीच में काटकर गजाधर बाबू ने थके हताश स्वर में कहा, "ठीक है, तुम यहीं रहो। मैंने तो ऐसे ही कहा था।" और गहरे मौन में डूब गए।

नरेन्द्र ने बड़ी तत्परता से बिस्तर बाँधा और रिक्शा बुलाया। गजाधर बाबू का टिन का बक्स और पतला सा बिस्तर उस पर रख दिया। नाश्ते के लिए लड्डू और मठरी की डलिया हाथ में लिए गजाधर बाबू रिक्शे पर बैठ गये। एक दृष्टि उन्होंने अपने परिवार पर डाली और फिर दूसरी ओर देखने लगे रिक्शा चल पड़ा। उनके जाने के बाद सब अन्दर लौट आए। बहू ने अमर से पूछा, "सिनेमा ले चलिएगा न ?" बसन्ती ने उछलकर कहा "भइया हमें भी।"

गजाधर बाबू की पत्नी सीधे चौके में गईं। बची हुई मठरियों को कटोरदान में रखकर अपने कमरे में लाईं और कनस्तर के पास रख दिया। फिर बाहर आकर कहा, "अरे नरेन्द्र बाबू जी की चारपाई कमरे से निकाल दे। उसमें चलने तक की जगह नहीं है।"

■

राजा निरबंसिया

—कमलेश्वर

"एक राजा निरबंसिया थे; माँ कहानी सुनाया करती थी, उनके आसपास ही चार–पाँच बच्चे अपनी मुठ्ठियों में फूल दबाये कहानी समाप्त होने पर गौरों पर चढ़ाने के लिए उत्सुक– से बैठ जाते थे। आटे का सुन्दर–सा चौका पूरा होता, उसी चौक पर मिट्टी की छै गौरें रखी जातीं जिनमें से ऊपर वाली के बिंदियाँ और सिन्दूर लगता, बाकी पाँचों नीचे दबी पूजा ग्रहण करती रहतीं। एक–ओर दीपक की बाती स्थिर–सी रहती और मंगल घट रखा रहता, जिस पर रोली से सतिया बनाया जाता, सभी बैठे बच्चों के मुख पर फूल चढ़ाने की उतावली की जगह कहानी सुनने की सहज स्थिरता उभर आती।

एक राजा निरबंसिया थे माँ कहानी सुनाया करती थीं, उनके राज में बड़ी खुशहाली थी। सब वरण के लोग अपना–अपना कामकाज देखते थे। कोई दुःखी नहीं दिखायी पड़ता था। राजा के एक लक्ष्मी–सी रानी थी, चन्द्रमा–सी सुन्दर और.. और राजा को बहुत प्यारी। राजा राजकाज देखते, और सुख से रानी के साथ महल में रहते।"

मेरे सामने मेरे खयालों का राजा था– राजा जगपती। तब जगपती से मेरी दाँतकटी दोस्ती थी, दोनों मिडिल स्कूल में पढ़ने जाते। दोनों एक से घर के थे, इसलिए बराबरी भी निभती थी। मैं मैट्रिक पास करके एक स्कूल में नौकर हो गया और जगपती कस्बे के ही वकील के यहाँ मुहर्रिर। जिस साल जगपती मुहर्रिर हुआ, उसी वर्ष पास के गाँव में उसकी शादी हुई, पर ऐसी हुई कि लोगों ने तमाशा बना देना चाहा। लड़की वालों का यह विश्वास था कि शादी के बाद लड़की विदा नहीं होगी। ब्याह हो जायेगा और सातवीं भाँवर तब पड़ेगी जब पहली विदा की साल होगी और तभी लड़की अपनी ससुराल जायेगी। जगपती की पत्नी थोड़ी पढ़ी–लिखी थी, घर पर की लीक को कौन मेटे। बारात बिना बहू के वापस आ गयी और लड़कों वालों ने तय कर लिया कि अब जगपती की शादी कहीं और कर दी जाएगी। चाहे कानी, लूली से हो, पर वह लड़की अब घर में नहीं आयेगी। लेकिन साल खत्म होते–होते सब ठीक–ठाक हो गया। लड़की वालों ने माफी माँग ली और जगपती की पत्नी अपनी ससुराल में आ गयी।

जगपती को जैसे सब--कुछ मिल गया और सास ने बहू की बलइयाँ लेकर घर की सब चाभियाँ सौंप दीं। गृहस्थी का ढंग--चार समझा दिया। जगपती की माँ न जाने कब से आस लगाये बैठी थी, उन्होंने आराम की साँस ली। पूजा--पाठ में समय कटने लगा, दोपहरिया दूसरे घरों के आँगन में बीतने लगी पर साँस का रोग था उन्हें, सो एक दिन उन्होंने अपनी अंतिम घड़ियाँ गिनते हुए चन्दा को पास बुलाकर समझाया था— 'बेटा, जगपती बड़े लाड़--प्यार का पला है जब से तुम्हारे ससुर नहीं रहे, तब से इनके छोटे--छोटे हठ पूरा करती हूँ। अब तुम ध्यान रखना। फिर रुककर उन्होंने कहा, जगपती किसी लायक हुआ है तो रिश्तेदारों की आँखों में करकने लगा है। तुम्हारे बाप ने ब्याह के वक्त नादानी की, जो तुम्हें बिदा नहीं किया। मेरे दुश्मन देवर--जेठों को मौका मिल गया। तूफान खड़ा कर दिया कि अब बिदा करवाना नाक कटवाना है। जगपती का ब्याह हुआ क्या हुआ, उन लोगों की छाती पर साँप लोट गया। सोचा घर की इज्जत रखने की आड़ लेकर रंग में भंग कर दें। अब बेटा इस घर की लाज तुम्हारी लाज है। आज को तुम्हारे ससुर होते तो भला...।'' कहते--कहते माँ की आँखों में आँसू आ गये और वह जगपती की देखभाल उसे सौंप कर सदा के लिए मौन हो गयी थीं।

एक अरमान उनके साथ ही चला गया कि जगपती की संतान को चार बरस इन्तजार करने के बाद भी वह गोद में न खिला पायीं। और चन्दा ने मन में सब्र कर लिया था, यही सोचकर कि कुलदेवता का अंश तो उसे जीवनभर पूजने को मिल गया था। घर में चारों तरफ जैसे उदारता बिखरी रहती, अपनापा बरसता रहता। उसे लगता, जैसे घर की अँधेरी एकान्त कोठरियों में वह शांत शीतलता है जो उसे भरमा लेती है। घर की सब कुण्डियों की खनक उसके कानों में बस गयी थी, हर दरवाजे की चरमराहट पहचान बन गयी थी।

एक रोज राजा आखेट को गये, माँ सुनाती थी। राजा आखेट को जाते थे तो सातवें रोज जरूर महल में लौट आते थे। पर उस दफा जब गये तो सातवाँ दिन निकल गया, पर राजा नहीं लौटे। रानी को बड़ी चिन्ता हुई। रानी एक मन्त्री को साथ में लेकर खोज में निकलीं।

और इसी बीच जगपती को रिश्तेदारी की एक शादी में जाना पड़ा। उसके दूर के रिश्ते के भाई दयाराम की शादी थी। कह गया था कि दसवें दिन जरूर वापस आ जाएगा। पर छठे दिन ही खबर मिली की बारात के लौटने पर दयाराम के घर डाका पड़ गया। किसी मुखबिर ने सारी खबरें पहुँचा दी थीं कि

लड़कीवालों ने दयाराम का घर सोने–चाँदी से पाट दिया है। आखिर पुश्तैनी जमींदार की इकलौती लड़की थी। घर आये मेहमान लगभग बिदा हो चुके थे। दूसरे रोज जगपती भी चलने वाला था। पर उसी रात डाका पड़ा। जवान आदमी, भला खून मानता है। डाके वालों ने जब बन्दूकें चलायीं तो सबकी घिघ्घी बँध गयी। पर जगपती और दयाराम ने छाती पीटकर लाठियाँ उठा लीं। घर में कुहराम मच गया। फिर सन्नाटा छा गया। डाके वाले बराबर गोलियाँ दाग रहे थे। बाहर का दरवाजा टूट चुका था। पर जगपती ने हिम्मत बढ़ाते हुए हाँक लगायी– ये हवाई बन्दूकें इन तेल पिलायी लाठियों का मुकाबला नहीं कर पायेंगी, जवानों।

पर दरवाजे तड़–तड़ टूटते रहे और अन्त में एक गोली जगपती की जाँघ को पार करती निकल गयी और दूसरी उसकी जाँघ के ऊपर कूल्हे में समा कर रह गयी।

चन्दा रोती–कलपती और मनौतियाँ मानती जब वहाँ पहुँची तो जगपती अस्पताल में था। दयाराम के थोड़ी चोट आयी थी। उसे अस्पताल से छुट्टी मिल गयी थी। जगपती की देखभाल के लिए वहीं अस्पताल में मरीजों के रिश्तेदारों के लिए जो कोठरियाँ बनी थीं उन्हीं में चन्दा को रुकना पड़ा। कस्बे के अस्पताल से दयाराम का गाँव चार कोस पड़ता था। दूसरे–तीसरे दिन वहाँ से आदमी आते–जाते रहते। जिस सामान की जरूरत होती, पहुँचा जाते।

पर धीरे–धीरे उन लोगों ने भी खबर लेना छोड़ दिया। एक दिन में ठीक होनेवाला घाव तो था नहीं। जाँघ की हड्डी चटक गयी थी और कूल्हे में आपरेशन से छः इंच गहरा घाव हो गया था। कस्बे का अस्पताल था। कम्पाउंडर ही मरीजों की देखभाल रखते। बड़ा डॉक्टर तो नाम के लिए था या कस्बे के बड़े आदमियों के लिए। छोटे लोगों के लिए कम्पोटर साहब ही ईश्वर के अवतार थे। मरीजों की देखभाल करनेवाले रिश्तेदारों की खानेपीने की मुश्किलों से लेकर मरीज की नब्ज तक सँभालते थे। छोटी–सी इमारत में अस्पताल आबाद था। रोगियों के लिए सिर्फ छः सात खाटें थीं। मरीजों के कमरे से लगा दवा बनाने का कमरा था, उसी में एक ओर एक आरामकुर्सी थी और एक नीची मेज। उसी कुर्सी पर बड़ा डॉक्टर कभी कभार बैठता, नहीं तो बचनसिंह कम्पाउण्डर ही जमे रहते। अस्पताल में या तो फौजदारी के शहीद आते या गिर–गिराके हाथ–पैर तोड़ लेनेवाले एक आध लोग। छठे–छमासे कोई औरत दिख गयी जैसे उन्हें कभी रोग घेरता ही नहीं था। कभी कोई बीमार

पड़ती तो घरवाले हाल बता के आठ दस रोज की दवा एक साथ ले जाते और फिर उसके जीमे–मरने की खबर तक नहीं मिलती।

उस दिन बचनसिंह जगपती के घाव की पट्टी बदलने आया। उसके आने में और पट्टी खोलने में कुछ ऐसी लापरवाही थी मानों गलत ढंग से बँधी पट्टी को ठीक से बाँधने के लिए खोल रहा हो। चन्दा उसके पास ही साँस रोके खड़ी थी। वह और रोगियों से बात भी करता जा रहा था। इधर मिनट भर को देखता, फिर जैसे अभ्यस्त से उसके हाथ अपना काम करने लगते। पट्टी एक जगह खून से चिपक गयी थी, जगपती बुरी तरह कराह उठा, चन्दा के मुख से चीख निकल गयी। बचनसिंह ने सतर्क होकर देखा तो चन्दा मुख से धोती का पल्ला खोंसे भयातुर आवाज दबाने की चेष्टा कर रही थी। जगपती एक बारगी मछली–सा तड़फ कर रह गया। बचनसिंह की अँगुलियाँ थोड़ी–सी थरथरायीं कि उसकी बाँह पर चन्दा का आँसू चू पड़ा।

बचनसिंह सिहर–सा गया। उसके हाथों की अभ्यस्त निठुराई को जैसे किसी मानवीय कोमलता ने धीरे से छू लिया। आहों, कराहों, दर्द भरी चीखों व चटखते शरीर के जिस वातावरण में रहते हुए भी वह अलग रहता था। फोड़ों को पके आम–सा दाब लेता था, खाल को आलू–सा छील देता था। उसके मन से जिस दर्द का अहसास उठ गया था वह उसे आज फिर हुआ और वह बच्चे की तरह फूँक–फूँक कर पट्टी को नम करके खोलने लगा। चन्दा की तरफ देखकर फुस–फुसाया। रोगी की हिम्मत टूट जाती है ऐसे।

पर जैसे ऐसा कहते–कहते उसका मन खुद अपनी बात से उचट गया। यह बेपरवाही तो चीख व कराहों की एकरसता से उसे मिली थी। रोगी की हिम्मत बढ़ाने की कर्तव्यनिष्ठा में नहीं। जब तक वह घाव की मलहम–पट्टी करता रहा तब तक किन्हीं दो आँखों की करुणा उसे घेरे रही और हाथ धोते समय चन्दा की उन चूड़ियों से भरी कलाइयों को बेझिझक देखता रहा जो अपनी खुशी उससे माँग रहीं थीं। चन्दा पानी डालती जा रही थी और बचनसिंह हाथ धोते–धोते उसकी कलाइयों, हथेलियों और पैरों को देखता जा रहा था। दवाखाने की ओर जाते हुए उसने चन्दा को हाथ के इशारे से बुलाकर कहा, दिल छोटा मत करना, जाँघ का घाव तो दस रोज में भर जायेगा। कूल्हे के घाव में कुछ दिन लगेंगे। अच्छी–से–अच्छी दवाई दूँगा। दवाइयाँ तो ऐसी हैं कि मुर्दे को चंगा कर दें, पर हमारे अस्पताल में नहीं आतीं फिर भी...

तो किसी दूसरे अस्पताल से नहीं आ सकतीं वो दवाइयाँ, चन्दा ने पूछा– आ

तो सकती हैं, पर मरीज को अपना पैसा खरचना पड़ता है उनमें······ । बचनसिंह ने कहा।

चन्दा चुप रह गयी जो बचनसिंह के मुँह से अनायास ही निकल पड़ा। किसी चीज की जरूरत हो तो हमको बताना। रही दवाइयाँ, सो कहीं–न–कहीं से इन्तजाभ करके ला दूँगा। महकमे से मँगायेंगे तो आते–आते महीनों लग जायेंगे। शहर के डाक्टर से मँगवा दूँगा। ताकत की दवाइयों की काफी जरूरत है उन्हें, अच्छा देखा जायेगा–

कहते कहते रुक गया। चन्दा ने कृतज्ञता भरी नजरों से उसे देखा व उसे लगा जैसे आँधी में उड़ते पत्ते को कोई अटकाव मिल गया हो। आकर वह जगपती की खाट से लगकर बैठ गयी। उसकी हथेली लेकर सहलाती रही। नाखूनों को अपने पोरों से दबाती रही ।

धीरे–धीरे बाहर अँधेरा बढ़ चला। बचनसिंह तेल की एक लालटेन लाकर मरीजों के कमरे के एक कोने में रख गया। चन्दा ने जगपती की कलाई दबाते–दबाते धीरे से कहा—कम्पाउन्डर साहब कह रहे थे... और इतना कहकर जगपती का ध्यान आकृष्ट कराने के लिये चुप हो गयी।

क्या कह रहे थे। जगपती ने अनमने मन से कहा। कुछ ताकत की दवाइयाँ तुम्हारे लिए जरूरी हैं; मैं जानता हूँ।

पर······

"देखो चन्दा ! चादर के बराबर पैर फैलाये जा सकते हैं। हमारी औकात इन दवाइयों की नहीं है। औकात आदमी की देखी जाती है कि पैसे की, तुम तो··"

"देखा जाएगा।"

कम्पाउण्डर साहब इन्तजाम कर देंगे। उनसे मैं कहूँगी। नहीं चन्दा उधार खाते से मेरा इलाज नहीं होगा। चाहे एक के चार दिन लग जायें। इसमें तो...

तुम नहीं जानती, कर्ज कोढ़ का रोग होता है। एक बार लगने से तन तो जलता ही है, मन भी रोगी हो जाता है।

लेकिन ·· कहते–कहते वह रुक गयी। जगपती अपनी बात की टेक रखने के लिए दूसरी ओर मुँह घुमा कर लेट गया। और तीसरे रोज, जगपती के सिरहाने ताकत की कई दवाइयाँ रखी थीं और चन्दा की ठहरनेवाली कोठरी में उसके लेटने के लिये एक खाट भी पहुँच गयी थी। चन्दा जब आयी तो जगपती के चेहरे पर मानसिक पीड़ा की अस्पष्ट रेखाएँ उभरी थीं। जैसे वह अपनी बीमारी

से लड़ने के अलावा स्वयं अपनी आत्मा से भी लड़ रहा हो... चन्दा की नादानी और स्नेह से भी उलझ रहा हो और सबसे ऊपर सहायता करने वालों की दया से जूझ रहा हो।

चन्दा ने देखा तो जैसे यह सब सह नहीं पायी। उसके जी में आया कि क्या आज तक तुमने किसी से उधार पैसे नहीं लिए ? पर वह तो खुद तुमने लिये थे और तुम्हें मेरे सामने स्वीकार नहीं करना पड़ा। इसलिए लेते झिझक नहीं लगी। पर आज मेरे सामने उसे स्वीकार करते तुम्हारा झूठा पौरुष तिल–मिलाकर जाग पड़ा है पर जगपती के मुख पर बिखरी हुई पीड़ा में जिस आदर्श की गहराई थी वह चन्दा के मन में तीर की तरह घुस गयी और बड़ी स्वाभाविकता से उसके माथे पर हाथ फेरते हुए कहा– यह दवाइयाँ किसी की मेहरबानी नहीं हैं। मैंने हाथ का कड़ा बेचने को दे दिया था, उसी से आयी हैं।

मुझसे पूछा तक नहीं और ...... जगपती ने कहा और जैसे खुद मन की कमजोरी को दाब गया। कड़ा बेचने से तो अच्छा था कि बचनसिंह की दया ओढ़ ली जाती और उसे हल्का सा पछतावा भी था कि नाहक ही वह रौ में बड़ी–बड़ी बातें कह जाता है। गुनियों की तरह सीख दे देता है।

और जब चन्दा अँधेरा होते उठकर अपनी कोठरी में सोने के लिए जाने को हुई तो कहते–कहते यह बात दबा गयी कि बचनसिंह ने उसके लिए एक खाट का भी प्रबन्ध कर दिया है। कमरे से निकली तो सीधे कोठरी में गयी और हाथ का कड़ा लेकर सीधे दवाखाने की ओर चली गयी, जहाँ बचनसिंह अकेला डाक्टर की कुर्सी पर आराम से पैर फैलाए लेटा था। जगपती का व्यवहार चन्दा को लग गया था कि वह क्यों बचनसिंह का अहसान अभी से लाद ले। पति के लिए जेवर की कितनी औकात है। वह बेधड़क–सी दवाखाने में घुस गयी। दिन की पहचान के कारण उसे कमरे की मेज–कुर्सी और दवाओं की अलमारी की स्थिति का अनुमान था। वैसे कमरा अँधेरा ही पड़ा था क्योंकि लैम्प की रोशनी केवल अपने वृत्त से अधिक प्रकाशवान होकर कोने के अँधेरे को और भी घनीभूत कर रही थी। बचनसिंह ने चन्दा को घुसते ही पहचान लिया। वह उठकर खड़ा हो गया। चन्दा ने भीतर तो कदम रख दिया लेकिन सहसा सहम गयी जैसे वह किसी अँधेरे कुएँ में अपने–आप कूद पड़ी हो, ऐसा कुँआ जो निरन्तर पतला होता गया है और जिसमें पानी की गहराई पाताल की पर्तों तक चली गयी हो, जिसमें पड़कर वह नीचे धँसती चली जा रही हो, नीचे अँधेरा, एकांत, घुटन–पाप।

बचनसिंह अवाक् ताकता रह गया और चंदा ऐसे वापस लौट पड़ी जैसे किसी काले पिशाच के पंजे से मुक्ति मिली हो। बचनसिंह के सामने सारी परिस्थिति कौंध गयी और उसने वहीं से बहुत संयत आवाज में जबान को दबाते हुए जैसे वायु में स्पष्ट ध्वनित करा दिया— चन्दा, यह आवाज इतनी बेआवाज थी और निरर्थक होते हुए भी सार्थक थी कि उस खामोशी में अर्थ भर गया।

चन्दा रुक गयी।

बचनसिंह उसके पास जाकर रुक गया। सामने का घना पेड़ स्तब्ध खड़ा था, उसकी काली परछाईं की परिधि जैसे एक बार—फैलकर उन्हें अपने वृत्त में समेट लेती और दूसरे ही क्षण मुक्त कर देती। दवाखाने का लैम्प, सहसा भभक कर रुक गया और मरीजों के कमरे से एक कराह की आवाज दूर मैदान के छोर तक जाकर डूब गयी।

चंदा ने वैसे ही नीचे ताकते हुए अपने को संयत करते हुए कहा— "ये कड़ा तुम्हें देने आयी थी।"

"तो वापस क्यों चली जा रही थी ?" चन्दा चुप। और दो क्षण रुक कर उसने अपने हाथ का सोने का कड़ा धीरे से उसकी ओर बढ़ा दिया जैसे देने का साहस न होते हुए भी यह काम आवश्यक था।

बचनसिंह ने उसकी सारी काया को एक बार देखते हुए अपनी आँखें उसके सिर पर जमा दीं, जिसके ऊपर बड़े कपड़े के पार नरम चिकनाई से भरे लम्बे—लम्बे बाल थे जिनकी भाप—सी महक फैलती जा रही थी। वह धीरे से बोला—लाओ।

चंदा ने कड़ा उसकी ओर बढ़ा दिया। कड़ा हाथ में लेकर वह बोला सुनो, चन्दा ने प्रश्न भरी नजरें उसकी ओर उठा दीं उनमें झाँकते हुए, पर अपने हाथ से उसकी कलाई पकड़ते हुए उसने वह कड़ा उसकी कलाई में पहना दिया और बोला— "ब्याही औरतें हमेशा मेरी कमजोरी रही हैं, चन्दा !"

चन्दा चुपचाप कोठरी की ओर चल दी और बचनसिंह दवाखाने की ओर। कालिख बुरी तरह बढ़ गयी और सामने खड़े पेड़ की काली परछाईं गहरी पड़ गयी थी। दोनों लौट गये थे। पर जैसे उस कालिख में कुछ रह गया था। दवाखाने का लैम्प जो जलते—जलते एक बार भभका था, उसमें तेल न रह जाने के कारण बत्ती की लौ बीच से कट गयी थी। उसके ऊपर धुएँ की लकीरें बल खाती साँप की तरह अँधेरे में विलीन हो जाती थीं।

सुबह जब चन्दा जगपती के पास पहुँची और बिस्तर ठीक करने लगी, तो

जगपती को लगा कि चन्दा बहुत उदास थी। क्षण–क्षण में चन्दा के मुख पर अनगिनत भाव आ–जा रहे थे जिनमें असमंजस तथा पीड़ा थी और थी निरीहता। कोई अदृश्य पाप कर चुकने के बाद हृदय की गहराई से किये गये पश्चाताप जैसी धूमिल चमक।......

रानी मंत्री के साथ जब निराश होकर लौटी तो देखा, राजा महल में उपस्थित थे। उनकी खुशी का ठिकाना न रहा। माँ सुनाया करती थीं, पर राजा को रानी का इस तरह मंत्री के साथ जाना अच्छा नहीं लगा। रानी ने राजा को समझाया कि वह तो केवल राजा के प्रति अटूट प्रेम के कारण अपने को न रोक सकी। राजा–रानी एक–दूसरे को बहुत चाहते थे। पर दोनों के दिलों में एक बात शूल–सी गड़ती रहती कि उनके कोई सन्तान तक न थी..... राजवंश का दीपक बुझने जा रहा था। संतान के अभाव में उनका लोकपरलोक बिगड़ा जा रहा था और कुल की मर्यादा नष्ट होने की शंका बढ़ती जा रही थी।

दूसरे दिन बचनसिंह ने मरीजों को मरहम–पट्टी करते हुए बताया था कि उसका तबादला मैनपुरी के सदर अस्पताल को हो गया है और वह परसों यहाँ से चला जायेगा। जगपती ने सुना, तो उसे भला ही लगा।... आये दिन रोग ही घेरे रहते हैं, बचनसिंह उसके शहर के अस्पताल में पहुँचा जा रहा था तो कुछ मदद मिलती ही रहेगी। आखिर वह ठीक तो होगा ही और फिर मैनपुरी के सिवा कहाँ जायेगा। पर दूसरे क्षण उसका दिल अकथ भारीपन से भर गया। पता नहीं क्यों चन्दा के अस्तित्व का ध्यान आते ही उसे इस सूचना में कुछ नुकीले काँटे दिखलायी देने लगे जो उसके शरीर में किसी समय भी चुभ सकते थे। जरा–सा बेखबर होने पर बींध सकते थे, और तब उसके सामने आदमी के अधिकार की लक्ष्मण रेखाएँ धुएँ की लकीर की तरह काँपकर मिटने लगीं और मन में छुपे सन्देह के राक्षस बाना बदल योगी के रूप में घूमने लगे।

और पन्द्रह–बीस रोज बाद जब जगपती की हालत सुधर गयी तो चन्दा उसे लेकर घर लौट आयी। जगपती चलने–फिरने लायक हो गया था। घर का ताला जब खोला, तब रात झुक आयी थी और फिर उनकी गली में तो शाम से ही अँधेरा भरना शुरू हो जाता था। पर गली में आते ही उन्हें लगा कि जैसे बनवास काटकर राजधानी लौटे हों, नुक्कड़ पर आते ही जमुना सुनार की कोठरी में सुरही कूँक रही थी, जिसके दराजदार दरवाजों से लालटेन की रोशनी की लकीर झाँक रही थी और कच्ची तम्बाकू का धुँआ रुँधी गली के मुहाने पर बुरी तरह भर गया था। सामने ही मुंशी जी अपनी जिंगला खटिया के गड्ढे में, कुप्पी

के मद्धिम प्रकाश में खसरा–खतौनी बिछाये जी–जान लगाने से मशगूल थे। जब जगपती के घर का दरवाजा खटका तो अँधेरे में उसकी चाची ने अपने जंगले से देखा और वहीं से बैठे–बैठे अपने घर में ऐलान कर दिया–राजा निरबंसिया अस्पताल से लौट आये······ कुलमा भी आयी है।

ये शब्द सुनकर घर के अँधेरे में घुसते ही जगपती हाँफकर बैठ गया, झुँझला कर चन्दा से बोला, अँधेरे में मेरे क्या हाथ पैर तुड़वाओगी, भीतर जाकर लालटेन जला लाओ ना।

"तेल नहीं होगा, इस वक्त जरा ऐसे ही काम······।"

तुम्हारे कभी कुछ नहीं होगा। न तेल न ······ कहते–कहते जगपती एकदम चुप रह गया। और चन्दा को लगा कि आज पहली बार जगपती ने उसके व्यर्थ मातृत्व पर चोट कर दी। जिसकी गहराई की उसने कभी कल्पना भी नहीं की थी। दोनों खामोश बिना बात किये अन्दर चले गये।

रात के बढ़ते सन्नाटे में दोनों के पास दो बातें थी······

जगपती के कानों में कोई कह रहा था कि ··· राजा निरबंसिया अस्पताल से आ गये।

और चन्दा के दिल में वह बात चुभ गयी– तुम्हारे कभी कुछ नहीं होगा।

और सिसकती चन्दा न जाने कब सो गयी पर जगपती की आँखों में नींद न आयी। खाट पर पड़े–पड़े उसके चारों ओर एक मोहक भयावना–सा जाल फैल गया। लेटे–लेटे उसे लगा, जैसे उसका स्वयं का आकार बहुत क्षीण होता–होता बिन्दु–सा रह गया, पर बिन्दु के हाथ थे, पैर थे और दिल की धड़कन भी। कोठरी का घुटा घना अँधियारा, मटमैली दीवारें और गहन गुफाओं–सी अलमारियाँ जिनमें से बार–बार कोई झाँक कर देखता था और सिहर उठता था, फिर जैसे सब–कुछ तबदील हो गया हो। उसे लगा कि उसका आकार बढ़ता जा रहा है। वह मनुष्य हुआ, लम्बा तगड़ा तन्दुरुस्त पुरुष हुआ, उसकी शिराओं में कुछ फूट पड़ने के लिए व्याकुलता से खौल उठा। उसके हाथ शरीर के अनुपात से बड़े, डरावने और भयानक हो गये। उनमें लम्बे–लम्बे नाखून निकल आये वह राक्षस हुआ, दैत्य हुआ······ आदिम बर्बर।

और बड़ी तेजी से सारा कमरा एकबारगी चक्कर काट गया। फिर सब धीरे–धीरे स्थिर होने लगा और उसकी साँसें ठीक होती जान पड़ीं। फिर जैसे बहुत कोशिश करने पर घिघ्घी बँध जाने के बाद उसकी आवाज फूटी–चन्दा !

चन्दा की नरम साँसों की हल्की सरसराहट कमरे में जान डालने लगी। जगपती अपनी पाटी का सहारा लेकर झुका, काँपते पैर उसने जमीन पर रखे और चन्दा की खाट के दायें से सिर टिकाकर बैठ गया। उसे लगा जैसे चन्दा की इन साँसों की आवाज में जीवन का संगीत गूँज रहा है। वह उठा और चन्दा के मुख पर झुक गया।...... उस अँधेरे में आँखें गड़ाये–गड़ाये जैसे बहुत देर बाद स्वयं चन्दा के मुख पर आभा फूटकर अपने–आप बिखरने लगी। उसके नक्श उज्ज्वल हो उठे और जगपती की आँखों को ज्योति मिल गयी। वह मुग्ध ताकता रहा।

चन्दा के बिखरे बाल, जिनमें हाल के जन्मे बच्चे के शंकु और बालों की महक, दूध की कचाइयाँ, शरीर के रस की–सी मिठास और स्नेह की चिकनाहट और वह माथा जिस पर बालों के पास तमाम छोटे–छोटे, नरम–नरम से रोयें, रेशम से और उस पर कभी लगायी गयी सिंदूर की बिन्दी का हल्का मिटा हुआ–सा आभास, नन्हे–नन्हे निर्द्वन्द्व सोये पलक। और उनकी मासूम–सी काँटों की तरह बरौनियाँ और साँस में घुलकर आती हुई वह आत्मा की निष्कपट आवाज की लय, फूल की पंखुड़ी से पतले–पतले ओंठ, उन पर पड़ी अछूती रेखाएँ जिनमें सिर्फ दूध–सी महक।

उसकी आँखों के सामने ममता–सी छा गयी, केवल ममता और उसके मुख से अस्फुट शब्द निकल गया– 'बच्ची'।

डरते–डरते उसके बालों की लट को बड़े जतन से उसने हथेली पर रखा और उँगली से उस पर जैसे लकीरें खींचने लगा। उसे लगा, जैसे कोई शिशु उसके अंक में आने के लिए छटपटा कर निराश होकर सो गया हो। उसने दोनों हथेलियों को पसार कर उसके सर को अपनी सीमा में भर लेना चाहा कि कोई कठोर चीज उसकी उँगलियों से टकरायी।

वह जैसे होश में आ गया। बड़े सहारे से उसने चन्दा के सिर के नीचे टटोला। एक रूमाल में बँधा कुछ उसके हाथ में आ गया। अपने को संयत करता वह वहीं जमीन पर बैठ गया। उसी अँधेरे में उस रूमाल को खोला तो जैसे साँप सूँघ गया। चन्दा के हाथ के दोनों सोने के कड़े उसमें लिपटे थे।

तब उसके सामने सब सृष्टि धीरे–धीरे टुकड़े–टुकड़े होकर बिखरने लगी। ये कड़े तो बेच कर चन्दा उसका इलाज करा रही थी। ये सब दवाइयाँ व ताकत के टानिक...... उसने तो कहा था ये दवाइयाँ किसी की मेहरबानी की नहीं हैं। मैंने हाथ के कड़े बेचने को दिये थे पर उसका गला बुरी तरह सूख गया था, जबान जैसे तालू से चिपककर रह गयी, उसने चाहा कि चन्दा को झकझोर उठाये पर शरीर की शक्ति बह–सी गयी थी, रक्त पानी हो गया था।

थोड़ा सचेत हुआ। उसने वह कड़े उसी रूमाल में लपेट कर उसकी खाट के कोने में रख दिये और बड़ी मुश्किल से अपनी खाट की पाटी पकड़कर लुढ़क गया।

चन्दा झूठ बोली। पर क्यों कड़े आज तक छुपाये रही। उसने इतना बड़ा दुराव क्यों किया ? आखिर क्यों ? किसलिए ? और जगपती का दिल भारी हो आया। उसे फिर लगा कि उसका शरीर सिमटता जा रहा है और वह एक सीक का बना ढाँचा रह गया नितान्त हल्का, तिनके–सा, हवा में उड़कर भटकनेवाले तिनके–सा।

उस रात के बाद रोज जगपती सोचता रहा कि चन्दा से कड़े माँगकर बेच ले और कोई छोटा–मोटा कारबार ही शुरू कर दे। क्योंकि नौकरी छूट चुकी थी। इतने दिन की गैरहाजिरी के बाद वकील साहब ने दूसरा मुहर्रिर रख लिया था। वह रोज यही सोचता पर जब चन्दा सामने आती तो न जाने कैसी असहाय–सी अवस्था हो जाती। उसे लगता जैसे कड़े माँगकर चन्दा से पत्नीत्व का पद भी छीन लेगा। मातृत्व तो भगवान् ने छीन ही लिया है, वह सोचता, आखिर चन्दा क्या रह जायेगी ? एक स्त्री से यदि पत्नीत्व और मातृत्व छीन लिया जाय तो उसके जीवन की सार्थकता ही क्या है ? चन्दा के साथ वह यह अन्याय कैसे करे। उससे दूसरे आँख की रोशनी कैसे माँग ले ? फिर तो वह नितांत अंधी हो जायेगी और उन कड़ों को माँगने के पीछे जिस इतिहास की आत्मा नंगी हो जाएगी कैसे वह उस लज्जा को स्वयं ही उघाड़ कर ढाँपेगा।

और वह इन्हीं ख्यालों में डूबा सुबह से शाम इधर–उधर काम की टोह में घूमता रहा। किसी से उधार ले ले ? पर किस सम्पत्ति पर ? क्या है उसके पास जिसके आधार पर कोई उसे कुछ देगा ? और मुहल्ले के लोग जो एक–एक पाई पर जान देते हैं, कोई चीज खरीदते वक्त भाव में एक पैसा कम मिलने पर मीलों पैदल जाकर एक पैसा बचाते हैं। एक–एक पैसे की मसाले की पुड़िया बँधवाकर ग्यारह मर्तबा पैसा का हिसाब जोड़कर एक–आध पैसा उधार कर मिन्नतें करते सौदा घर लाते हैं। गली में खोंमचेवाला फँस गया तो दो पैसे की चीज को लड़झगड़कर चार दाने ज्यादा पाने की नीयत से दो जगह बँधवाते हैं। भाव के जरा से फर्क पर घण्टों बहस करते हैं, शाम को सड़ी गली तरकारियों को किफायत के कारण लाते हैं, ऐसे लोगों से किस मुँह से माँग कर वह उनकी गरीबी के एहसास पर ठोकर लगाये। पर उस दिन शाम को जब वह घर पहुँचा तो बरोठे में ही साइकिल रखी नज़र आई। दिमाग़ पर बहुत ज़ोर डालने के बाद

भी वह आगन्तुक की पहचान न कर पाया। भीतरवाले दरवाज़े पर जब पहुँचा तो सहसा हँसी की आवाज़ सुनकर ठिठक गया। उस हँसी में एक अजीब–सा उन्माद था। उसके बाद चन्दा का स्वर–

अब आते ही होंगे। बैठिये न दो मिनट और ! अपनी आँखों से देख लीजिए–और उन्हें समझाते जाइए कि अभी तन्दुरुस्ती इस लायक नहीं जो कि दिन–दिन भर घूमना बर्दाश्त कर सकें।

हो गयी कमज़ोरी इतनी जल्दी नहीं मिट सकती। ख्याल नहीं करेगा तो नुकसान उठायेंगे? कोई पुरुष स्वर था यह।

जगपती असमंजस में पड़ गया। वह एकदम भीतर घुस जाय– इसमें क्या हर्ज है पर जब उसने पैर उठाये तो वे बाहर को जा रहे थे। बाहर बरोठे में साइकिल को पकड़ते ही सूझ आयी। वहीं से जैसे अनजान बनता, बड़े प्रयत्न से आवाज़ को खोलता चिल्लाया–"अरे चन्दा। यह साइकिल है ! कौन मेहरबान...... ? चन्दा उसकी आवाज़ सुनकर कमरे से बाहर निकल कर जैसे खुशखबरी सुना रही थी। अपने कम्पाउण्डर साहब आये हैं, खोजते–खोजते आज घर का पता पाये हैं, तुम्हारे इन्तज़ार में बैठे हैं।

"कौन बचनसिंह ? अच्छा–अच्छा ? वही तो मैं कहूँ कि भला कौन...... ? कहता जगपती बचनसिंह के पास पहुँचा। और बातों में इस प्रकार उलझ गया जैसे सारी परिस्थिति उसने स्वीकार कर ली हो।

बचनसिंह जब फिर आने की बात कहकर घर चला गया तो चन्दा ने बहुत अपनेपन से जगपती के सामने बात शुरू की। "जाने कैसे–कैसे आदमी होते हैं।"

क्यों क्या हुआ ? कैसे होते हैं आदमी ! जगपती ने पूछा।

इतनी छोटी जान–पहचान में तुम मर्दों के घर में न रहते घुसकर बैठ सकते हो ? तुम तो उल्टे पैरों लौट आओगे। चंदा कहकर जगपती के मुख पर इच्छित प्रक्रिया देख सकने के लिए गहरी निगाहों से ताकने लगी। जगपती ने चंदा की ओर ऐसे देखा जैसे यह बात भी कहने की या पूछने की है। फिर बोला बचनसिंह अपनी तरह का आदमी है। अपनी तरह का अकेला होगा...... पर ...... कहते–कहते रुक गयी। आड़े वक्त काम आनेवाला आदमी है लेकिन उससे फायदा उठा सकना जितना आसान है। उतना मेरा मतलब है कि जिससे कुछ लिया जायेगा। उसे कुछ दिया भी तो जायेगा। जगपती ने आँखें दीवार पर गड़ाते हुए कहा और चंदा उठकर चली गयी।

उस दिन के बाद से बचनसिंह लगभग रोज़ ही आने-जाने लगा। जगपती उसके साथ इधर-उधर घूमता रहता। बचनसिंह के साथ जब तक वह रहता, अजीब-सी घुटन उसके दिल को बाँध लेती, और तभी जीवन की तमाम विषमतायें भी उसकी निगाहों के सामने उभरने लगतीं। आख़िर वह स्वयं एक आदमी है...... बेकार...... यह माना पेट पालने की उसके सामने कोई इतनी विकराल समस्या नहीं, वह भूखों नहीं मर रहा है, जाड़े में काँप नहीं रहा है, पर उसके दो हाथ-पैर हैं...... शरीर का पिंजरा है जो कुछ माँगता रहा है...... कुछ ! और वह सोचता, यह कुछ क्या है ? सुख शायद है, शायद नहीं। वह तो दुख में भी जी सकने का आदी है ही, अभावों में जीवित रह सकनेवाला आश्चर्यजनक कीड़ा है तो फिर...... वासना ? शायद हाँ, शायद नहीं। पर वह भी तो उस अदृश्य प्यास को बुझा नहीं पाया ?...... तो फिर क्या ? वह कुछ क्या है, जो उसकी आत्मा में नासूर-सा रिसता रहता है, अपना उपचार माँगता है, शायद काम ! हाँ, यही बिल्कुल यही, जो उसके जीवन की घड़ियों को निपट सूना न छोड़े, जिसमें वह अपनी शक्ति लगा सके, अपना मन डुबो सके, अपने को सार्थक अनुभव कर सके, चाहे उसमें सुख हो या दुःख, अरक्षा हो या सुरक्षा, शोषण या पोषण...... उसे सिर्फ काम चाहिए। करने के लिए, कुछ चाहिए। यही तो उसकी प्रकृत आवश्यकता है, पहली और आख़िरी माँग है, क्योंकि वह उस घर में नहीं पैदा हुआ, जहाँ सिर्फ माँग कर जीनेवाले होते हैं। वह उस घर का है, जो सिर्फ काम करना जानता है, काम ही उसकी आस है। वह सिर्फ काम चाहता है, काम......।

और एक दिन उसकी काम-धाम की समस्या भी हल हो गयी। तालाबवाले ऊँचे मैदान के दक्षिण की ओर जगपती की लकड़ी की टाल तक खुल गयी। बोर्ड टँग गया। टाल की ज़मीन पर लक्ष्मी पूजन भी हो गया और हवन भी हुआ। लकड़ी की कोई कमी नहीं थी। गाँवों से आने वाली गाड़ियों का इस कारोबार में बैठे हुए आदमियों की मदद से मोल-तोल करवा के वहाँ गिरवा दिया गया। गाँठें एक ओर रखी गईं, चैलों का चट्टा करीने से लग गया और गुद्दे चीरने के लिए डाल दिये गये। दो तीन गाड़ियों का सौदा करके टाल चालू कर दी गयी। भविष्य में स्वयं पेड़ खरीद कर काटने का तय किया गया, बड़ी-बड़ी स्कीमें बनीं कि किस तरह जलाने की लकड़ी से बढ़ाते-बढ़ाते एक दिन इमारती लकड़ी की कोठी बनेगी। चीरने की नयी मशीन लगेगी। कार-बार बढ़ जाने पर बचनसिंह भी नौकरी छोडकर उसी में लग जायगा। और उसने महसूस किया कि वह काम

में लग गया है। अब चौबीसों घण्टे उसके सामने काम है...... उसके समय का उपयोग है। दिन भर में वह एक घण्टे के लिए किसी का मित्र हो सकता है, कुछ देर के लिए वह पति हो सकता है, पर बाकी समय ? दिन और रात और बाकी घण्टे...... उन घण्टों के अभाव को सिर्फ उसका अपना काम ही भर सकता है...... और अब वह कामदार था।......

वह कामदार तो था; लेकिन जब टाल की उस ऊँची ज़मीन पर पड़े छप्पर के नीचे तख़्त पर वह गल्ला रखकर बैठता, सामने लगे लकड़ियों के ढेर, कटे हुए पेड़ के तने, जड़ों को लुढ़का हुआ देखता, तो एक निरीहता बरबस उसके दिल को बाँधने लगती। उसे लगता, एक व्यर्थ पिशाच का शरीर टुकड़े–टुकड़े करके उसके सामने डाल दिया गया है।...... फिर इन पर और कुल्हाड़ी चलेगी और इनके रेशे–रेशे अलग हो जायेंगे और तब इनकी ठठरियों को सुखाकर किसी पैसेवाले के हाथ तौल कर बेच दिया जाएगा।

और तब उनकी निगाहें सामने खड़े ताड़ पर अटक जातीं, जिसके बड़े–बड़े पत्तों पर सुर्ख गर्दनवाले गिद्ध फड़फड़ाकर देर तक खामोश बैठे रहते। ताड़ का काला गड़ारेदार तना...... और उसके सामने ठहरी हुई वायु में निस्सहाय काँपती, भारहीन नीम की पत्तियाँ चकराती झड़ती रहतीं...... धूल–भरी धरती पर लकड़ी की गाड़ियों के पहियों की पड़ी हुई लीक धुँधली–सी चमक उठती और बगलवाले मूँगफली की पेंच की एक इस खरखराती आवाज़ कानों में भरने लगती। बगलवाली कच्ची पगडण्डी से कोई गुज़र कर, टीले के ढलान से तालाब की नीचाई में उतर जाता, जिसके गंदले पानी में कूड़ा तैरता रहता और सुअर कीचड़ में मुँह डालकर उस कूड़े को रौंदते रहते......

दोपहर सिमटती और शाम की धुँध छाने लगती, तो वह लालटेन जलाकर छप्पर के खम्भे की टाल पर टाँग देता और उसके थोड़ी ही देर बाद अरपतालवाली सड़क से बचनसिंह एक काले धब्बे की तरह आता दिखायी पड़ता।

गहरे पड़ते अँधेरे में उसका आकार धीरे–धीरे बढ़ता जाता और जगपती के सामने जब वह आकर खड़ा होता, तो वह उसे बहुत विशाल–सा लगने लगता, जिसके सामने उसे अपना अस्तित्व डूबता महसूस होता है।

एक आध बिक्री की बातें होतीं और तब दोनों घर की ओर चल देते। घर पहुँचकर बचनसिंह कुछ देर ज़रूर रुकता, बैठता, इधर–उधर की बातें करता। कभी मौका पड़ जाता तो, जगपती और बचनसिंह की थाली भी साथ लग जाती। चन्दा सामने बैठकर दोनों को खिलाती।

बचनसिंह बोलता जाता, "क्या तरकारी बनी है। मसाला ऐसा पड़ा है कि उसकी भी बहार है और तरकारी का भी स्वाद नहीं मरा। होटलों में या तो मसाला ही मसाला रहेगा या सिर्फ तरकारी ही तरकारी। वाह ! वाह ! क्या बात है अन्दाज़ की।"

और चन्दा बीच–बीच में टोक कर बोलती जाती, "इन्हें तो जब तक दाल में प्याज़ का भूना घी न मिले, तब तक पेट ही नहीं भरता।"

या– "सिरका अगर इन्हें मिल जाय, तो समझो सब–कुछ मिल गया। पहले मुझे सिरका न जाने कैसा लगता था, पर अब ऐसा ज़बान पर चढ़ा है कि...... ।"

या– "इन्हें कागज़–सी पतली रोटी पसन्द ही नहीं आती। अब मुझसे कोई पतली रोटी बनाने को कहे, तो बनती ही नहीं, आदत पड़ गयी है और फिर मन ही नहीं करता।"

पर चन्दा की आँखें बचनसिंह की थाली पर ही जमीं रहतीं। रोटी निबटतीं तो रोटी परोस दीं। दाल खत्म नहीं हुई, तो भी एक चमचा और परोस दी।

और जगपती सिर झुकाये खाता रहता। सिर्फ एक गिलास पानी माँगता और चन्दा चौंक कर पानी देने से पहले कहती, अरे तुमने तो कुछ लिया भी नहीं कहते–कहते वह पानी दे देती और तब उसके दिल पर गहरी–सी चोट लगती, न जाने क्यों वह खामोशी की चोट उसे बड़ी पीड़ा दे जाती...... पर वह अपने को समझा लेती, कोई मेहमान तो नहीं हैं...... माँग सकते थे। भूख नहीं होगी।

जगपती खाना खाकर टाल पर लेटने चला जाता, क्योंकि अभी तक कोई चौकीदार नहीं मिला था। छप्पर के नीचे तख़्त पर जब वह लेटता तो अनायास ही उसका दिल भर–भर आता। पता नहीं कौन–कौन से दर्द एक–दूसरे से मिलकर तरह–तरह की टीस, चटख और ऐंठन पैदा करने लगते। कोई एक रग दुखती तो वह सहलाता भी, जब सभी नसें चटखती हों तो कहाँ–कहाँ राहत का अकेला हाथ सहलाये।

लेटे–लेटे उसकी निगाह ताड़ के उस ओर बनी पुख़्ता कब्र पर जब जाती, जिसके सिरहाने कँटीला बबूल का एकाकी पेड़ सुन्न–सा खड़ा रहता। जिस कब्र पर एक पर्दानशीन औरत बड़े लिहाज़ से आकर सवेरे–सवेरे बेला और चमेली के फूल चढ़ा जाती... घूम–घूम कर उसके फेरे लेती और माथा टेककर कुछ कदम उदास–उदास–सी चलकर तेज़ी से मुड़कर बिसातियों के मुहल्ले में खो जाती। शाम होते फिर आती। एक दिया बारती और अगर की बत्तियाँ

जलाती। फिर मुड़ते हुए ओढ़नी का पल्ला कन्धों पर डालती, तो दिये की लौ काँपती, कभी काँपकर बुझ जाती, पर उसके कदम बढ़ चुके होते, पहले धीमे, थके, उदास–से और फिर तेज़, सधे सामान्य से। और वह उसी मुहल्ले में खो जाती और तब रात की तनहाइयों में...... बबूल के काँटों के बीच, उस साँय–साँय करते ऊँचे–नीचे मैदान में जैसे उस कब्र से कोई रूह निकलकर निपट अकेली भटकती रहती।......

तभी ताड़ पर बैठे सुर्ख गर्दनवाले गिद्ध मनहूस– सी आवाज़ में किलबिला उठते और ताड़ के पत्ते भयानकता से खड़बड़ा उठते। जगपती का बदन काँप जाता और वह भटकती रूह जिंदा रह सकने के लिए जैसे कब्र की ईंटों में, बबूल के साये तले दुबक जाती। जगपती अपनी टाँगों को पेट से भींचकर कम्बल से मुँह छुपा औंधा लेट जाता।

तड़के ही ठेले पर लगे लकड़हारे लकड़ी चीरने आ जाते। तब जगपती कम्बल...... । "राजा रोज़ सवेरे टहलने जाते थे," माँ सुनाया करती थीं, "एक दिन जैसे ही महल के बाहर निकलकर आये कि सड़क पर झाड़ू लगानेवाली मेहतरानी उन्हें देखते झाड़ू–पंजा पटककर माथा पीटने लगी, और कहने लगी, "हाय राम ! आज राजा निरबंसिया का मुँह देखा है न जाने रोटी भी नसीब होगी कि नहीं...... न जाने कौन–सी बिपत टूट पड़े।" राजा को इतना दुःख हुआ कि उल्टे पैरों महल लौट गये। मंत्री को हुकुम दिया कि उस मेहतरानी का घर अनाज से भर दें और सब राजसी वस्त्र उतार राजा उसी क्षण जंगल की ओर चले गये। उसी रात रानी को सपना हुआ कि कल की रात तेरी मनोकामना पूरी होनेवाली है। रानी बहुत पछता रही थी। पर फौरन ही रानी राजा को खोजती–खोजती उस सराय में पहुँच गयी, जहाँ वह टिके हुए थे। रानी भेष बदल कर सेवा करनेवाली भटियारिन बनकर राजा के पास रात में पहुँची। रात भर उनके साथ रही और सुबह राजा के जागने से पहले सराय छोड़ महल में लौट गयी। राजा सुबह उठकर दूसरे देश की ओर चले गये। दो ही दिनों में राजा के निकल जाने की ख़बर राजभर में फैल गयी, राजा निकल गये, चारों तरफ यही ख़बर थी।" और उस दिन टोले–मुहल्ले के हर आँगन में बरसात के मेह की तरह यह ख़बर बरस कर फैल गयी कि चंदा के बाल–बच्चा होनेवाला है।

नुक्कड़ पर जमुना सुनार की कोठरी में फिकती सुरही रुक गयी। मुंशी जी ने अपना मीज़ान लगाना छोड़ विस्फारित नेत्रों से ताककर ख़बर सुनी। बंसी किरानेवाले ने कुएँ में से आधी गयी रस्सी खींच, डोल मन पर पटक कर सुना।

सुदर्शन दर्ज़ी ने मशीन के पहिए को हथेली से रगड़ कर रोककर सुना। हंसराज पंजाबी ने अपनी नील लगी मलगुजी कमीज़ की आस्तीनें चढ़ाते हुए सुना और जगपती की बेवा चाची ने औरतों के जमघट में बड़े विश्वास, पर भेद-भरे स्वर में सुनाया-"आज छै साल हो गये शादी को ...... न बाल, न बच्चा ... न जाने किसका पाप है उसके पेट में ! ...... और किसका होगा सिवा उस मुसटण्डे कम्पोटर के ! न जाने कहाँ से कुलच्छनी इस मुहल्ले में आ गयी ! ... इस गली की तो पुश्तों से ऐसी-ऐसी मरजाद रही है कि गैर मरद औरत की परछाईं तक नहीं देख पाये। यहाँ के मरद तो बस अपने घर की औरतों को जानते हैं, उन्हें तो पड़ोसी के घर की जनानों की गिनती तक नहीं मालूम।" कहते-कहते चेहरा तमतमा आया और सब औरतें देवलोक की देवियों की तरह गंभीर बनीं, अपनी पवित्रता की महानता के बोझ से दबी धीरे-धीरे खिसक गयीं।

सुबह यह खबर फैलने से पहले जगपती टाल पर चला गया था। पर सुनी उसने भी आज ही थी। दिन भर वह तख़्त पर कोने की ओर मुँह किये हुए पड़ा रहा। न ठेके की लकड़ियाँ चिरवायीं, न बिक्री की ओर ध्यान दिया, न दोपहर का खाना खाने ही घर गया। जब रात अच्छी तरह फैल गयी, तो वह हिंसक पशु की भाँति उठा। उसने अपनी अँगुलियाँ चटकायीं, मुट्ठी बाँध कर बाँह का ज़ोर देखा, तो नसें तनीं और बाँह में कठोर कम्पन-सा हुआ। उसने तीन-चार पूरी साँसें खींची और मज़बूत कदमों से घर की ओर चल पड़ा। मैदान खत्म हुआ ...... कंकड़ की सड़क आयी ...... सड़क खत्म हुई, गली आयी। पर गली के अँधेरे में घुसते वह सहम गया, जैसे किसी ने अदृश्य हाथों से उसे पकड़ कर सारा रक्त निचोड़ लिया, उसकी फटी हुई शक्ति की नस पर हिम-शीतल ओठ रखकर सारा रस चूँस लिया और गली के अँधेरे की हिकारत भरी कालिख और भी भारी हो गयी, जिसमें घुसने से उसकी साँस रुक जायेगी ...... घुट जायेगी।

वह पीछे मुड़ा पर रुक गया। फिर कुछ संयत होकर वह चोरों की तरह निःशब्द कदमों से किसी तरह घर की भीतरी देहली तक पहुँच गया।

दायीं ओर भी रसोईवाली दहलीज़ में कुप्पी टिमटिमा रही थी और चन्दा अस्तव्यस्त-सी दीवार से सिर टेके शायद आसमान निहारते-निहारते सो गयी थी। कुप्पी का प्रकाश उसके आधे चेहरे को उजागर किये था और आधा चेहरा गहन कालिमा में डूबा अदृश्य था।

वह खामोशी से खड़ा ताकता रहा। चन्दा के चेहरे पर नारीत्व की प्रौढ़ता आज उसे दिखलायी दी। चेहरे की सारी कमनीयता न जाने कहाँ खो गयी थी,

उसका अछूतापन न जाने कहाँ लुप्त हो गया था ! फूला–फूला मुख जैसे टहनी से तोड़े फूल को तोड़कर ताज़ा किया गया हो, जिसकी पंखुरियों में टूटन की सुरमई रेखाएँ पड़ गयी हों, पर भीगने से भारीपन आ गया हो।

उसके खुले पैर पर उसकी निगाह पड़ी, तो सूजा–सा लगा। एड़िया भारी, सूजी–सी और नाखूनों के पास अजब–सा सूखापन। जगपती का दिल एक बार मसोस उठा। उसने चाहा कि बढ़कर उसे उठा ले। अपने हाथों से उसका पूरा शरीर छू–छूकर सारा कलुष पोंछ दे, उसे अपनी साँसों की अग्नि में तपाकर एक बार फिर पवित्र कर ले और उसकी आँखों की गहराई में झाँक कर कहे—देवलोक के किस शापवश निर्वासित हो तुम इधर आ गयीं, चन्दा ! यह शाप तो अमिट था।

तभी चन्दा ने हड़बड़ा कर आँखें खोलीं। जगपती को सामने देख उसे लगा कि वह एकदम नंगी हो गयी हो। अतिशय लज्जित हो उसने अपने पैर समेट लिये। घुटनों से धोती नीचे सरकाई और बहुत संयत–सी उठकर रसोई के अँधेरे में खो गयी।

जगपती एकदम हताश हो, वहीं कमरे की देहरी पर चौखट से सिर टिका बैठ गया। नज़र कमरे में गयी, तो लगा कि पराये स्वर वहाँ गूँज रहे हैं, जिनमें चन्दा का भी एक है। हर तरफ, घर के हर कोने से, अँधेरा सैलाब की तरह बढ़ता आ रहा था।...... एक अजीब निस्तब्धता...... असमंजस ! गति, पर पथभ्रष्ट ! शक्लें पर आकारहीन ! "खाना खा लेते," चन्दा का स्वर कानों में पड़ा। वह अनजाने में ऐसे उठ बैठा जैसे तैयार बैठा हो। उसकी बात की उसने आज तक अवज्ञा न की थी, खाने तो बैठ गया पर कौर नीचे नहीं सरक रहा था। तभी चन्दा ने बड़े सधे शब्दों में कहा, "कल मैं गाँव जाना चाहती हूँ।"

जैसे वह इस सूचना से परिचित था, बोला, "अच्छा !"

चन्दा फिर बोली, "मैंने बहुत पहले घर चिट्ठी डाल दी थी, भैया कल लेने आ रहे हैं।"

"तो ठीक है," जगपती वैसे ही डूबा–डूबा बोला।

चन्दा का बाँध टूट गया और वह वहीं घुटनों में मुँह दबाकर कातर सी फफक–फफक कर रो पड़ी। न उठ सकी, न हिल सकी।

जगपती क्षण भर को विचलित हुआ, पर जैसे जम जाने के लिए। उसके होंठ फड़के और क्रोध के ज्वालामुखी को जबरन दबाते हुए वह भी फूट पड़ा, "यह सब मुझे क्या दिखा रही है बेशर्म ? बेगैरत !... उस वक्त नहीं था,

जब...... जब मेरी लाश तले......" "तब...... तब की बात झूठ है......" सिसकियों के बीच चन्दा का स्वर फूटा, "लेकिन जब तुमने मुझे बेच दिया......"

एक भरपूर हाथ चन्दा की कनपटी पर आग सुलगाता पड़ा और जगपती अपनी हथेली दूसरी से दाबता, खाना छोड़ कोठरी में घुस गया और रात भर कुण्डी चढ़ाये उसी कालिख में घुटता रहा।

दूसरे दिन चन्दा घर छोड़ अपने गाँव चली गयी।

जगपती पूरा दिन और रात टाल पर ही काट देता, उसी वीराने में तालाब के बगल, कब्र, बबूल और ताड़ के पड़ोस में। पर मन मुर्दा हो गया था। जबरदस्ती वह अपने को वहीं रोके रहता।...... उसका दिल होता, कहीं निकल जाय। पर ऐसी कमज़ोरी उसके तन और मन को खोखला कर गयी थी कि चाहने पर भी वह जा न पाता। हिकारत–भरी नज़रें सहता, पर वहीं पड़ा रहता। काफी दिनों बाद जब नहीं रहा गया, तो एक दिन जगपती घर पर ताला लगा, नज़दीक के गाँव में लकड़ी कटवाने चला गया। उसे लग रहा था कि अब वह पंगु हो गया है, बिल्कुल लँगड़ा, एक रेंगता कीड़ा, जिसके न आँख है, न कान, न मन, न इच्छा।

वह उस बाग में पहुँच गया, जहाँ खरीदे पेड़ काटने थे। दो आरे वालों ने पतले पेड़ के तने पर आरा रखा और कर्र–कर्र का अबाध शोर शुरू हो गया। दूसरे पेड़ पर बन्ने और शकूरे की कुल्हाड़ी बज उठी। और गाँव से दूर उस बाग में लयपूर्ण शोर शुरू हो गया। जड़ पर कुल्हाड़ी पड़ती तो पूरा पेड़ थर्रा जाता।

करीब के खेत की मेंड़ पर बैठे जगपती का शरीर भी जैसे काँप–काँप mBrkA pUhkusd gkFk(ySd u rqusEq scp fn;k"—क्या वह ठीक कहती थी ? क्या बचनसिंह ने टाल के लिए जो रुपये दिये थे उनका ब्याज इधर चुकता हुआ ? क्या सिर्फ वही रुपये आग बन गये, जिनकी आँच में उसकी सहनशीलता, विश्वास और आदर्श मोम से पिघल गये।

"श...... कूरे।" बाग से लगे दड़े पर से किसी ने आवाज़ लगाई। शकूरे ने कुल्हाड़ी रोककर वहीं से हाँक लगाई, "कौने के खेत से लीक बनी है, ज़रा मेंड़ मारकर नघां ला गाड़ी।"

जगपती का ध्यान भंग हुआ। उसने मुड़कर मेड़ पर आँख गड़ायी। दो भैंसा–गाड़ियाँ लकड़ी भरने के लिए आ पहुँची थीं। शकूरे ने जगपती के पास आकर कहा, "एक गाड़ी का भर्त हो गया, बल्कि डेढ़ का... अब इस पतरिया पेड़ को न छाँट दें ?

जगपती ने उस पेड़ की ओर देखा, जिसे काटने के लिए शकूरे ने इशारा किया था, पेड़ की शाखा हरी पत्तियों से भरी थी। वह बोला, "अरे, यह तो हरा है अभी इसे छोड़ दो।"

"हरा होने से क्या, उखट तो गया है। न फूल का, न फल का। अब कौन इसमें फल-फूल आयेंगे, चार दिन में पत्ती झुरा जायेंगी।" शकूरे ने पेड़ की ओर देखते हुए उस्तादी अन्दाज़ में कहा।

"जैसा ठीक समझो तुम," जगपती ने कहा, और उठकर मेड़-मेड़ पक्के कुएँ पर पानी पीने चला गया।

दोपहर ढलते गाड़ियाँ भर कर तैयार हुईं और शहर की ओर रवाना हो गयीं। जगपती को उनके साथ आना पड़ा। गाड़ियाँ लकड़ी से लदी शहर की ओर चली जा रही थीं और जगपती गर्दन झुकाये कच्ची सड़क की धूल में डूबा, भारी कदमों से धीरे-धीरे उन्हीं की बजती घण्टियों के साथ निर्जीव बढ़ता जा रहा था।......

"कई बरस बाद राजा परदेश से बहुत-सा धन कमाकर गाड़ी में लादकर अपने देश की ओर लौटे", माँ सुनाया करती थीं, "राजा की गाड़ी का पहिया महल से कुछ दूर पतेल की झाड़ी में उलझ गया। हर तरह की कोशिश की, पर पहिया न निकला। तब एक पंडित ने बताया कि 'सकट' के दिन का जन्मा बालक अगर अपने घर की सुपारी लाकर इसमें छुआ दे, तो पहिया निकल जायेगा। वहीं दो बालक खेल रहे थे। उन्होंने यह सुना तो कूद कर पहुँचे और कहने लगे कि हमारी पैदाइश सकट की है, पर सुपारी तब लायेंगे, जब तुम आधा धन देने का वादा करो। राजा ने बात मान ली। बालक दौड़े-दौड़े घर गये। सुपारी लाकर छुआ दी, फिर घर का रास्ता बताने आगे-आगे चले। आख़िर गाड़ी महल के सामने आकर उन्होंने रोक ली।

राजा को बड़ा अचरज हुआ कि हमारे ही महल में ये बालक कहाँ से आ गये। भीतर पहुँचे तो रानी खुशी से बेहाल हो गयीं।

पर राजा ने पहले उन बालकों के बारे में पूछा, तो रानी ने कहा कि "ये दोनों बालक उन्हीं के राजकुमार हैं। राजा को विश्वास नहीं हुआ। रानी बहुत दुखी हुई।"

गाड़ियाँ जब टाल पर आकर रुकीं और जगपती तखत पर हाथ-पैर ढीले करके बैठ गया, तो पगडंडी से गुज़रते मुंशी जी ने उसके पास आकर बताया, "अभी उस दिन वसूली में तुम्हारी ससुराल के नज़दीक एक गाँव में जाना हुआ,

तो पता लगा कि पन्द्रह बीस दिन हुए चन्दा को लड़का हुआ है।" और फिर जैसे मोहल्ले में सुनी–सुनायी बातों पर पर्दा डालते हुए बोले, "भगवान् के राज में देर है अन्धेर नहीं जगपती भैया।"

जगपती ने सुनां तो पहले गहरी नज़रों से उसने मुंशी जी को ताका, पर वह उनके तीर का निशाना ठीक–ठीक नहीं खोज पाया। पर सब कुछ सहन करते हुए बोला, "देर और अन्धेर दोनों है।"

अन्धेर तो सरासर है...... तिरिया चरित्तर है सब ! बड़े–बड़े हार गये...... कहते–कहते मुंशी जी रुक गये, पर कुछ इस तरह, जैसे कोई बड़ी भेदभरी बात है, जिसे उनकी गोल होती हुई आँखें समझा देंगी।"

जगपती मुंशी जी की तरफ ताकता रह गया। मिनट भर मनहूस–सा मौन छाया रहा, उसे तोड़ते हुए मुंशी जी बड़ी दर्द–भरी आवाज़ से बोले,

"सुन तो लिया होगा तुमने ?"

"क्या ?" कहने को जगपती कह गया, पर उसे लगा कि अभी मुंशी जी उस गाँव में फैली बातों को ही बड़ी बेदर्दी से कह डालेंगे, उसने नाहक पूछा।

तभी मुंशी जी ने उसकी नाक के पास मुँह ले जाते हुए कहा, "चन्दा दूसरे के घर में बैठ रही है...... कोई मधुसूदन है वहीं का। पर बच्चा दीवार बन गया है, चाहते तो यही हैं कि मर जाय तो रास्ता खुले, पर रामजी की मर्जी।...... सुना है बच्चा रहते भी वो चन्दा को बैठाने को तैयार हैं।"

जगपती की साँस गले में अटक कर रह गयी। बस, आँखें मुंशी जी के चेहरे पर पथराई सी जड़ी थीं।

मुंशी जी बोले, "अदालत से बच्चा तुम्हें मिल सकता है।...... अब काहे का शरम–लिहाज़।"

"अपना कह कर किस मुँह से माँगूँ बाबा ? हर तरफ कर्ज से दबा हूँ। तन से, मन से, पैसे से, इज्ज़त से, किसके बल पर दुनियाँ सँजोने की कोशिश करूँ ?" कहते–कहते वह अपने में खो गया।

मुंशी जी वहीं बैठ गये। जब रात झुक आयी तो, जगपती के साथ मुंशी जी भी उठे। उसके कन्धे पर हाथ रखे वह उसे गली तक लाये। अपनी कोठरी आने पर पीठ सहलाकर उन्होंने उसे छोड़ दिया। वह गर्दन झुकाये गली के अँधेरे में उन्हीं ख्यालों में डूबा ऐसे चलता चला आया, जैसे कुछ हुआ ही न हो। पर कुछ ऐसा बोझ था, जो न सोचने देता और न समझने। जब चाची की बैठक के पास से गुज़रने लगा तो सहसा उसके कानों में भनक पड़ी–"आ गये सत्यानासी ! कुलबोरन।"

उसने ज़रा नज़र उठाकर देखा, तो गली की चाची–भौजाइयाँ बैठक में जमा थीं और चन्दा की ही चर्चा छिड़ी थी। पर वह चुपचाप निकल गया।

इतने दिनों बाद ताला खोला और बरोठे के अँधेरे में कुछ सूझ न पड़ा, तो एकाएक वह रात उसकी आँखों के सामने घूम गयी जब वह अस्पताल से चन्दा के साथ लौटा था। बेवा चाची का वह ज़हर बुझा तीर, 'आ गये राजा निरबंसिया अस्पताल से।' और आज 'सत्यानासी ! कुलबोरन ! और स्वयं उसका यह वाक्य, जो चन्दा को छेद गया था, तुम्हारे कभी कुछ न होगा'...। और उस रात की शिशु चन्दा !

चन्दा के लड़का हुआ है।...... वह कुछ और जनती, आदमी का बच्चा न जनती।...... वह और कुछ भी जनती, कंकड़–पत्थर ! वह नारी न बनती, बच्ची ही बनी रहती, उस रात की शिशु चन्दा ! पर चन्दा वह सब क्या करने जा रही है? उसके जीते तो यह सब अच्छा नहीं। वह इतनी घृणा बर्दाश्त करके भी जीने को तैयार है ! या मुझे जलाने को ? वह मुझे नीच समझती है, कायर.... नहीं तो एक बार खबर तो लेती। बच्चा हुआ, तो पता तो लगता। पर नहीं, वह उसका कौन है ? कोई भी नहीं ! औलाद ही तो वह स्नेह की धुरी है, जो आदमी औरत के पहियों को साध कर तन के दलदल से पार ले जाती है– नहीं तो हर औरत वेश्या है और हर आदमी वासना का कीड़ा। तो क्या चन्दा...... औरत नहीं रही ? वह ज़रूर औरत थी, पर स्वयं मैंने उसे नरक में डाल दिया। वह बच्चा मेरा कोई नहीं, पर चन्दा तो मेरी है। एक बार उसे ले आता फिर यहाँ...... रात के मोहक अँधेरे में उसके फूल–से अधरों को देखता...... निर्द्वन्द्व सोये पलकों को निहारता...... साँसों की दूध–सी अछूती महक को समेट लेता...... ।

आज का अँधेरा ! घर में तेल भी नहीं, जो दिया जला ले। और फिर किसके लिए कौन जलाये ? चन्दा के लिए...... पर उसे तो उसने बेच दिया था। सिवा चन्दा के कौन–सी सम्पत्ति उसके पास थी, जिसके आधार पर कोई कर्ज देता ? कर्ज न मिलता, तो यह सब कैसे चलता। काम..... पेड़ कहाँ से कटते ? और तब शकूरे के वे शब्द उसके कानों में गूँज गये, हाँ हरा होने से क्या, उखट तो गया है... वह स्वयं भी तो एक उखटा हुआ पेड़ है, न फल का, न फूल का, सब व्यर्थ ही तो है। जो कुछ सोचा, उस पर कभी विश्वास न कर पाया। चन्दा को चाहता रहा, पर उसके दिल में चाहत न जगा पाया। उसे कहीं से एक पैसा माँगने पर डाँटता रहा, पर खुद लेता रहा और आज..... वह दूसरे के घर बैठ रही है...... उसे छोड़कर...... वह अकेला है,..... हर तरफ बोझ है, जिसमें उसकी

नस–नस कुचली जा रही है, रग–रग फट गयी।.... और वह किसी तरह टटोल–टटोल कर भीतर घर में पहुँचा.... ।

"रानी अपने कुलदेवता के मन्दिर में पहुँची" माँ सुनाया करती थीं, "अपने सतीत्व को सिद्ध करने के लिए घोर तपस्या की। राजा देखते रहे ! कुलदेवता प्रसन्न हुए उन्होंने अपनी दैवी शक्ति से दोनों बालकों को तत्काल जन्में शिशुओं में बदल दिया। रानी की छातियों में दूध भर आया और उनमें से धार फूट पडी, जो शिशुओं के मुँह में गिरने लगी। राजा को रानी के सतीत्व का सबूत मिल गया। उन्होंने रानी के चरण पकड़ लिये और कहा कि तुम देवी हो ! ये मेरे पुत्र हैं ! और उस दिन से राजा ने फिर राजकाज सँभाल लिया.... ।"

पर उस रात जगपती अपना सारा कारोबार त्याग, अफीम और तेल पीकर मर गया, क्योंकि चंदा के पास कोई दैवी शक्ति नहीं थी और जगपती राजा नहीं बचनसिंह कम्पाउण्डर का कर्ज़दार था.... ।

"राजा ने दो बातें कीं", माँ सुनातीं थीं, "एक तो रानी के नाम से उन्होंने बहुत बड़ा मन्दिर बनवाया और दूसरे, राज के नये सिक्कों पर बड़े राजकुमार का नाम खुदवा कर चालू किया जिससे राज भर में अगले उत्तराधिकारी की खबर हो जाय।...."

जगपती ने मरते वक्त दो परचे छोड़े, एक चंदा के नाम, दूसरा कानून के नाम।

चंदा को उसने लिखा था–चंदा, मेरी अन्तिम चाह यही है कि तुम बच्चे को लेकर चली आना.... अभी एक.... दो दिन मेरी लाश की दुर्गति होगी, तब तक तुम आ सकोगी चंदा, आदमी को पाप नहीं पश्चाताप मारता है। मैं बहुत पहले मर चुका था। बच्चे को लेकर ज़रूर चली आना।

कानून को उसने लिखा था–किसी ने मुझे मारा नहीं है.... किसी आदमी ने नहीं। मैं जानता हूँ कि मेरे ज़हर की पहचान करने के लिए मेरा सीना चीरा जाएगा। उसमें ज़हर है। मैंने अफीम नहीं रुपये खाये हैं, उन रुपयों में कर्ज का ज़हर था, उसी ने मुझे मारा है। मेरी लाश तब तक न जलायी जाय, जब तक चंदा बच्चे को लेकर न आ जाय। आग बच्चे से दिलवायी जाय।

माँ जब कहानी खत्म करती थीं, तो आसपास बैठे बच्चे फूल चढ़ाते थे। मेरी कहानी भी ख़त्म हो गयी, पर....

■

शब्दार्थ

दो बैलों की कथा

पल्ले दरज़े	=	उच्च स्तर
निरापद	=	विघ्नरहित
सहिष्णुता	=	सहन करने की शक्ति
कुलेल	=	क्रीड़ा, उछलना-कूदना
पराकाष्ठ	=	सर्वोच्च
मिसाल	=	उदाहरण
चौकस	=	जागरूक, तेज
विग्रह	=	विवाद
धौल-धप्पा	=	खेल में आपस में मारपीट
गोईं	=	जोड़ी/साथी
चाकरी	=	नौकरी, सेवा
पगहे	=	जानवर के गले में पड़ी लम्बी रस्सी,
चरनी	=	चारा खाने का स्थान
गराँव	=	गले में पड़ा रस्सी का कंठा
ताकीद	=	हिदायत, निर्देश
थान	=	निश्चित स्थान
डौंकता	=	हुंकारता
रगेदता	=	जबरदस्ती दौड़ाना
साबिका	=	पूर्व स्थिति, सामना
बूते भर	=	सामर्थ्य के अनुसार
नाहक	=	बेकार में
पागुर	=	जुगाली।

■

गुंडा

सेरूहे = वस्त्र
विशृंखलता = अलग-अलग
अघोर = भयानक

विच्छिन्न	=	बिखरे हुये
अलभ्य	=	न प्राप्त करने योग्य
उच्छश्रृंखला	=	उद्दण्डता
सायत	=	मुहूर्त
बदता	=	शर्त
ठेका	=	ढोलक की थाप/धुन
काफिर	=	अविश्वासी
रमल	=	भविष्यवाणी के लिए चातुर्यपूर्ण कला
विवर्ण	=	रंगहीन / तेजरहित
उलाँकी इक्के	=	आगे से ऊँचा और पीछे से नीचा ताँगा।
डोंगी	=	छोटी नाव

■

फूलो का कुर्ता

दालान	=	आँगन
ढोर	=	जानवर
चुटिया	=	चोट लगना।

■

चीफ़ की दावत

फेहरिस्त	=	सूची
मुकम्मल	=	पूर्ण
सुभीते	=	भली-भाँति, अच्छे प्रकार से
तरतीब	=	सुनियोजित
लंडूरा	=	आवारा
टप्पे	=	पंजाबी संगीत के छन्द
दस्तकारी	=	हस्तशिल्प
फुलकारी	=	कढ़ाई का नमूना।

■

तीसरी कसम

कन्ट्रोल का जमाना	=	उत्पादों पर सरकारी नियंत्रण का समय
पोख्ता	=	मजबूत
चुक्की-मुक्की	=	सिमटकर/गुड़ी मुड़ी होकर
चोरबत्ती	=	टॉर्च
अखज-अदावत	=	अमिट दुश्मनी
निस्तार	=	निपटारा /सफलता
गोल झोखी खा	=	सुलझ जायेगा
बेलाग	=	अलग
दुलकी	=	जानवरों के तेज दौड़ने का प्रकार
अगुआ	=	आगे का हिस्सा
खरैहिया	=	स्थान का नाम
भकुआ	=	मंदबुद्धि
लाटफारभ्म	=	प्लेटफार्म
हिस्को	=	हिस्सा
राकसनी	=	राक्षसिनी
बज्जर	=	बज्र
भसभसा	=	शिथिल
शास्तर	=	शास्त्र
बासा	=	बसेरा
इलाम	=	ईनाम
पुरसिस	=	खुशामद
जमनिका	=	यवनिका/ मंच का परदा
नकबंधन	=	नाक का कपड़ा
बुताद	=	भोजन
फोकट	=	बिना पैसे के
अजगुत	=	काल्पनिक /आश्चर्यजनक
टिटकारी	=	मुंह से आवाज निकालकर बैल हाँकना
चुनियाकर	=	लगाकर
कचराही	=	कचहरी या पढ़े लिखे लोगों की बोली
गप रसाना	=	बातचीत को रसमय बनाना

दुलकती	=	रोमांचित
पटपंटाग	=	सफाचट
सफ़री	=	सफर वाली
भुच्च	=	मूर्ख/ ठेठ
हुज्जत	=	जबरदस्ती का वाद-विवाद
तेगछिया	=	तीन पेड़ जहाँ एक साथ हों
इसपिताल	=	अस्पताल
डाग-डरनी	=	डाक्टरनी
दुआली	=	बैल को हाँकने वाला बाँसपर चमड़ा लगी चाबुक।

■

वापसी

अर्ध्य	=	चढ़ाने वाला जल
वाज़िब	=	उचित
निस्संग	=	तटस्थ।

■

राजा निरबंसिया

निरबंसिया	=	वंशहीन
गौर	=	पार्वती (मिट्टी के द्वारा बनायी गयी अस्थायी प्रतिमा)
मुहर्रिर	=	सहायक
करकने	=	चुभने
अरमान	=	इच्छा
आखेट	=	शिकार
मुखबिर	=	सूचना वाहक
तबादला	=	स्थानान्तरण
कुलमा	=	कुलदेवी
दुराव	=	छिपाव
बरोठे	=	बरामदा
चैलों	=	कटी हुई लकड़ी
चट्टा	=	करीने से लगाया गया लकड़ी का ढेर
तरकारी	=	सब्जी
किलबिला	=	चिल्लाना

बिसाती	=	प्रसाधन सामग्री का विक्रेता
नाज़	=	अनाज
सुरही	=	सुनार के यहाँ फूंकने वाली नली
कलुष	=	दाग
अवज्ञा	=	अवहेलना
लीक	=	रास्ता (पगडंडी)
नघाँ	=	कुदाना
भर्त	=	भरना
कुलबोरन	=	कुल की प्रतिष्ठा डुबाने वाली।

■